BURNING INSIDE | THE ART OF JEAN-SÉBASTIEN ROSSBACH

À mon âme-soeur, Agata. Celle qui est ma vigie, mon copilote, première spectatrice et critique bienveillante de toutes les images présentes dans ce livre.

SOMMAIRE
SUMMARY

PRÉFACE
FOREWORD

Je ne citerai qu'une image, une seule. Un cavalier, de dos, chevauchant sa monture vers une forteresse élancée. Un brin gothique, avec une bonne dose de fantasy, et surtout, un impact fou. Cette image, intitulée "Grand Dessein", je l'ai regardée, observée, et analysée à maintes reprises. À mes yeux, elle incarne à merveille un talent à composer, symboliser, maîtriser l'image par l'utilisation de codes efficaces, appliqués à la perfection. Cette image est aussi d'une fausse simplicité : chaque élément joue un rôle directionnel, graphique, dynamique, allégorique.

On dit souvent qu'en photographie, on ne peut incarner un propos qu'en allant droit au but. Il en va de même pour tout processus de construction d'image. Cela, Jean-Sébastien l'a bien compris. Puisant dans tout mode d'expression lui permettant d'accéder à ses fins, il délaisse le superflu pour se concentrer sur les codes et les symboles. Chez lui, la photographie, la peinture traditionnelle aussi bien que digitale sont autant de disciplines qui ne font qu'une dans un remarquable exercice de complémentarité. Pour autant, il y a toujours beaucoup à voir : les détails et la finition sont toujours au rendez-vous, les lignes sont impeccablement posées et réfléchies, et les sujets magnifiquement diversifiés.

Bien évidemment, Jean-Sébastien Rossbach, c'est la réunion de beaucoup d'autres mondes, des pans entiers d'histoire de l'art et de cultures visuelles qui s'entrechoquent, donnant naissance à une esthétique autant qu'à un esthétisme à la fois noir et coloré, fantastique certes, mais agrémenté de repères modernes qui lui sont propres. Il joue avec les codes, nous les propose, parfois de plein fouet, parfois subtilement. On y discerne souvent la vie, la mort, sur fond d'érotisme néo-classique, épiquement mis en scène.

Finir un livre représente, à n'en pas douter, l'étape ultime pour un artiste. C'est le moment où l'on oublie les remises en question, les regrets, les doutes et les hésitations. C'est l'enclenchement d'un processus qui reflète une acceptation totale de ce qui a été produit, c'est s'interdire le retour en arrière. Un livre tel que celui-ci, c'est la clef double, fruit d'une détermination sans faille, qui permet de fermer le passé et d'ouvrir le futur.

Jean-Sébastien, c'est aussi et avant tout un ami. Quelqu'un que j'ai vu changer année après année pour devenir enfin celui qu'il voulait être. Un artiste accompli, un ornementaliste de génie, un expressionniste convaincu, un esprit fasciné par les combinaisons infinies du beau et de l'étrange.

Sparth
Seattle, Juillet 2012

I will mention one picture, and only one. A horseman seen from behind, riding his mount towards a slender fortress. A touch of gothic, a healthy dose of fantasy, and mostly, an amazing impact. I looked at this picture, titled "Grand Dessein", observed it, and analysed it many times over. In my eyes, it embodies in a wonderful way a talent for composing, symbolizing and mastering the image through the use of effective codes applied perfectly. This picture also represents this faked simplicity, where each element plays a directional, graphic, dynamic and allegoric role.

It is often said that with photography, one can only embody a purpose by going straight to the point. The same holds true for every process of image construction. That, Jean-Sébastien understands it well. He draws from every means of expression to attain his goal. Therefore, he leaves everything superfluous behind, to concentrate on codes and symbols. With him, photography, and both traditional and digital painting, are as many art forms turned into one, in a remarkable exercise of complementarity. Even so, there is always a lot to be seen: the details and the finishing touches are always up to par, the lines are impeccably arranged and thought out, and the subjects are magnificently diversified.

Obviously, the art of Jean-Sébastien Rossbach is at the junction of many different worlds, of entire sections of the history of art and of visual cultures that collide, giving birth to distinctive aesthetics as well as an aestheticism that is both dark and colourful, fantastic indeed, but embellished with modern landmarks of his own. He juggles with codes, proposing them to us, sometimes with full force, sometimes subtly. There, one often discerns life and death, against a backdrop of neoclassic eroticism, in an epic portrayal.

Finishing a book is without any doubt the ultimate step for an artist, the time when one forgets about the questionings, the regrets, the doubts and the hesitations. It is the starting point of a process that reflects a total acceptance of what has been produced, barring oneself from going back. A book like this one is the double key, the result of an unwavering determination, which allows one to close the door to the past and to open the one to the future.

Jean-Sébastien is also and foremost a friend, that I have seen change through the years to finally become who he wanted to be. He is an accomplished artist, a genius ornamentalist, a convinced expressionist, and a mind fascinated by the infinite combinations of the beautiful and the strange.

Sparth
Seattle, July 2012

INTRODUCTION

INTRODUCTION

"The First Ten Years". C'était le titre d'une antique VHS que j'ai usée jusqu'à ce que la bande ne soit plus qu'un long fil de cellulose démagnétisé. Une cassette qui regroupait tous les clips de Iron Maiden depuis leurs débuts, à l'orée des 80's. Eh oui, Iron Maiden, ça vous donne une idée des références que je vais invoquer dans ce livre ! Anyway, j'assume !
Je disais donc, cet artbook que vous tenez entre vos mains aurait pu s'appeler ainsi. Car en effet j'ai pratiqué pendant les 10 dernières années, regroupées ici, ce que je qualifierais de mercenariat graphique, me vendant au plus offrant (parfois), au plus aguichant (plus souvent), au plus passionné (la plupart du temps). Vous trouverez dans ces pages une sélection des images qui ont jalonné mon parcours d'illustrateur professionnel depuis le début des années 2000.
J'aurais pu aussi l'appeler "A Decade of Aggression", et je vous laisse cette fois aller vous-même chercher la référence que je viens de citer, afin que vous vous rendiez compte de la malédiction qui me ronge depuis tout petit : j'ai la tête farcie de musique ! Mais pas n'importe laquelle : du rock, du métal, de la pop, de la new wave… J'en consomme quotidiennement. Mon choix de m'orienter vers la Fantasy, le Gothique/Horreur et la SF a découlé tout naturellement de là, au point que la rencontre des deux est devenue un style de vie.

Donc voilà, j'assume, mon quotidien est fait de ça, pourquoi le cacher ? Les amis qui me connaissent savent bien que je me définis comme un ours cavernicole. Car le métier d'illustrateur free-lance est fait de vrai travail, d'abnégation, et de concentration. C'est en ce qui me concerne huit heures quotidiennes, sept jours sur sept, à faire de l'apnée derrière un pinceau triple 0, ou à m'inventer patiemment une myopie devant un écran qui bombarde des lumens à cinquante centimètres de mon visage. Autant dire qu'il faut avoir le feu sacré ; ceux qui ne l'ont pas font un autre job assez rapidement. L'avantage c'est que ça laisse tout le temps pour se forger une culture musicale.

Mon entrée dans la vie active s'est faite par le biais de la musique. Alors que j'espérais vainement que le groupe de dark wave dans lequel j'étais chanteur et guitariste perce un jour, je suis entré comme sound designer dans une société de jeux vidéo.
À cette époque je provoquais beaucoup de sourires en coin dans les administrations : au moment de décliner nom et profession, bien qu'alors je n'étais pas, à proprement parler, pianiste, certains s'amusaient de ce qui ressemblait bien à une prédestination. On me demande encore parfois si Jean-Sébastien Rossbach est un pseudonyme, la réponse est évidemment non.

Cinq années avant cette étape professionnelle musicale en entreprise, au début des 90's, j'avais réussi à obtenir mon premier (et vous comprendrez aussi pourquoi, dernier) rendez-vous chez un grand éditeur pour présenter mon premier projet de BD. Un cinq-pages très déstructuré, très arty, assez maladroit au niveau anatomie des personnages, en couleur directe, avec des inserts de photos. Mon héros d'alors était Dave Mc Kean, à une époque où le style franco-belge régnait encore en maître, et où l'on ne pouvait se procurer des mangas que dans une seule librairie parisienne, et en V.O. ! Autant dire que lors de cet unique entretien, je me suis fait lyncher, annihiler, atomiser, éparpiller façon puzzle ! L'éditeur m'avait convaincu que ce que j'avais fait était tellement mauvais que je n'ai plus rien montré pendant cinq ans.
Mais c'était sans compter la rage de l'autodidacte; et je suis resté vissé / vexé à ma table à dessin jusqu'à ce que je sois parfaitement sûr de pouvoir proposer quelque chose d'un niveau définitivement professionnel.
J'ai reproduit sur cette page ma première parution pro. Et, évidemment, c'était pour la couverture d'un magazine musical, Elegy n°7, en 1999. Je ne les avais pas démarché, ce sont eux qui sont venus me chercher, et j'étais fier de ça.
D'ailleurs, depuis la fessée cul-nu originelle, je n'ai démarché mes clients qu'à de très rares occasions, préférant toujours rendre mon travail suffisamment attractif et personnel pour que ce soit le client qui ait le désir de faire appel à moi.
Car après tout, dans ce métier, bien au-delà du CV ou du blabla ce sont les images qui ont la parole. Et elles restent quand même le plus souvent, au travers de ce qu'un client désire y trouver et partager, l'expression d'une personnalité.

Mais revenons à la musique. Je suis très mauvais en solfège, et c'est sans doute pour cela que je ne serai jamais musicien. Je considère pourtant que c'est la forme d'art la plus parfaite, tant elle ne se rattache à rien de tangible. Elle est une pure émanation abstraite de ce qu'est l'Homme, dans ce qu'il a de plus intérieur. La danse, la peinture et la sculpture produisent aussi ce sentiment, si ce n'est qu'elles font intervenir l'enveloppe physique concrète.

À l'inverse de mon autre démarche plus personnelle en peinture, je considère mon activité d'illustrateur comme de l'artisanat. Quand je travaille pour une commande, je ne me perçois pas comme un artiste (ce qui a le don d'agacer certains de mes collègues qui, eux, souhaitent rester nimbés de cette aura magique dans les yeux de leurs lecteurs), car ce que je produis est alors paradoxalement trop proche de la réalité de la représentation humaine.

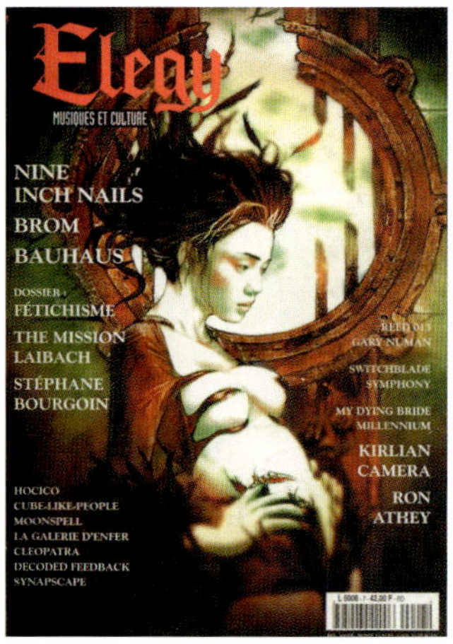

À ce moment-là, je raconte une histoire, je fais de l'entertainment, et ça me ravit. Je n'ai aucun problème avec ça. Mais l'Art, pour moi, c'est autre chose. En musique, il n'y a pas d'artisanat ; on y touche à l'Art, point ! Et le Rock&Roll, c'est du grand art !

C'est sans doute pour cette raison qu'aujourd'hui, alors que je me suis remis à la peinture, tant de mes pièces personnelles empruntent leurs titres à des morceaux de musique. Dans le vif de la peinture, ils forment des chemins inconscients qui me permettent de rentrer dans mon intériorité. C'est aussi un clin d'œil au spectateur, pour lui dire "ah, tu as compris ma référence, hein ?! On fait partie de la même bande !". Il arrive aussi régulièrement que ce soit telle ou telle chanson qui provoque des images en moi, qui glissent très rapidement sur le papier.

J'ai donc articulé ce livre autour des titres de certains de mes "hit singles" préférés. Vous l'aurez compris, chercher à bien faire n'implique pas nécessairement de se prendre au sérieux. Je présente dans ce livre des images conçues avant tout dans le plaisir, avec la volonté de partager cette joie avec les gens qui reçoivent mon travail.
Je n'ai rien à prouver à un autre que moi. Concernant mon rapport au regard des autres sur mon propre travail, le dessin me permet tout au plus de faire le cabot en dédicaces une fois de temps en temps, de la même manière que j'aurais pris ma guitare au coin du feu pour épater les copines quand j'avais vingt ans. Il m'arrive néanmoins de distiller ça et là des indices plus personnels, il y en a dans ce livre, à vous de chercher si ça vous chante !

Ce livre ne s'appelle finalement pas "The First Ten Years", mais "Burning Inside" d'après un titre de Ministry. Et en y réfléchissant bien, je me rends compte que ce procédé me permet de faire dire par des showmen, forcément plus extravertis, des choses que j'aurais sans doute voulu dire moi-même sans l'oser. Je vous donne rendez-vous dans 10 ans pour savoir si j'ai su travailler là-dessus. See you in ten years !

Jean-Sébastien Rossbach
Paris, Juillet 2012

"The First Ten Years" was the title of a very old video cassette that I used until the tape became nothing more than a long demagnetised cellulose wire. The record contained all the music videos by Iron Maiden since their debut at the dawn of the 80s. Yes, Iron Maiden. This gives an idea of the kind of references I will point to in this book! Anyway, I'm comfortable with that!
So, I was saying that this artbook you are holding could have had this as its title. Indeed, for the past 10 years I have been what I would call a "graphical mercenary". I sold my services to the highest bidder (sometimes), to the most enticing (more often), or to the most passionate (most of the time). In these pages you will find a selection of the pictures that have marked my journey as a professional illustrator since the early 2000s.
I could have called it "A Decade of Aggression" just as well, and this time I will let you find out about the reference I just made, to make you understand the curse I have been afflicted with since I was a kid: my mind is loaded with music! But not any music: rock, metal, pop, new wave... I consume it on a daily basis. My choice of focusing on Fantasy, Gothic/Horror and Science-Fiction followed naturally from there, to the point that the convergence of the two became a lifestyle.

So yeah, I'm not ashamed; my daily life is made of this, why should I hide it? The ones among my friends who know me well are aware that I define myself as a cave bear. The job of freelance illustrator is a job made of hard work, abnegation and concentration. In my case it is eight hours a day, seven days a week, in apnea holding a triple 0 paintbrush, or patiently murking my own eyes in front of a screen that bombards me with lumens 50 centimetres away from my face. In other words, you need to feel the holy fire in you. Those who don't, end up doing another job fairly quick. The advantage is that it gives you all the time you need to build a musical culture.

I entered the job market through music. While I hoped in vain that the dark wave band which I was the singer of would make a breakthrough someday, I became a sound designer for a video game company.
Back then I caused a lot of snickering within administrations: when the time came to give my name and occupation, although I was not really a pianist, some were amused by what looked a lot like predestination. Sometimes people still ask me if Jean-Sébastien Rossbach is a pseudonym. Of course, the answer is no.

Five years before this professional and musical stage in the industry, at the beginning of the 90s, I had managed to obtain my first (and you will understand why, last) meeting with a big publisher to present my first comic project. It was a very unstructured five-pager, very arty, with awkward character anatomies, in natural media and with photographic inserts. My hero back then was Dave McKean, at a time when the Franco-Belgian style still ruled over, and you could only find mangas in a single bookstore in Paris, and in Japanese! Suffice to say that during this single interview I was lynched, annihilated, atomised, and blown to bits! The editor had convinced me that what I had done was so bad that I didn't show any of my stuff for five years. However, this was without taking the autodidact's rage into account. I remained upset and stuck to my drawing table until I was perfectly certain that what I could offer was of a professional level.
On this page I have reproduced my first pro publication. Obviously, this was a cover for a music magazine, Elegy n°7, in 1999. I didn't approach them, as it was them who came to ask me, and I was proud of that.
By the way, ever since this first, raw spanking, I have very rarely approached my clients. I have always preferred making my work attractive and personal enough in order to make the client want to work with me.
In the end, in this line of work, far above your resume or other chatter, the pictures speak for themselves. And most of the time, through what a client wants to find and transmit in them, they still remain the expression of a personality.

But let us go back to music. I am really inept at music theory, and that may be why I will never be a musician. Despite that I consider it the most perfect art form, with how it is not dependant on anything tangible. It is a pure and abstract product of the essence of mankind, of what lies deepest in it. Dancing, painting and sculpting create this feeling as well, the difference being that they require the intervention of an actual physical envelope.
Contrarily to my more personal approach to painting, I consider my work as an illustrator to be a craft. When I work on a commission, I don't consider myself to be an artist (something which has the ability to annoy some of my colleagues, who wish to stay enveloped by this magical aura in the eyes of their readers).This is because what I create is then paradoxically too close to the reality of human representation.
At times like this, I am telling a story, doing entertainment, and I love it. I have no issues with that. But to me, Art is something else. In music, there is no "craft". It is Art, period! And Rock&Roll is great art!

That is doubtlessly why to this day, after returning to painting, so many of my personal works take their titles from songs. When I'm painting, they open subconscious paths that lead me to my inner self. It's also a call out to the spectator, to tell him "Hey, you got my reference, huh? We're in the same pack then!". Another common occurrence is a song evoking images in my mind, which very quickly find their way to paper.

Therefore, I have built this book around the titles of some of my favourite "hit singles". As you understand, aiming for excellence does not always mean taking oneself seriously. The pictures I present in this book are born mainly from pleasure, with the intention of sharing this joy with those who receive my work.
I have nothing to prove to someone other than myself. Regarding my relationship with the way others see my own work, drawing essentially allows me to show off from time to time when dedicating books - much like the way I would have brought my guitar around the campfire to impress girls when I was 20. However, I sometimes spread some more personal clues in a few places. There are some in this book. It's up to you to look out for them if you want to!

In the end, this book isn't titled "The First Ten Years" but rather "Burning Inside", in reference to a song by Ministry. And thinking about it, I realise that this process makes obviously more extraverted showmen say things that I would have liked to say myself, without finding the courage to do so. Let us meet again 10 years from now to see if I managed to work on that. See you then!

Jean-Sébastien Rossbach
Paris, July 2012

1 CHAPTER ONE

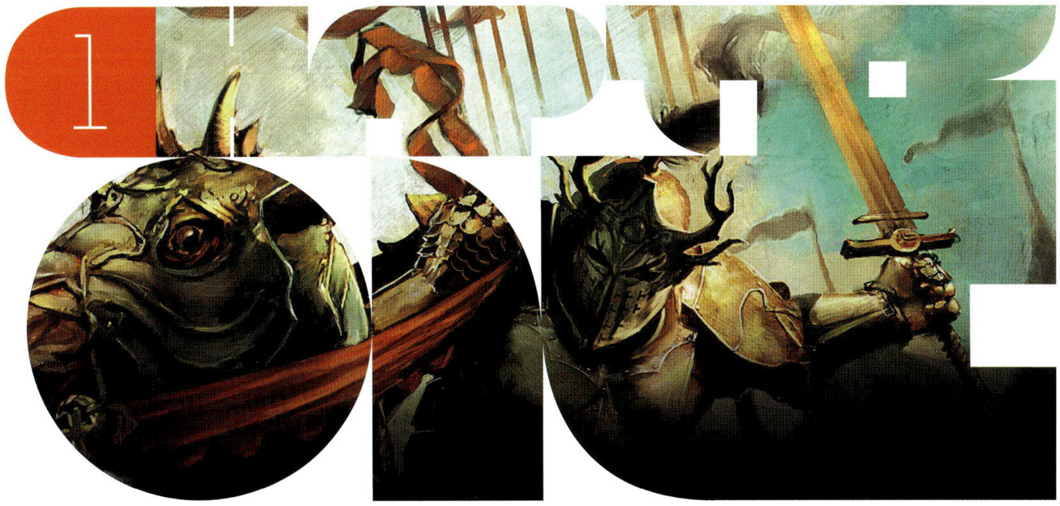

FLASH OF THE BLADE

YOU LIVED
FOR THE
TOUCH
FOR THE FEEL
OF THE STEEL,
ONE MAN
AND HIS
HONOUR

FLASH OF THE BLADE | IRON MAIDEN

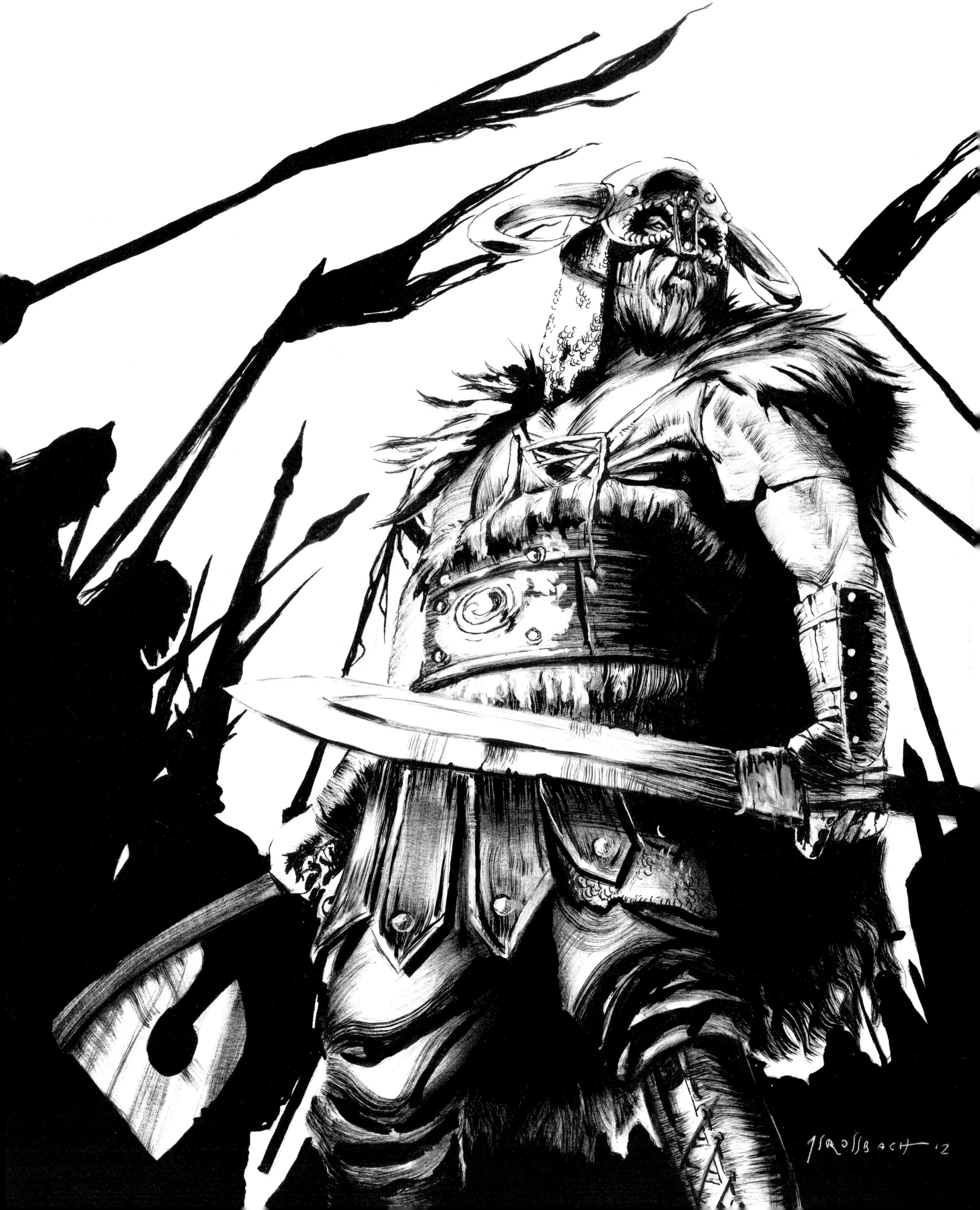

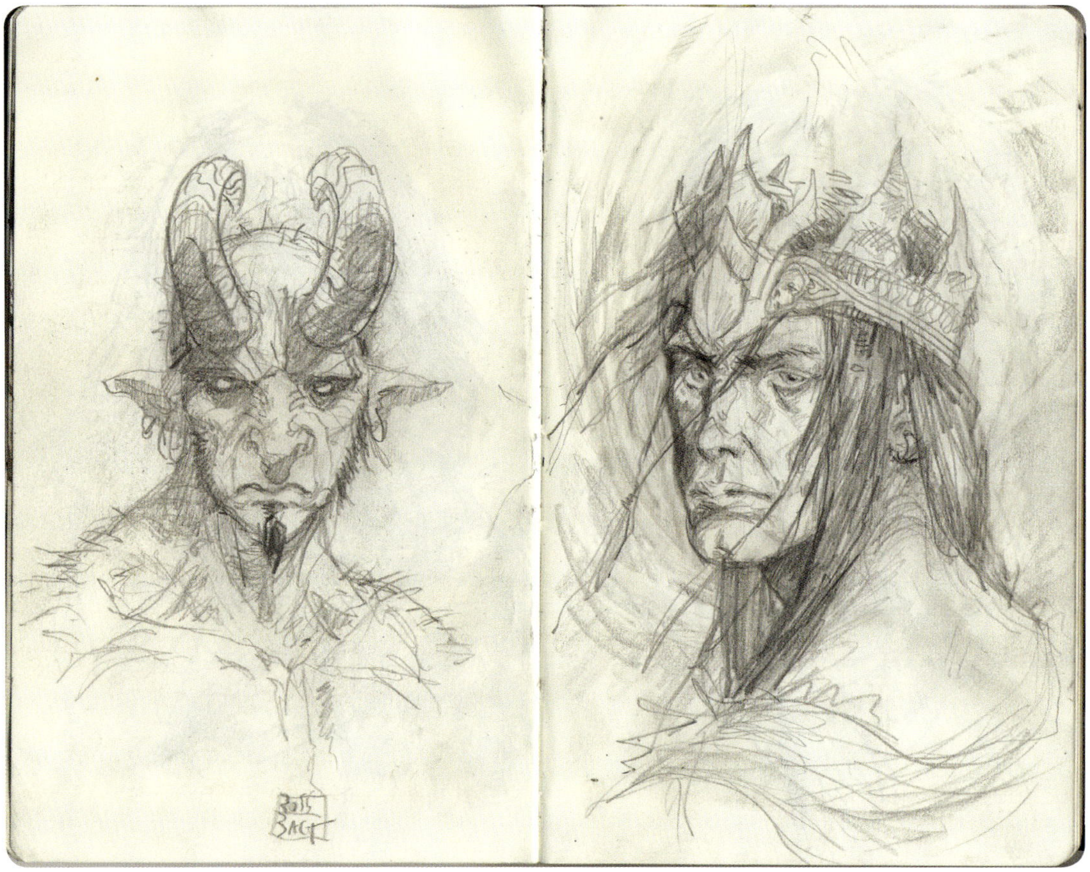

Mon expérience personnelle me pousse à penser qu'avant le succès de l'adaptation au cinéma du Seigneur des Anneaux, la Fantasy était un genre littéraire considéré comme ringard par les lecteurs français. En ce qui me concerne, c'est par le biais du jeu de rôles - le vrai, celui qui se joue sur une table et qui vous fait passer pour un adepte de secte satanique auprès de votre entourage - que je suis venu à découvrir qui étaient Gandalf, Elric le Nécromancien, et le prince Corwin d'Ambre.

J'ai pu travailler dans ces univers d'abord aux USA, où le genre a toujours gardé ses lettres de noblesse. Et puis quand l'œil de Sauron s'est enfin tourné vers l'Hexagone, cela a relancé l'intérêt du grand public pour le sujet et les gobelins et les elfes sont redevenus subitement "trop cool". Et c'est tant mieux car on a de quoi être fiers des auteurs français de Fantasy !

Personal experience leads me to think that before the success of the film adaptation of The Lord of The Rings, French readers saw fantasy as a corny genre. For me it was through role playing – the real, tabletop kind that makes you look like a satanic cultist to your circle of friends – that I discovered who Gandalf, Elric the Necromancer and Corwin, Prince of Amber were.

I was at first able to work with these universes in the USA, where the genre always retained its prestige. And when Sauron's eye finally turned its gaze towards France, it rekindled the public's interest in fantasy with goblins and elves suddenly becoming "so cool!" again. And it's all for the better because we ought to be proud of French Fantasy authors!

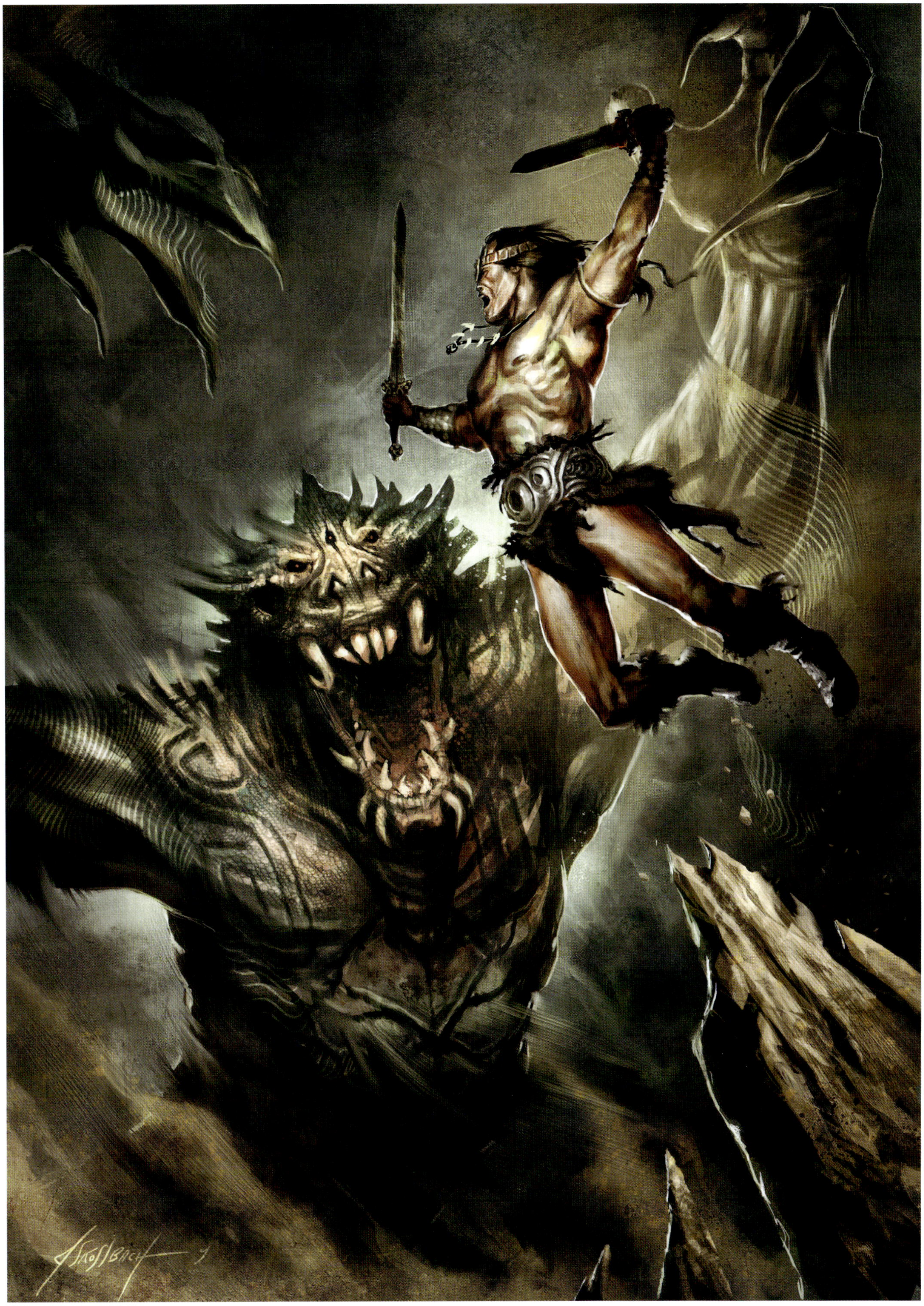

DISTURBING THE BEAST | TRAVAIL PERSONNEL | 2009

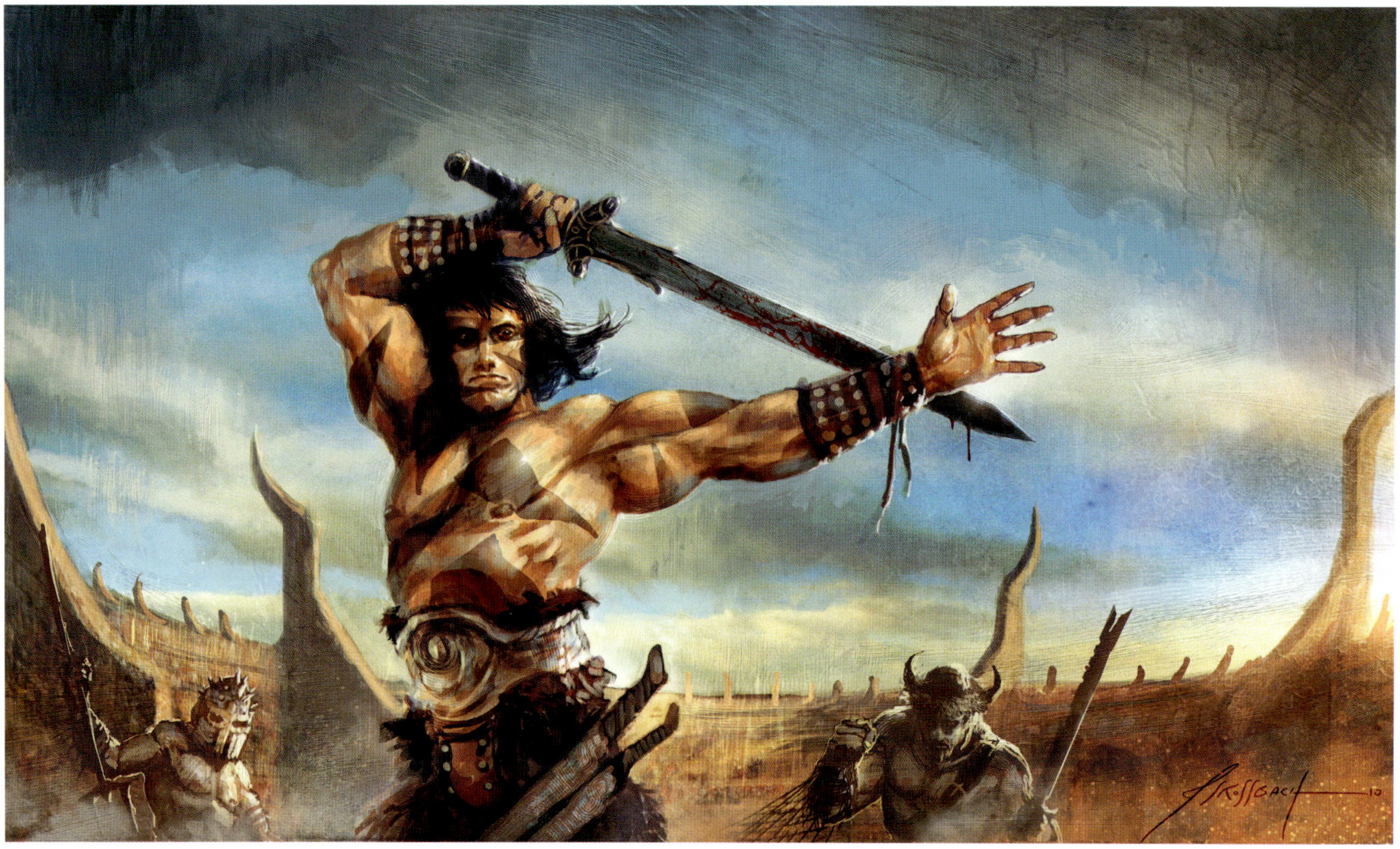

BARBARIAN SPEED PAINTING | TRAVAIL PERSONNEL | 2010

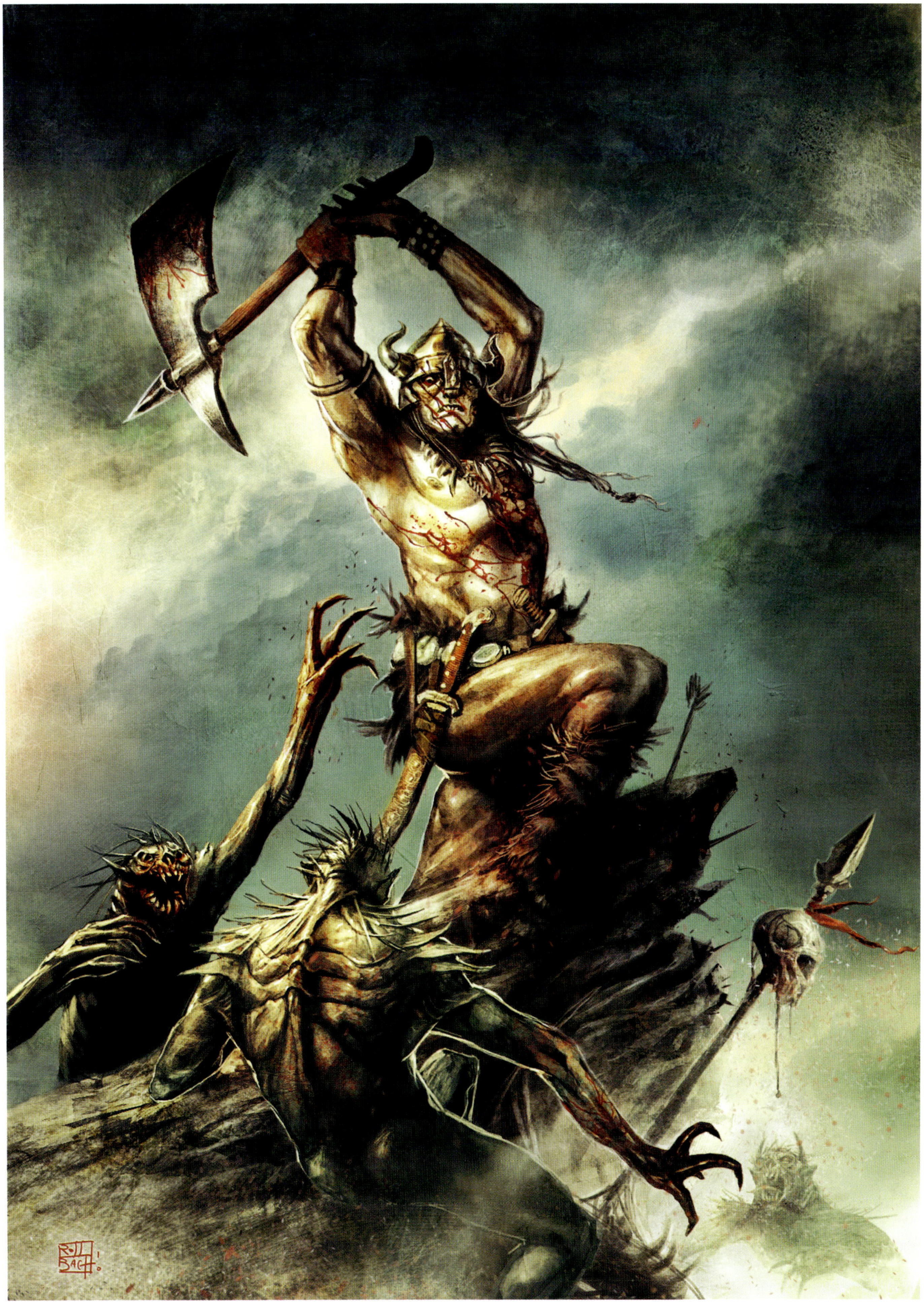

TRIBUTE TO FRAZETTA | CLIENT : IMAGINEFX MAGAZINE | ART DIRECTOR : CLAIRE HOWLETT | 2010

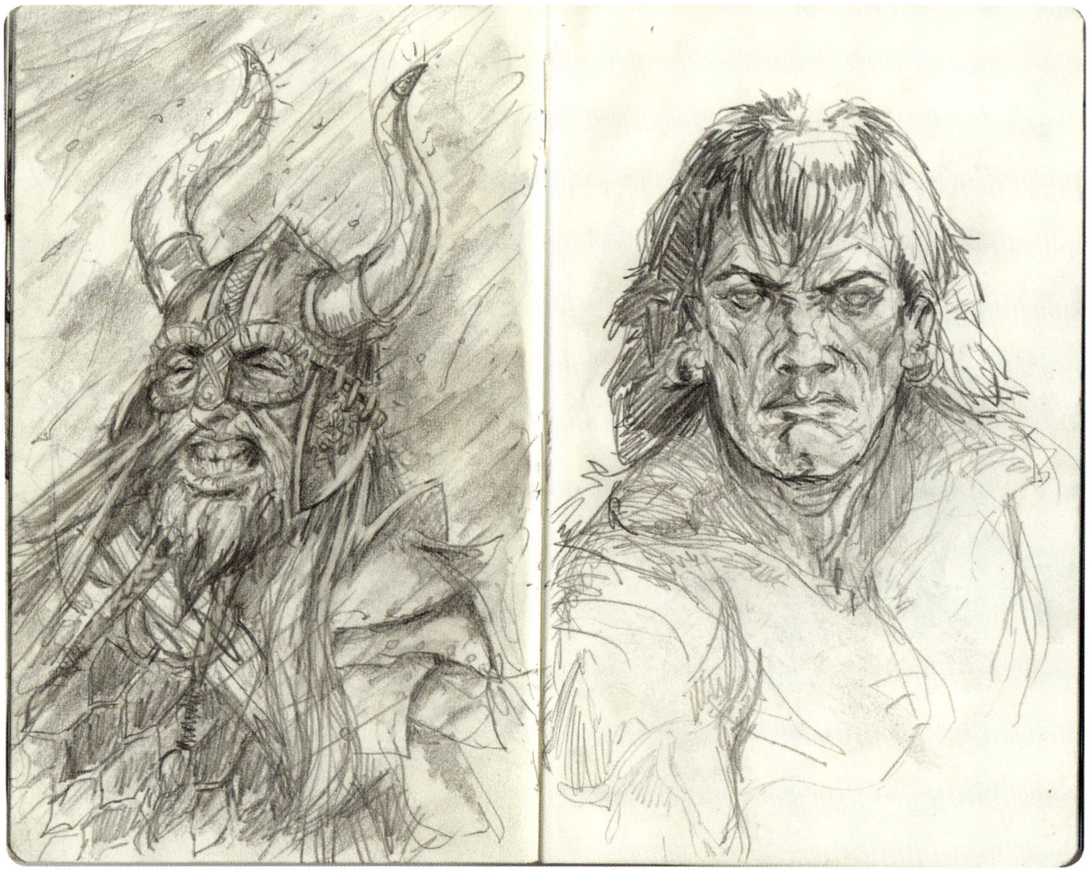

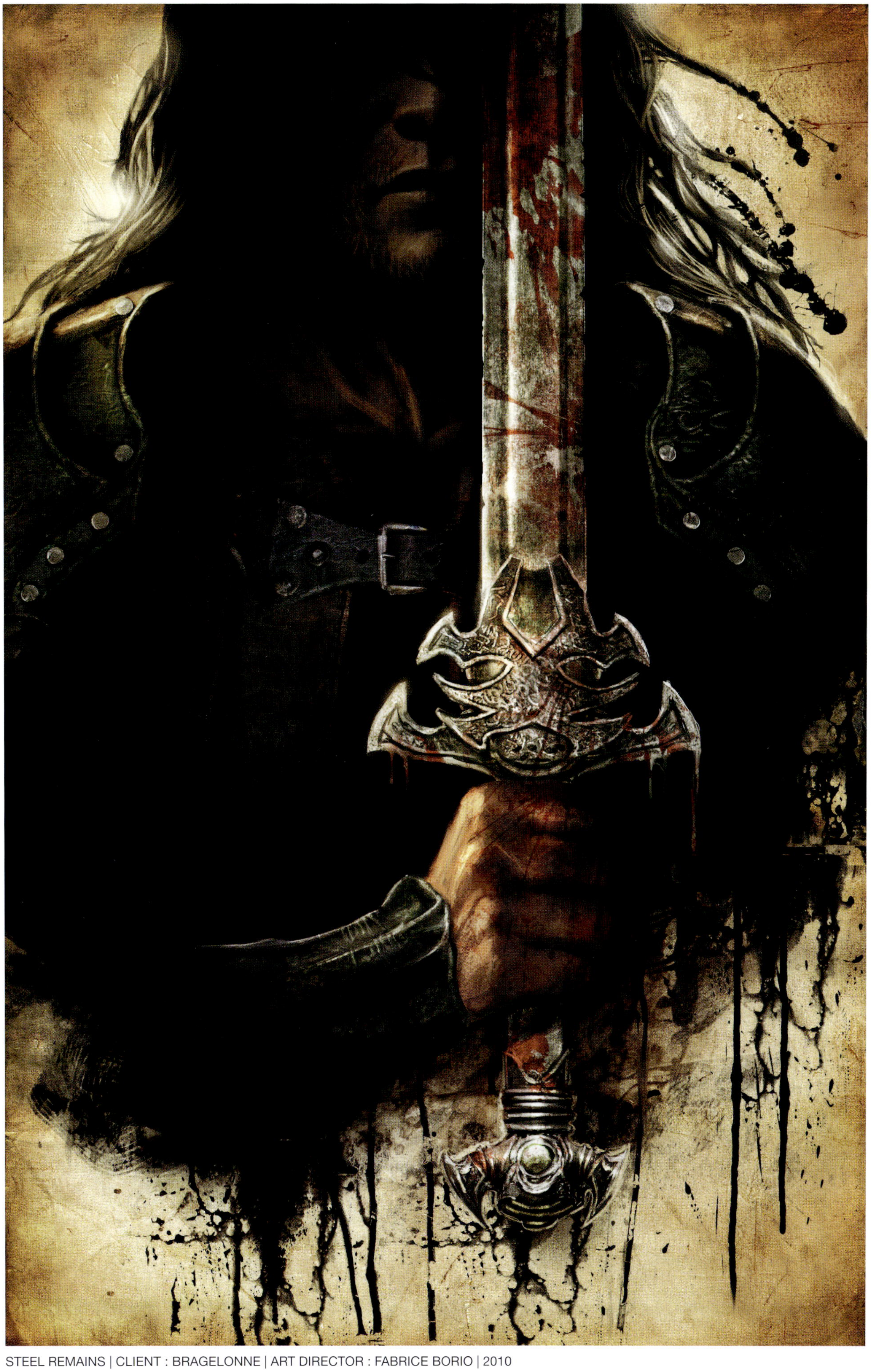

STEEL REMAINS | CLIENT : BRAGELONNE | ART DIRECTOR : FABRICE BORIO | 2010

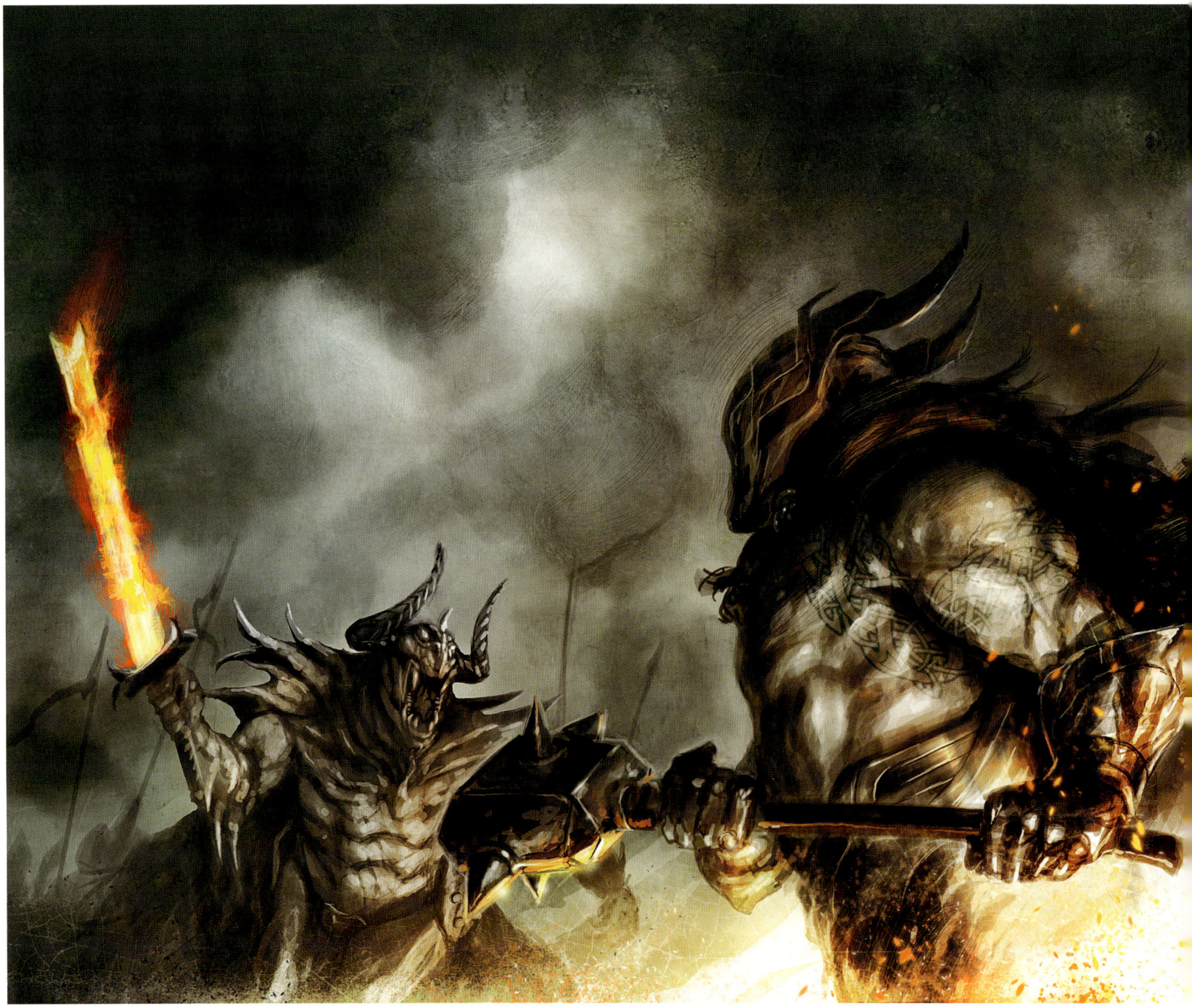

BARBARIANS | TRAVAIL PERSONNEL | 2009

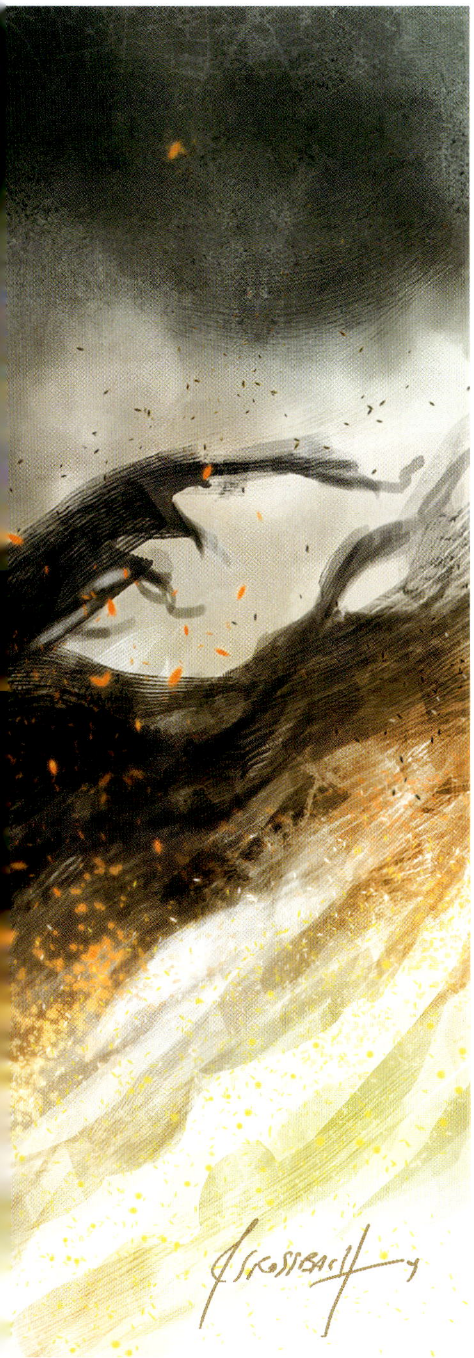

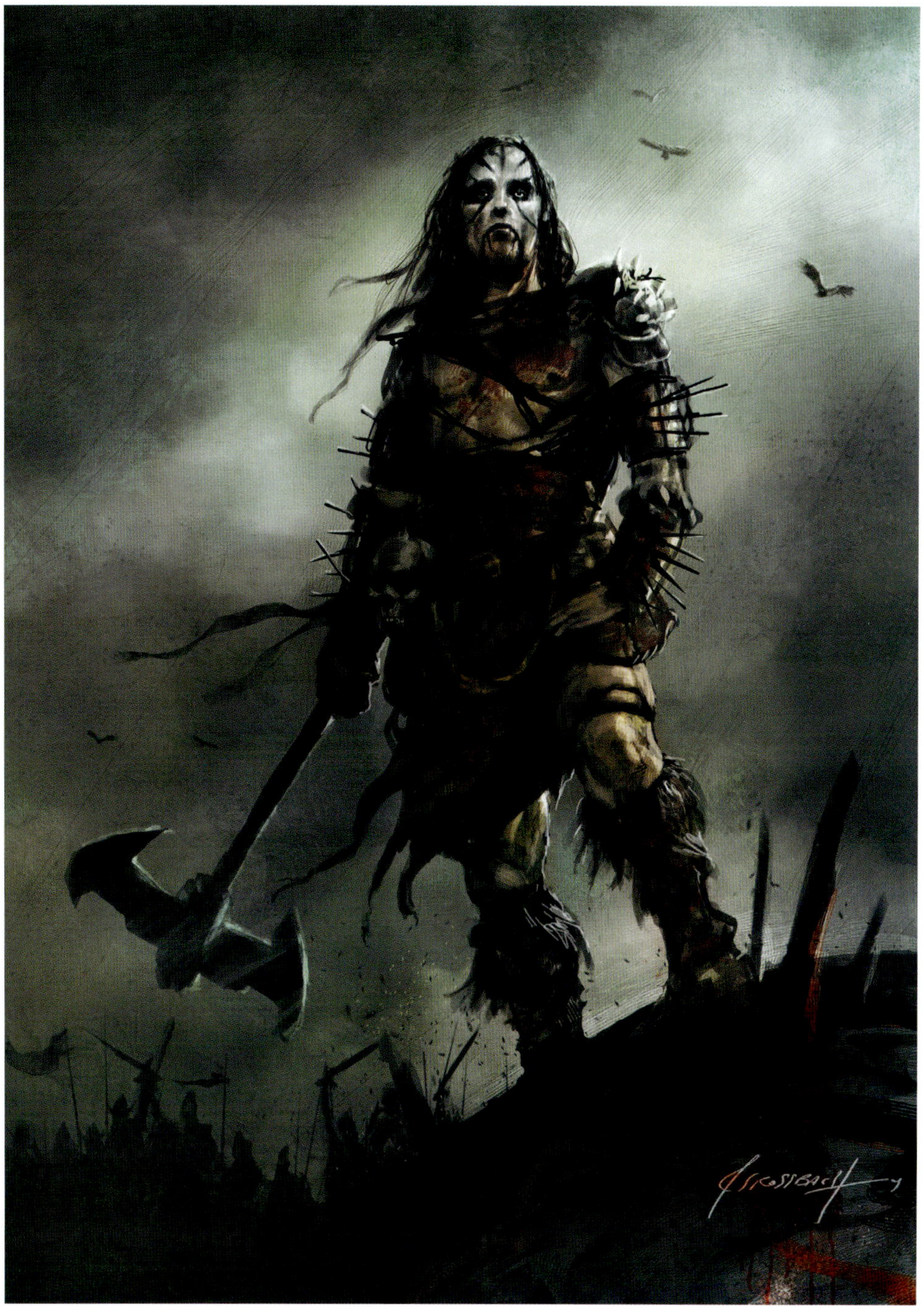

BARBARIANS | TRAVAIL PERSONNEL | 2009

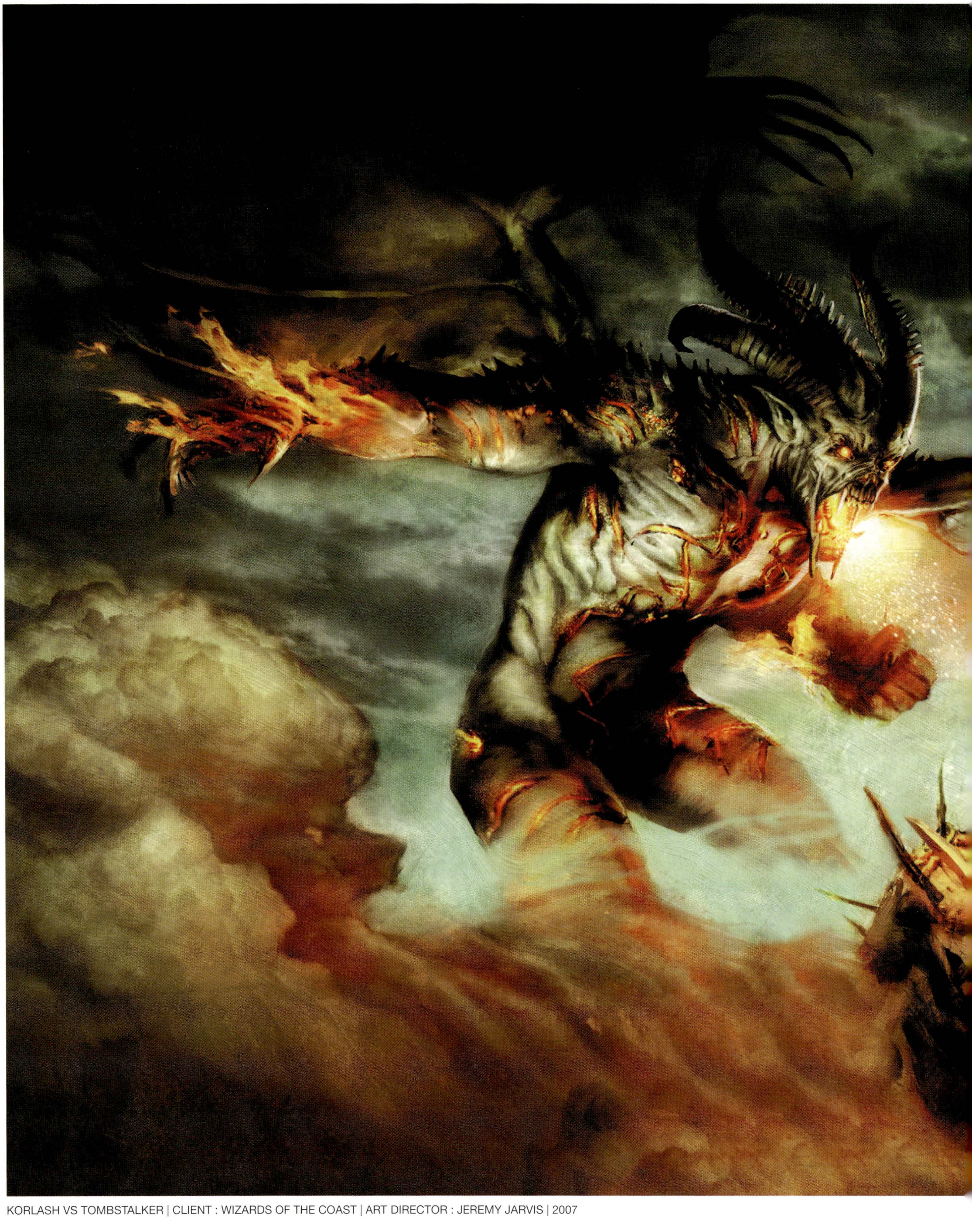

KORLASH VS TOMBSTALKER | CLIENT : WIZARDS OF THE COAST | ART DIRECTOR : JEREMY JARVIS | 2007

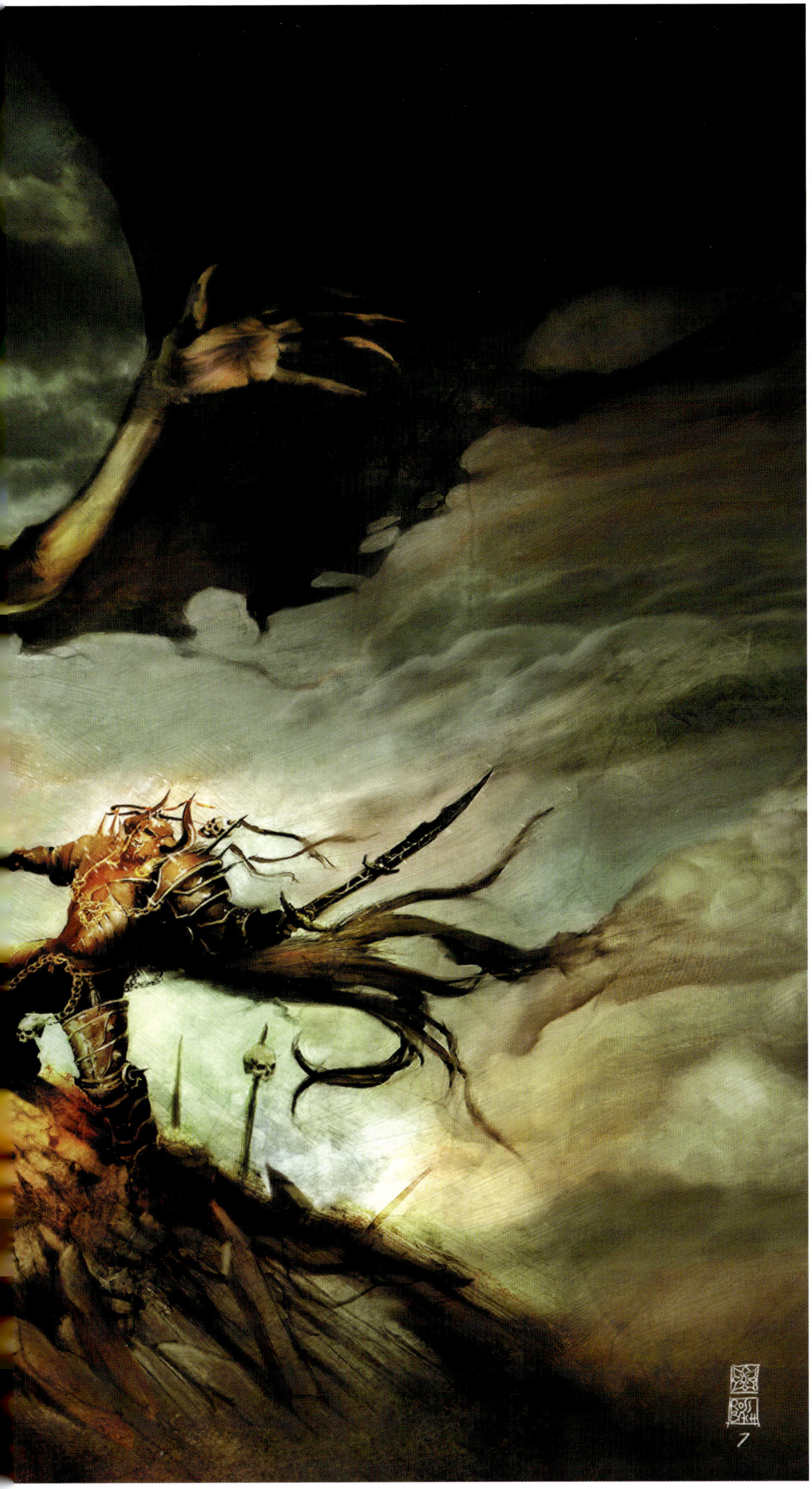

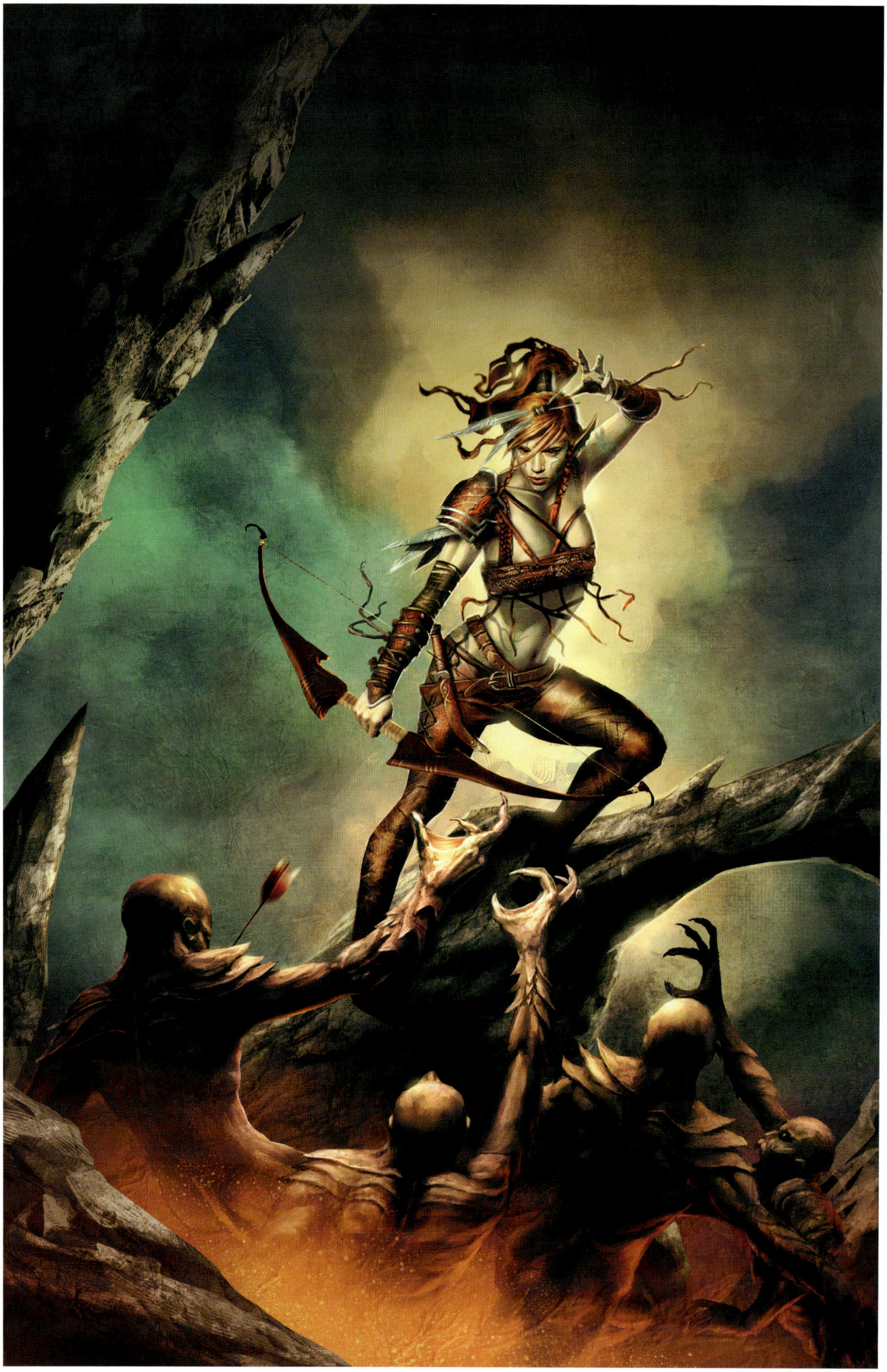

LE LIVRE DES ABYSSES | CLIENT : FLEUVE NOIR | ART DIRECTOR : BÉNÉDICTE LOMBARDO | 2011

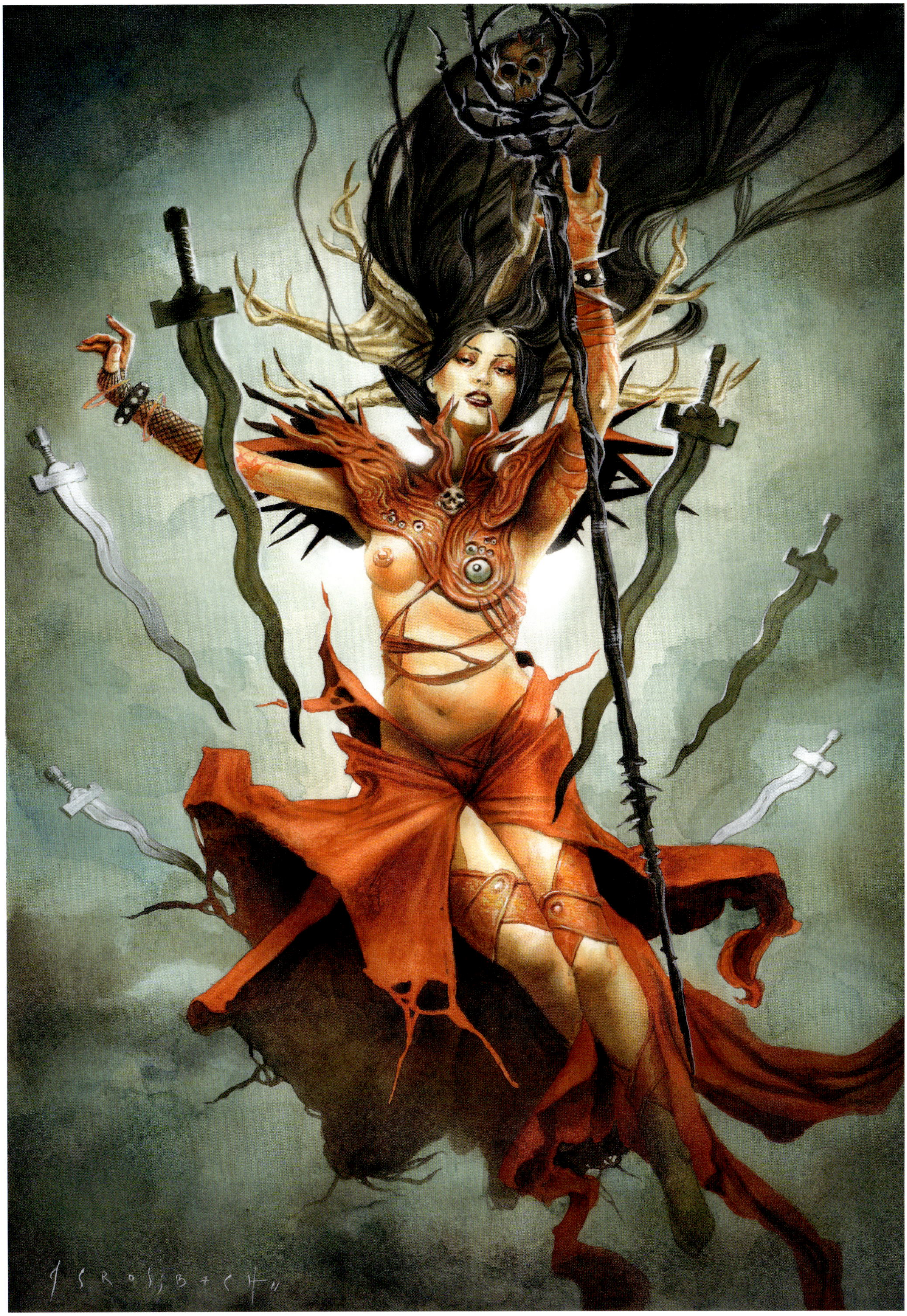

NOUVELLE MORRIGU | TRAVAIL PERSONNEL | 2011

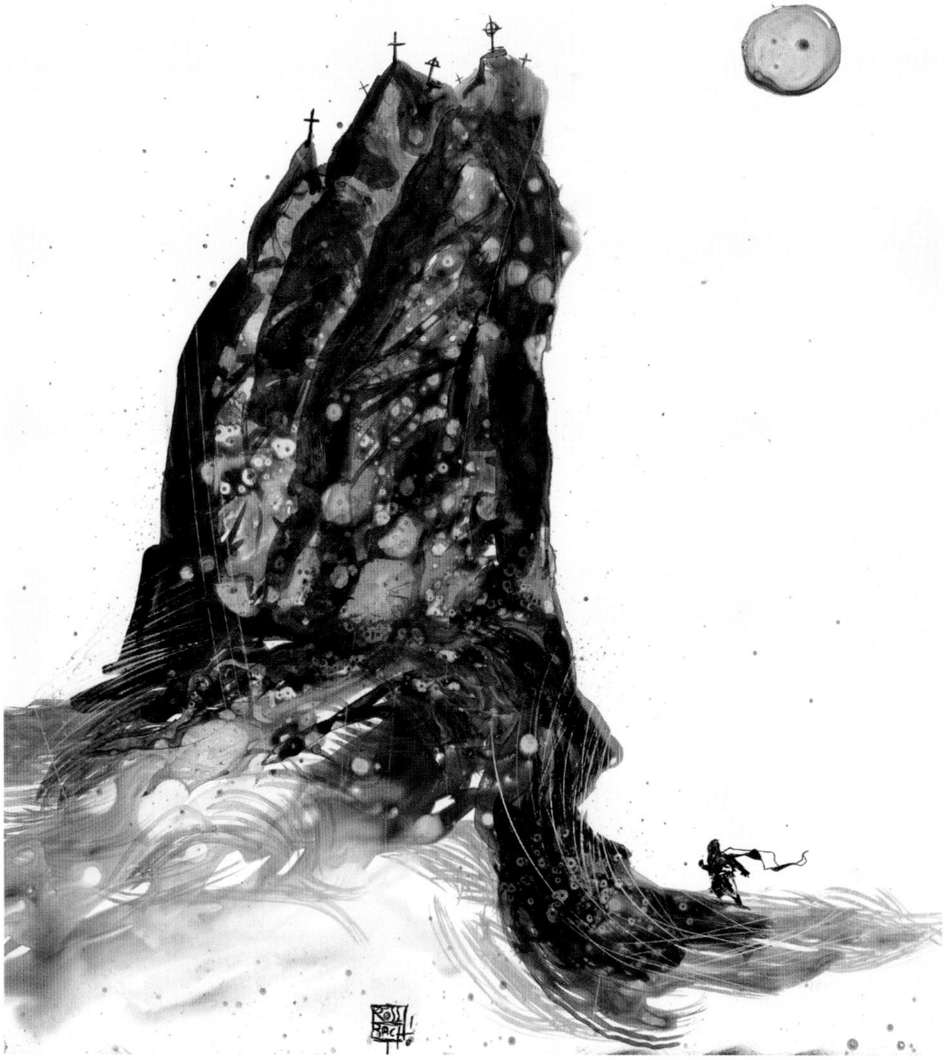
ROSS
BACH

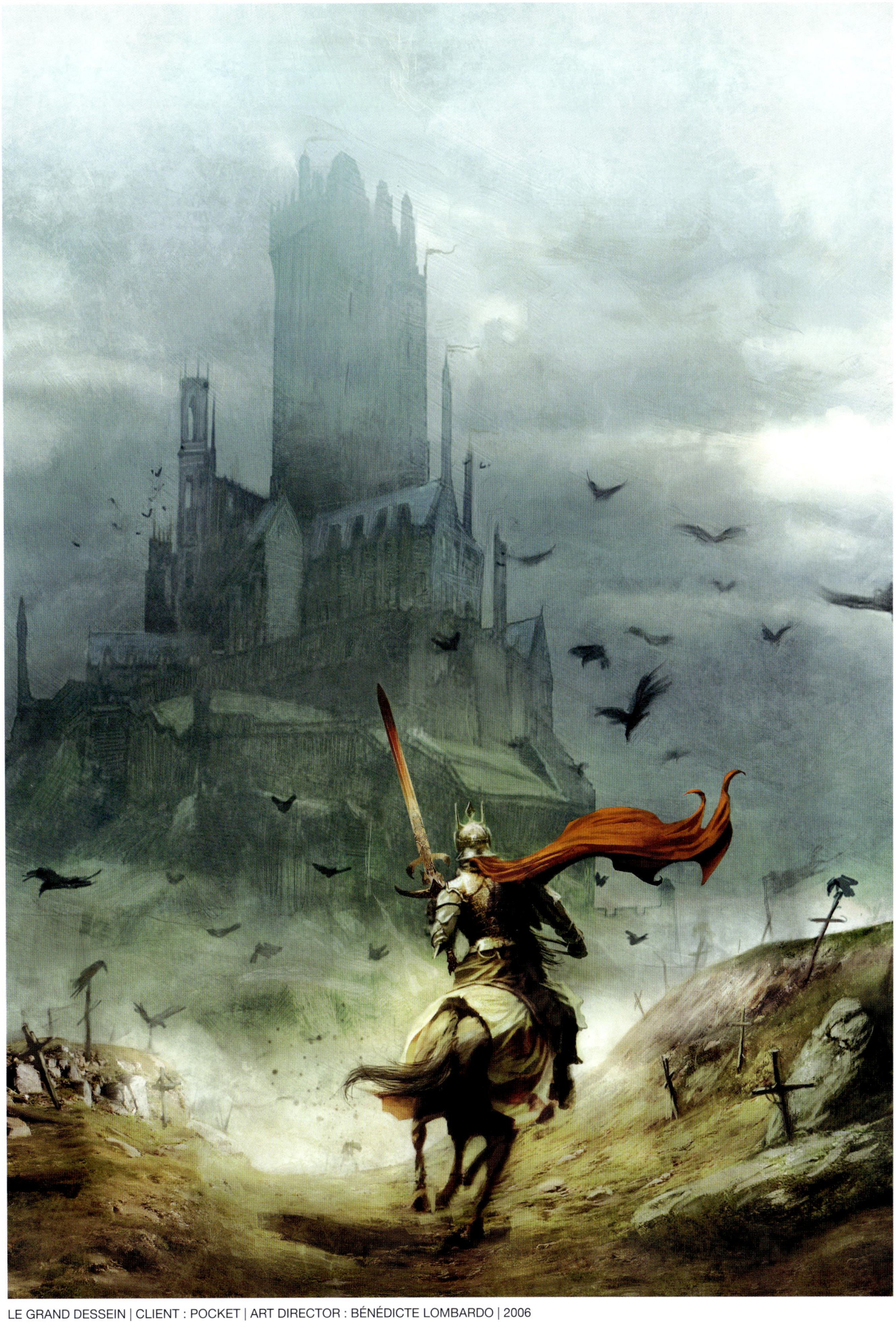

LE GRAND DESSEIN | CLIENT : POCKET | ART DIRECTOR : BÉNÉDICTE LOMBARDO | 2006

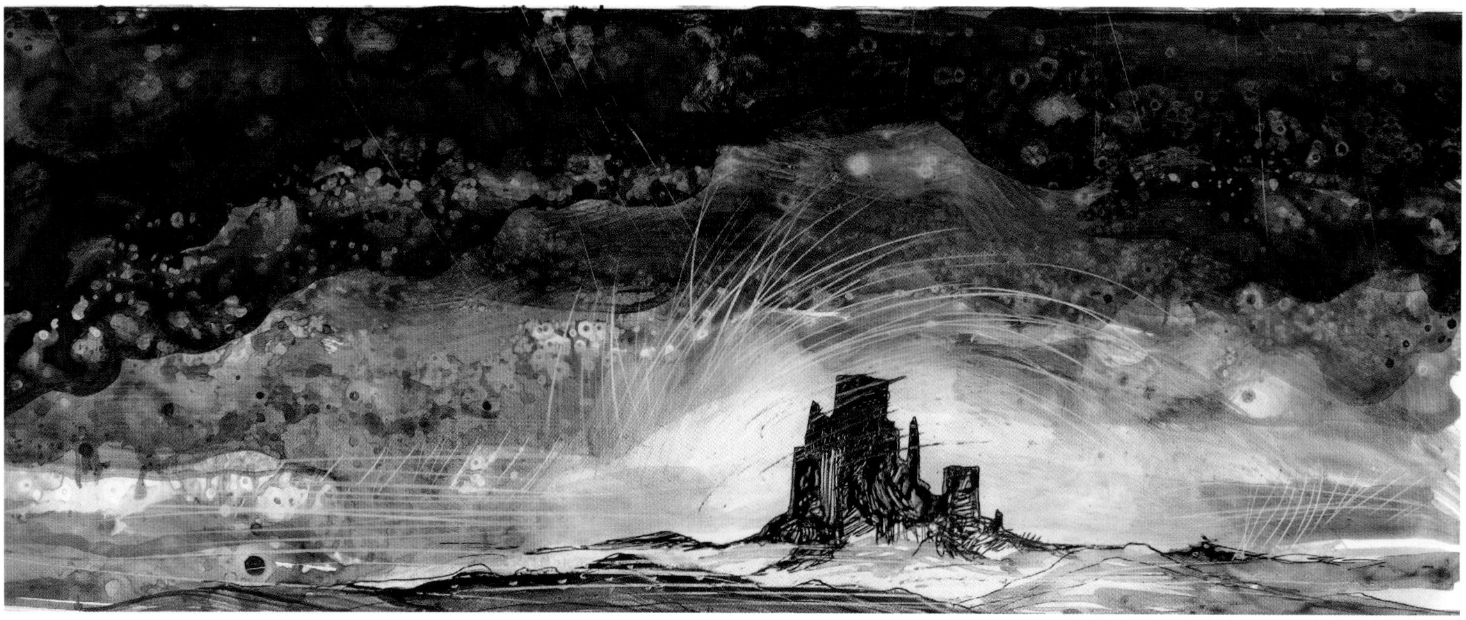

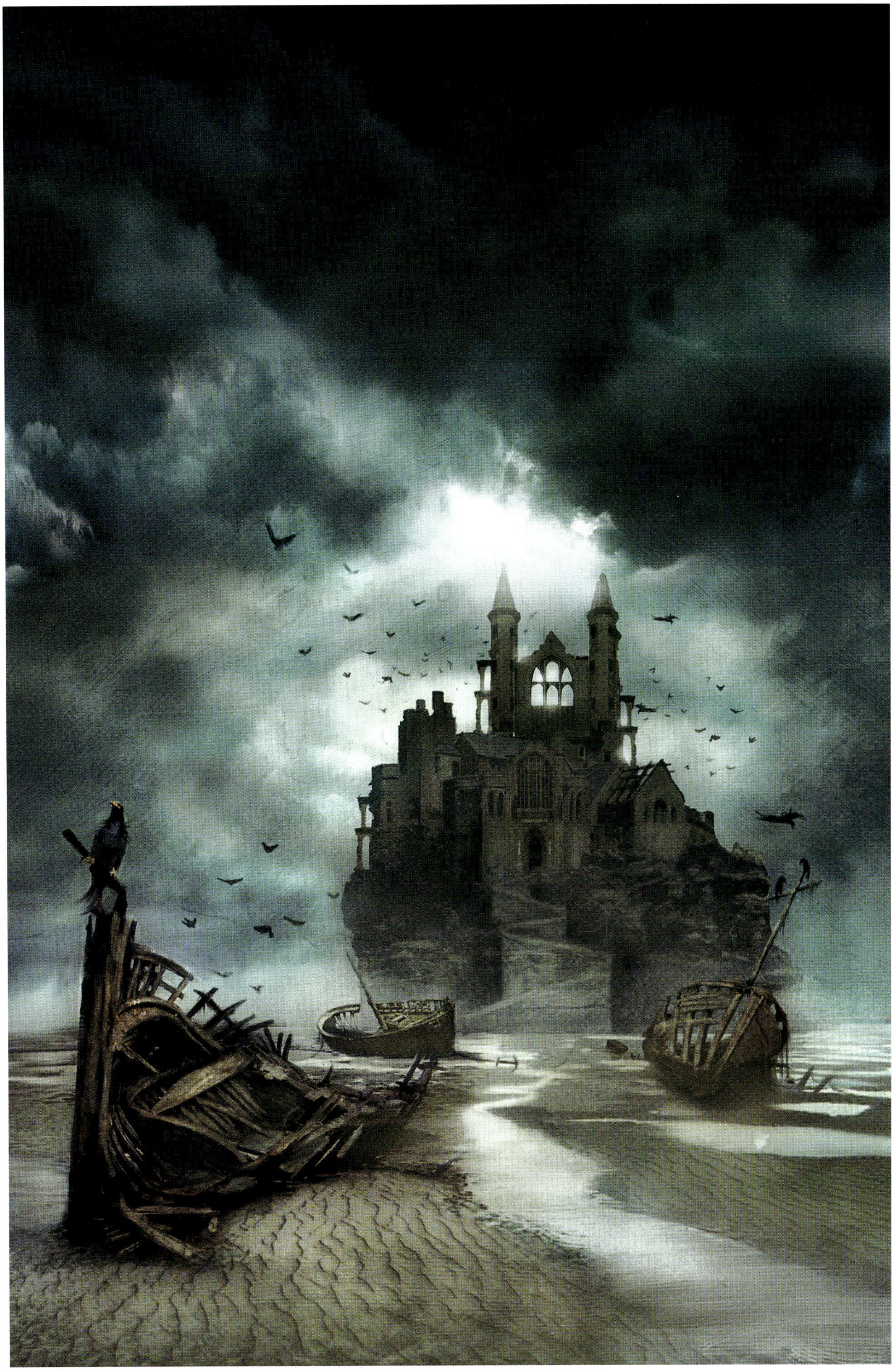

LE TRÔNE DE FER – LES SABLES DE DORNE | CLIENT : PYGMALION | 2006

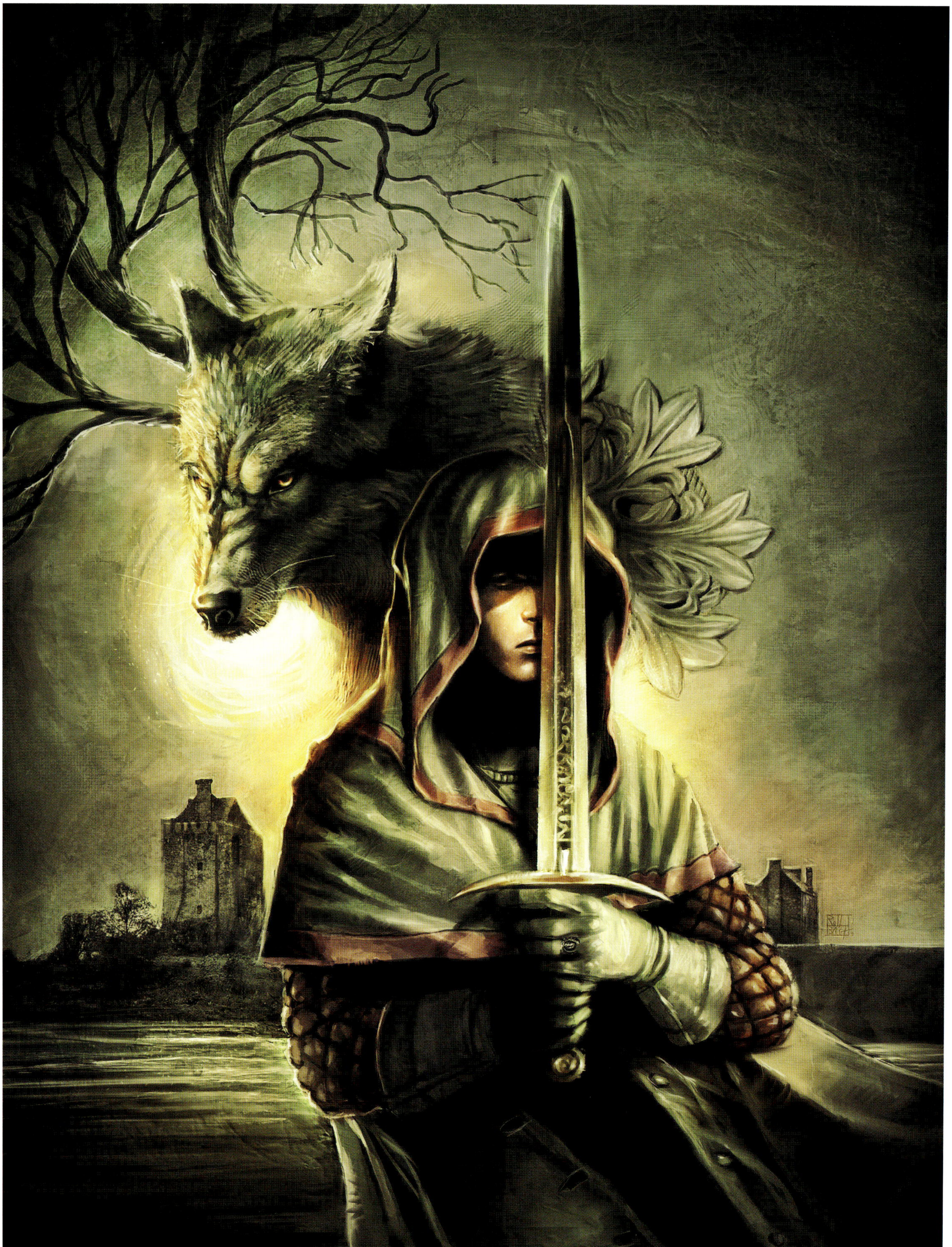

L'ASSASSIN ROYAL T4 | CLIENT : SOLEIL | ART DIRECTOR : CÉCILE CHOVET | 2011

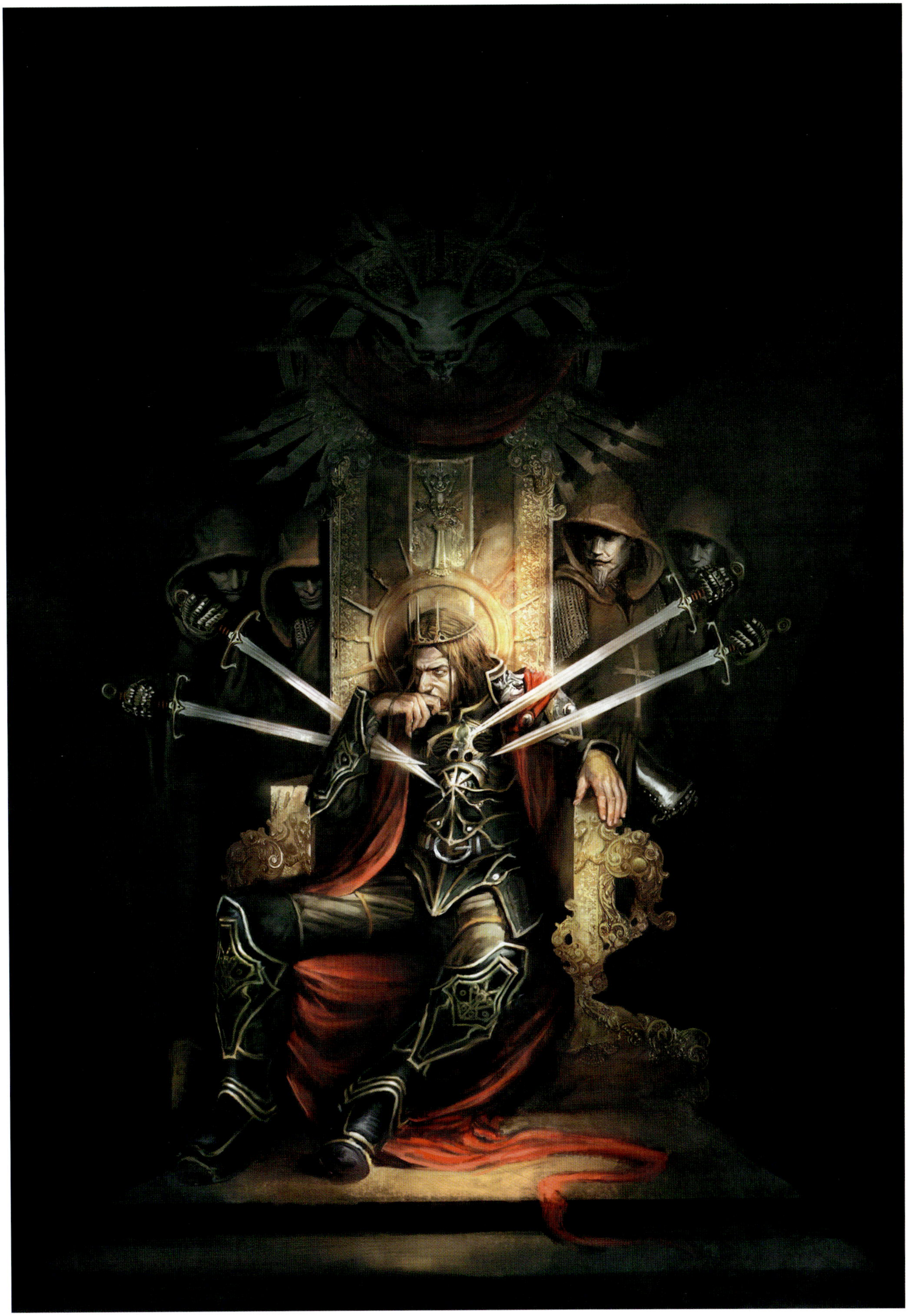

LES SAINTS DE L'ÉPÉE | CLIENT : POCKET | ART DIRECTOR : BÉNÉDICTE LOMBARDO | 2007

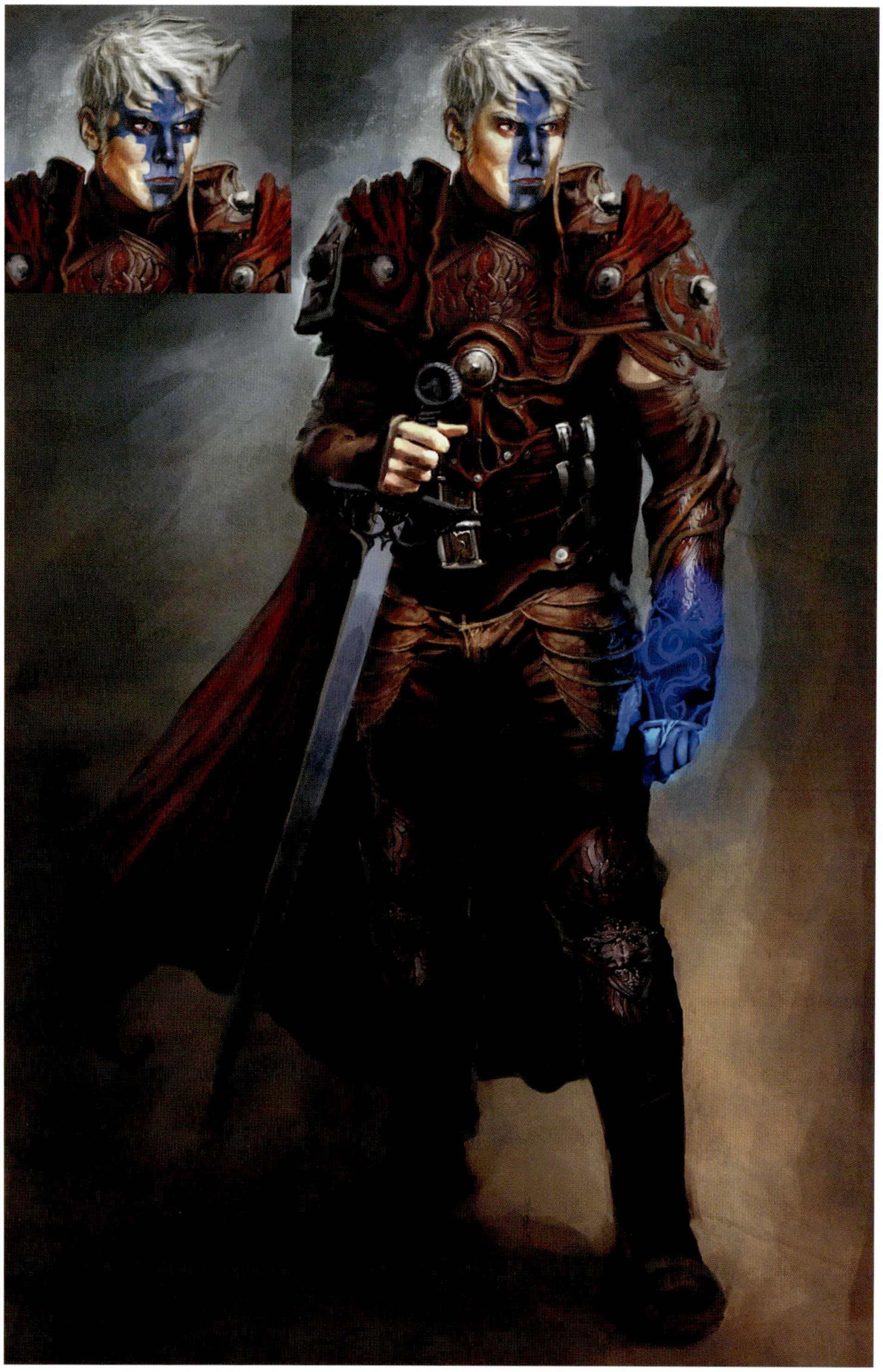

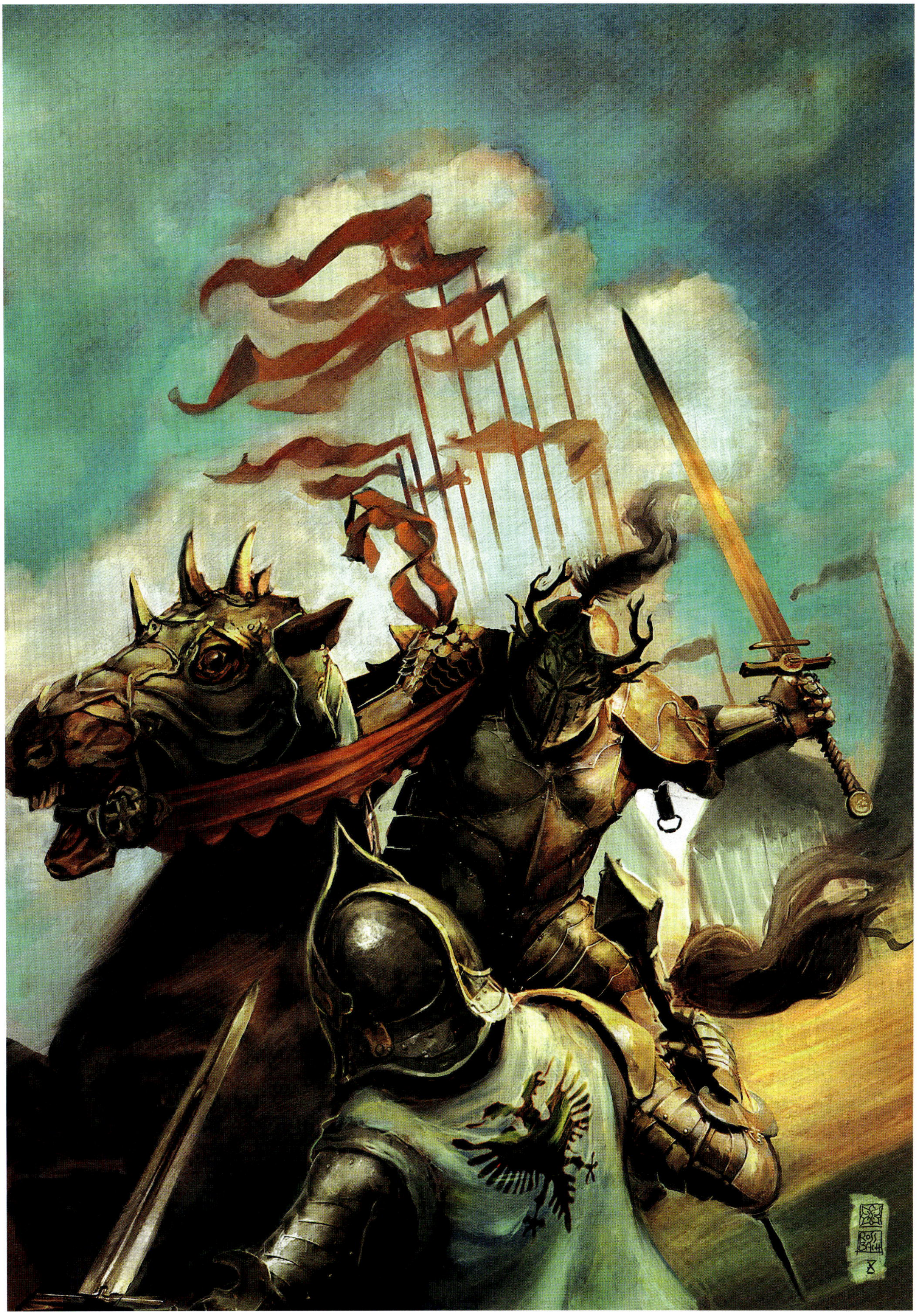

LE TRÔNE DE FER – L'ÉPÉE LIGE | CLIENT : PYGMALION | 2008

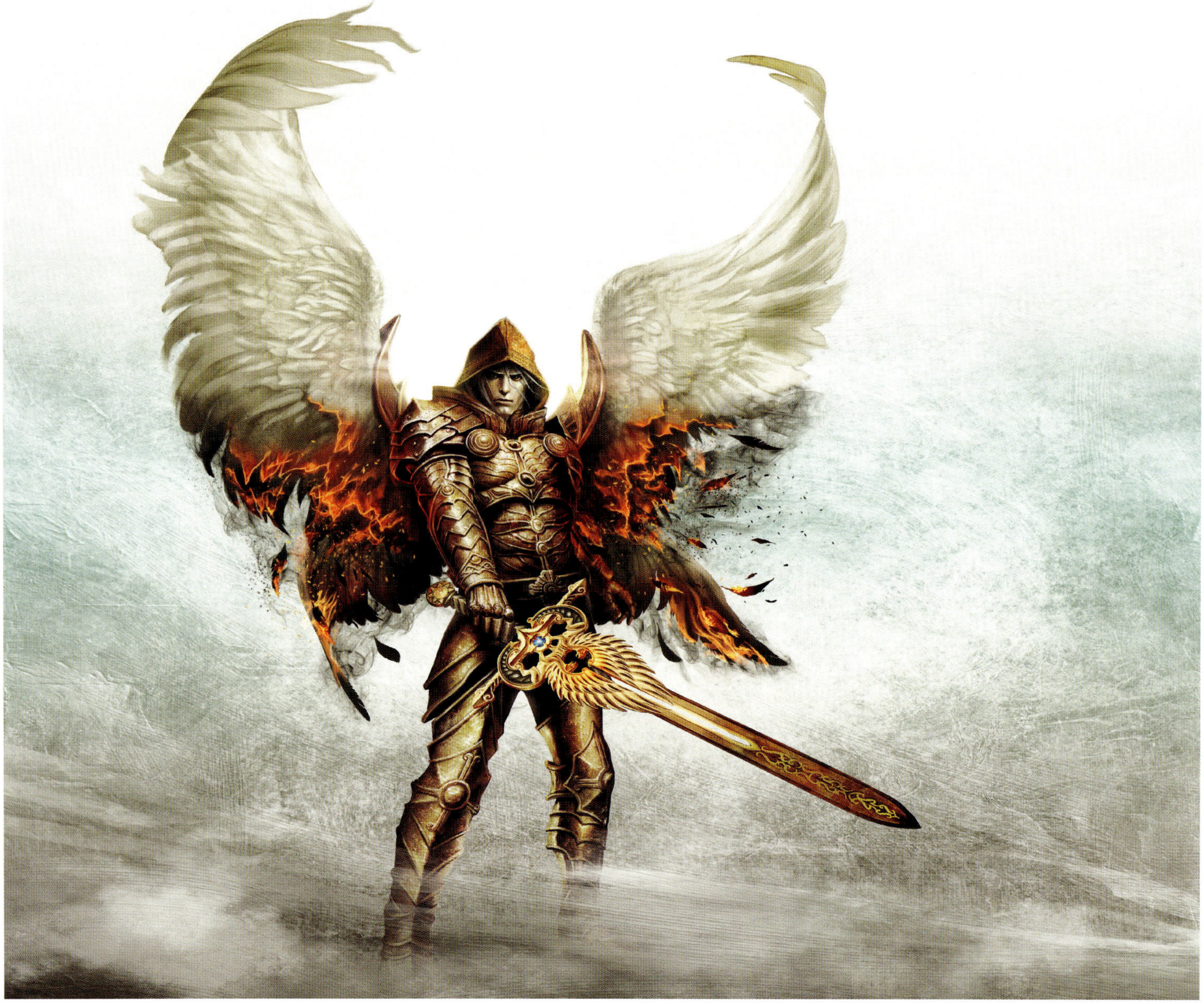
HEROES OF MIGHT & MAGIC 6 | CLIENT : UBISOFT | 2011

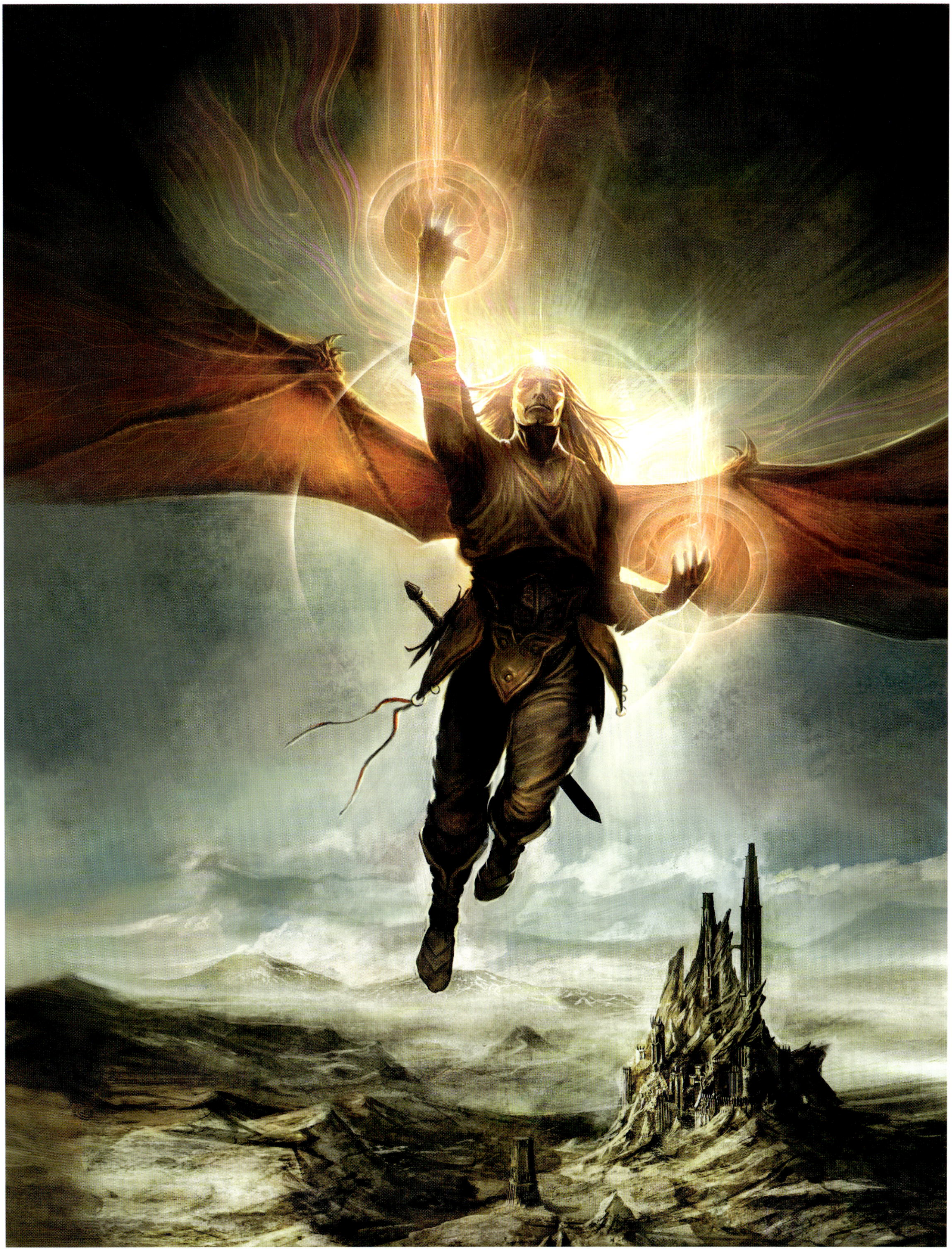

LE VENGEUR | CLIENT : BRAGELONNE | ART DIRECTOR : FABRICE BORIO | 2010

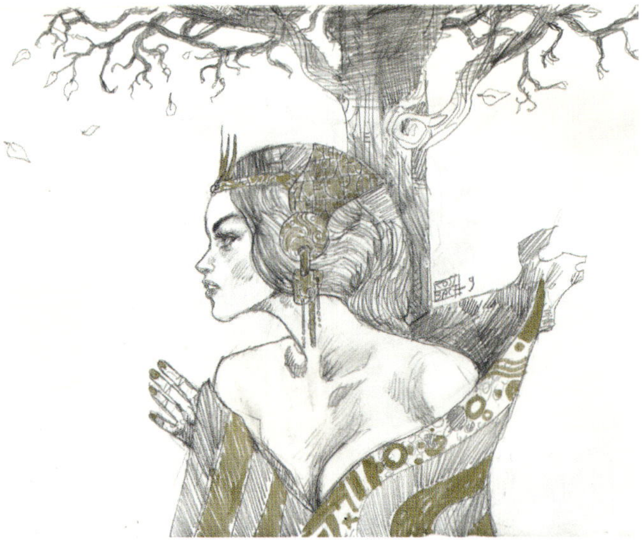

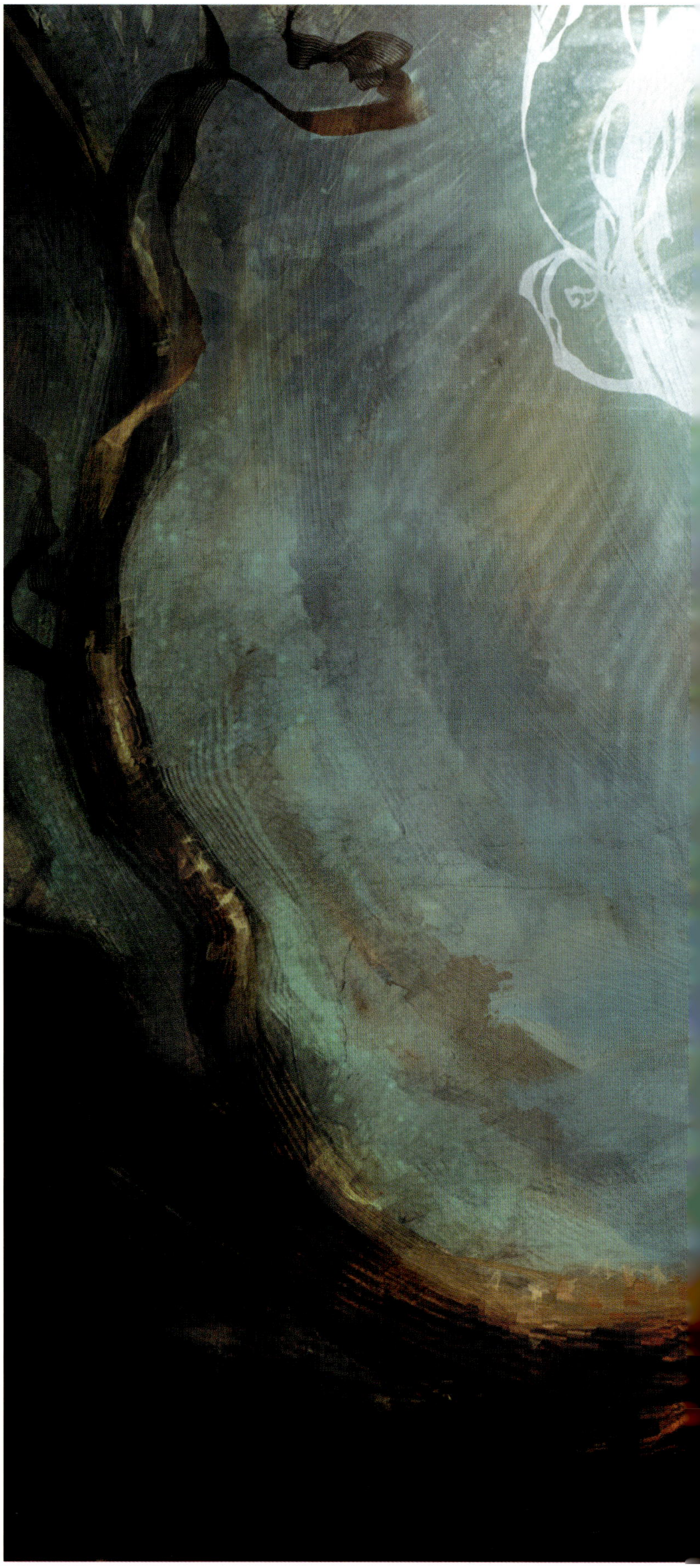

ORISS SAMITE | CLIENT : IMAGINE FX MAGAZINE | ART DIRECTOR : PAUL TYSALL | 2008

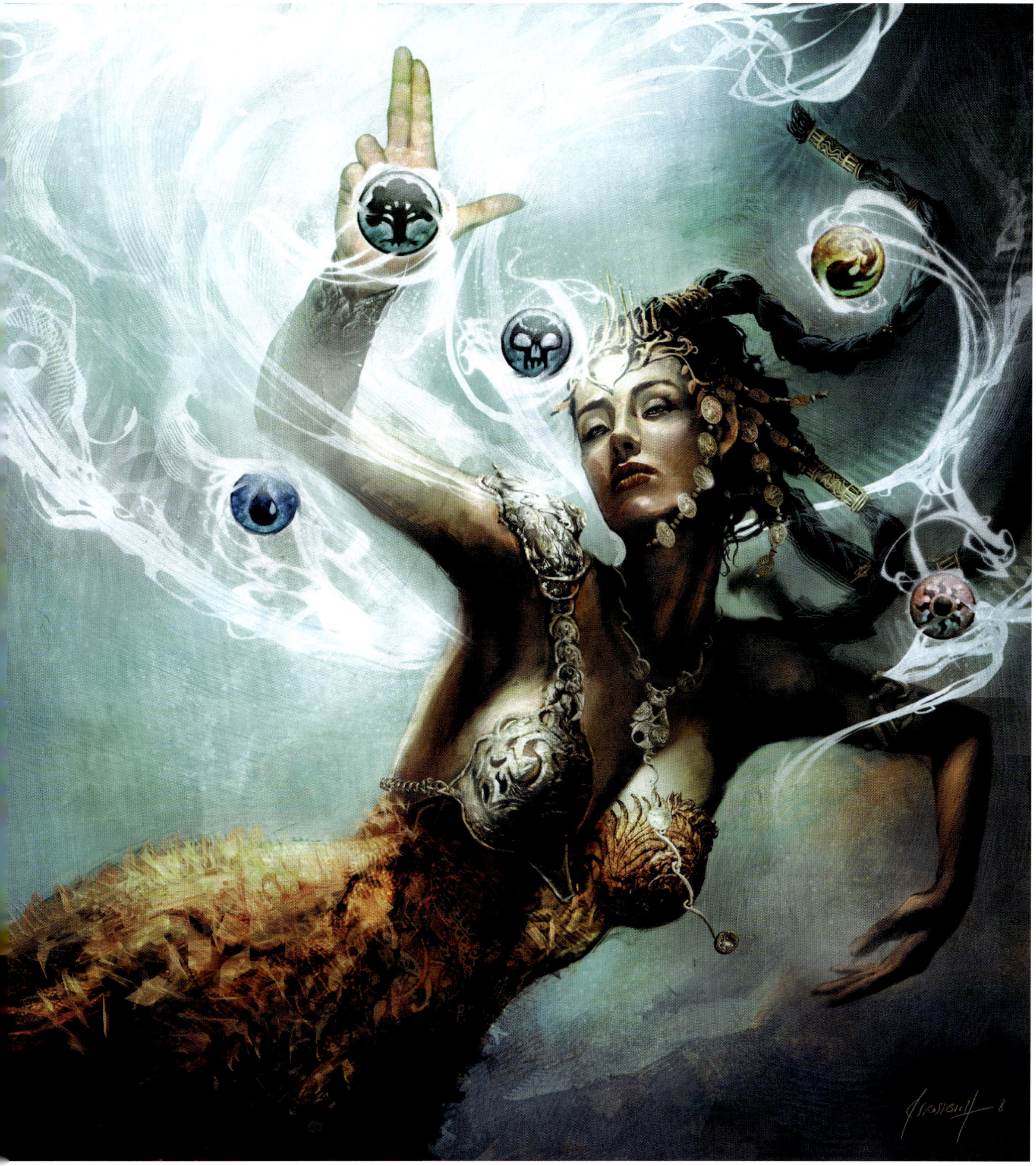

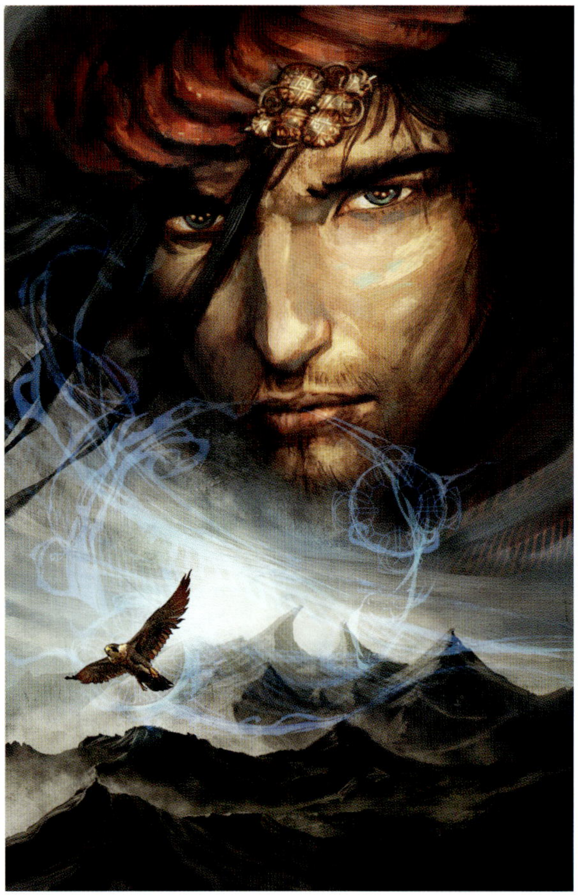

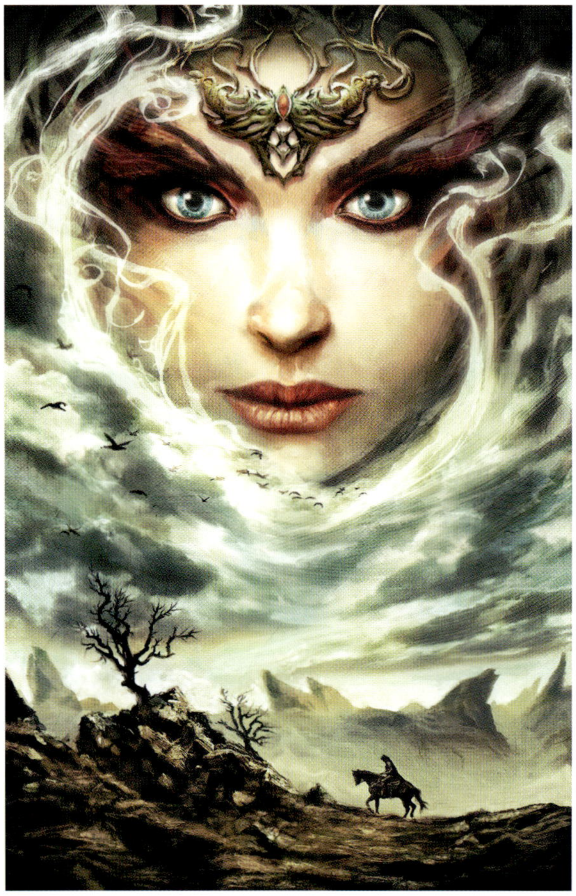

TRILOGIE DES MAGISTERS T1 & 2 | CLIENT : BRAGELONNE |
ART DIRECTOR : DAVID OGHIA | 2009

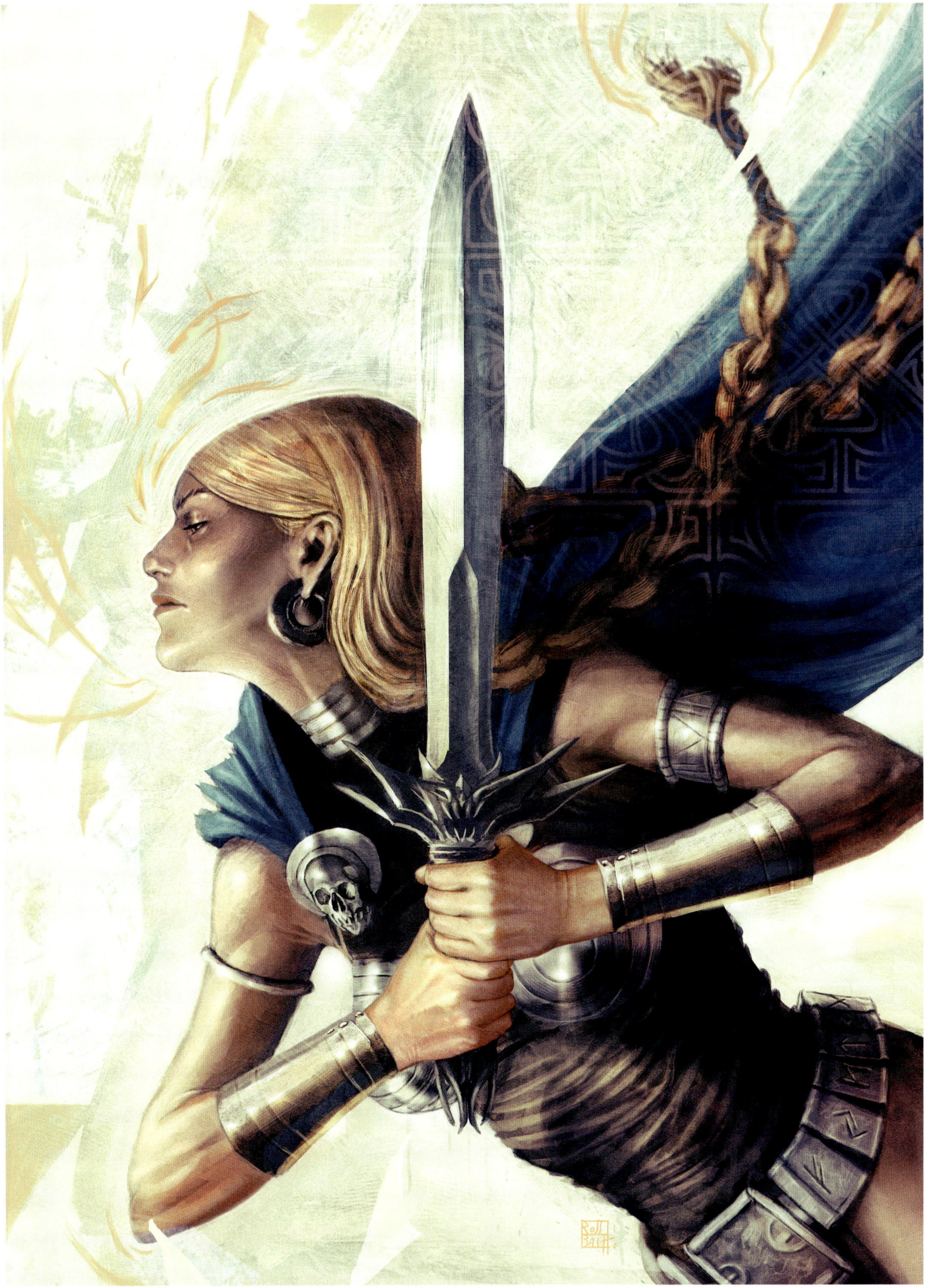

UNTITLED | TRAVAIL PERSONNEL | 2010

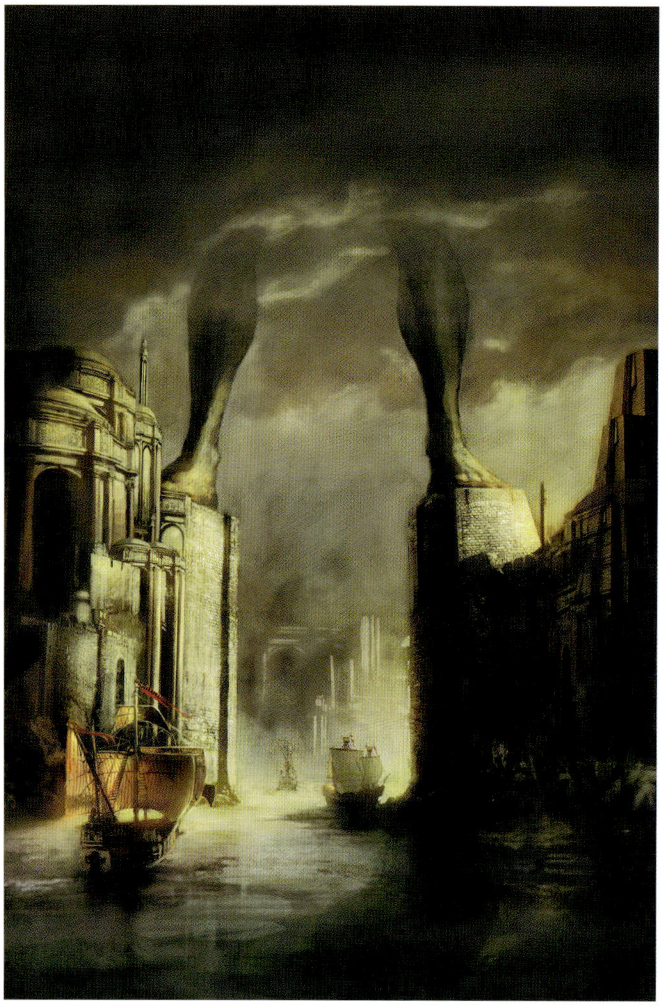

LE TRÔNE DE FER – LE CHAOS | CLIENT : PYGMALION | 2006

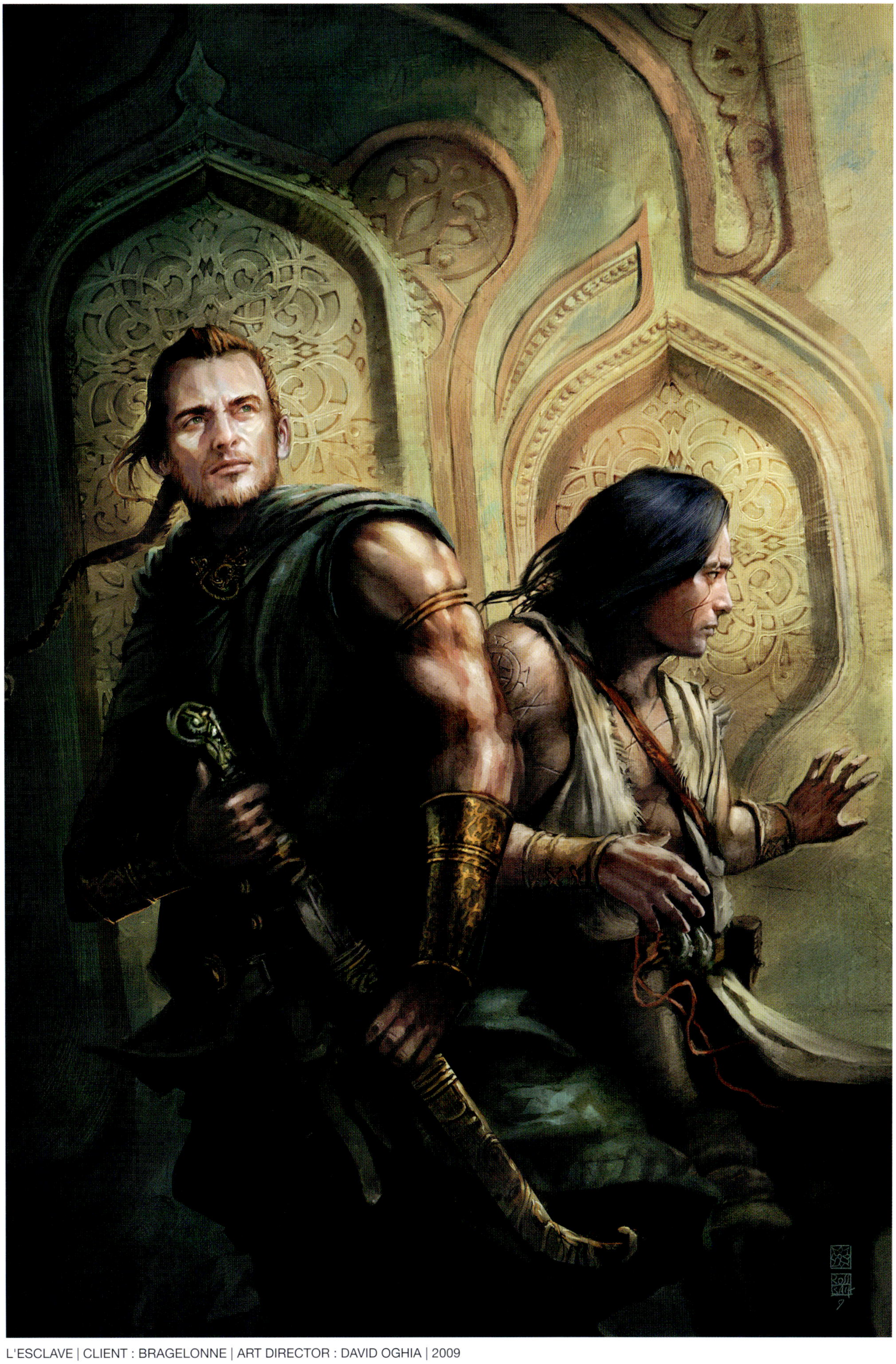

L'ESCLAVE | CLIENT : BRAGELONNE | ART DIRECTOR : DAVID OGHIA | 2009

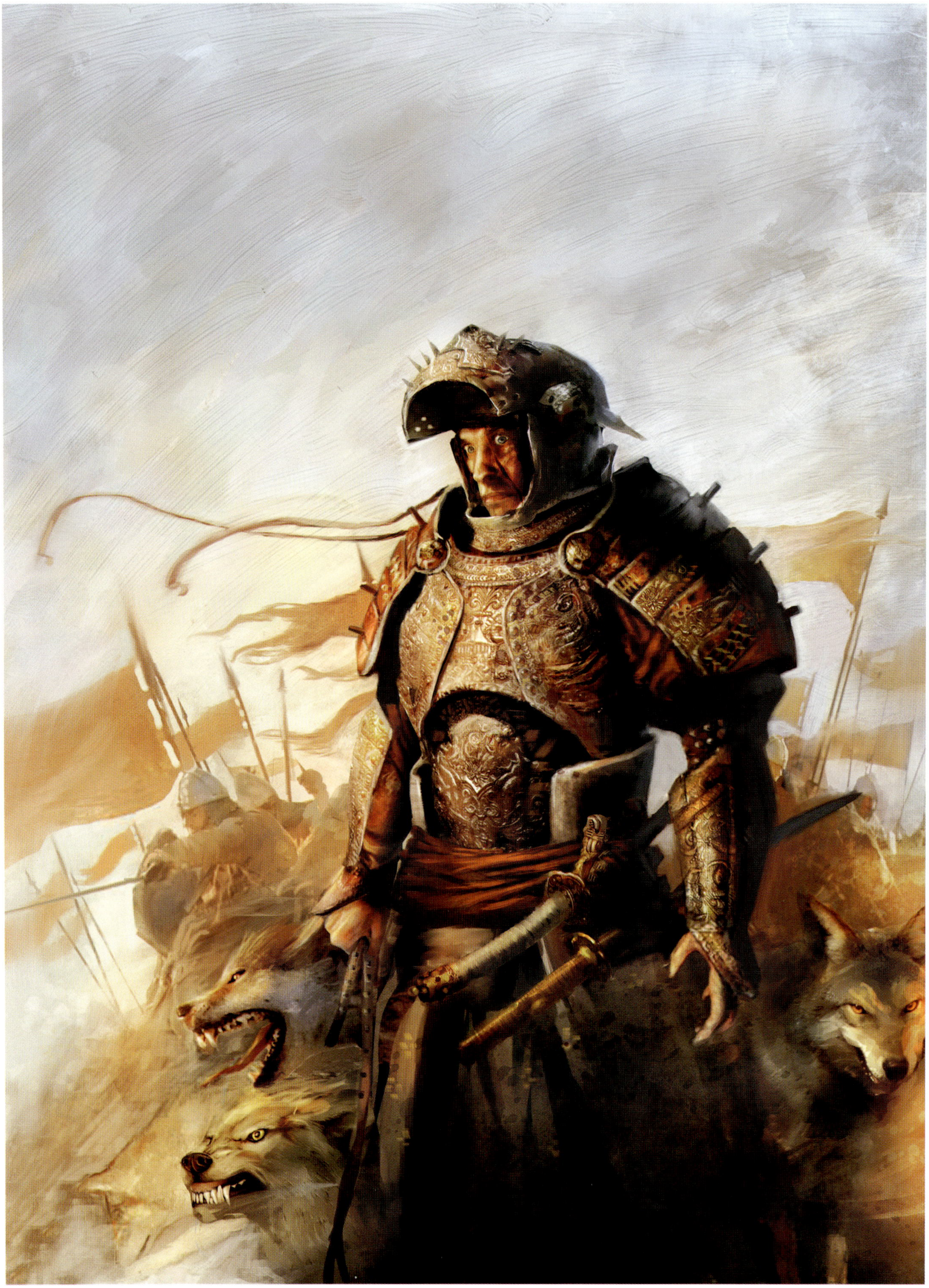

LE CHACAL DE NAR | CLIENT : POCKET | ART DIRECTOR : BÉNÉDICTE LOMBARDO | 2006

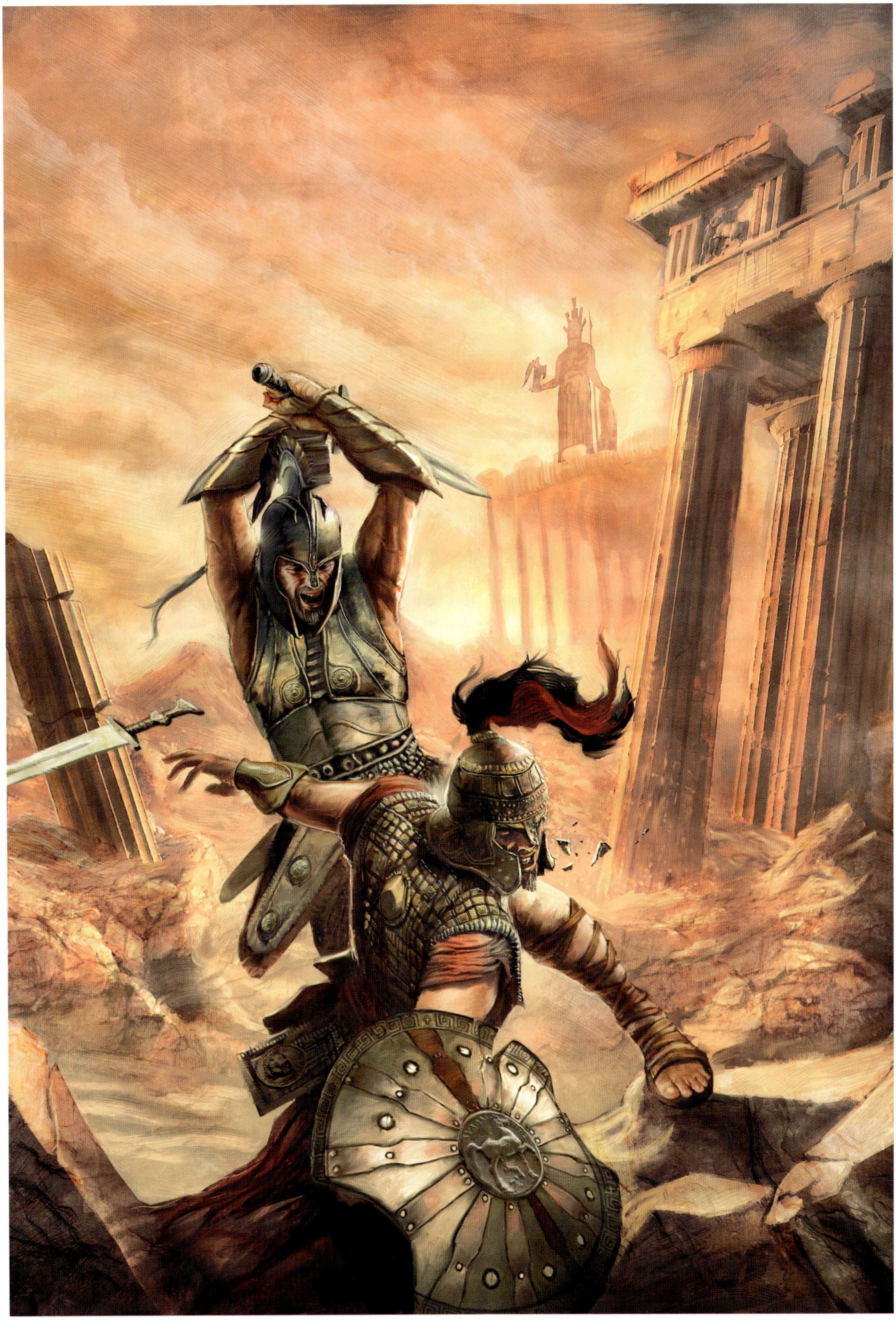

ILIUM | CLIENT : POCKET | ART DIRECTOR : BÉNÉDICTE LOMBARDO | 2007

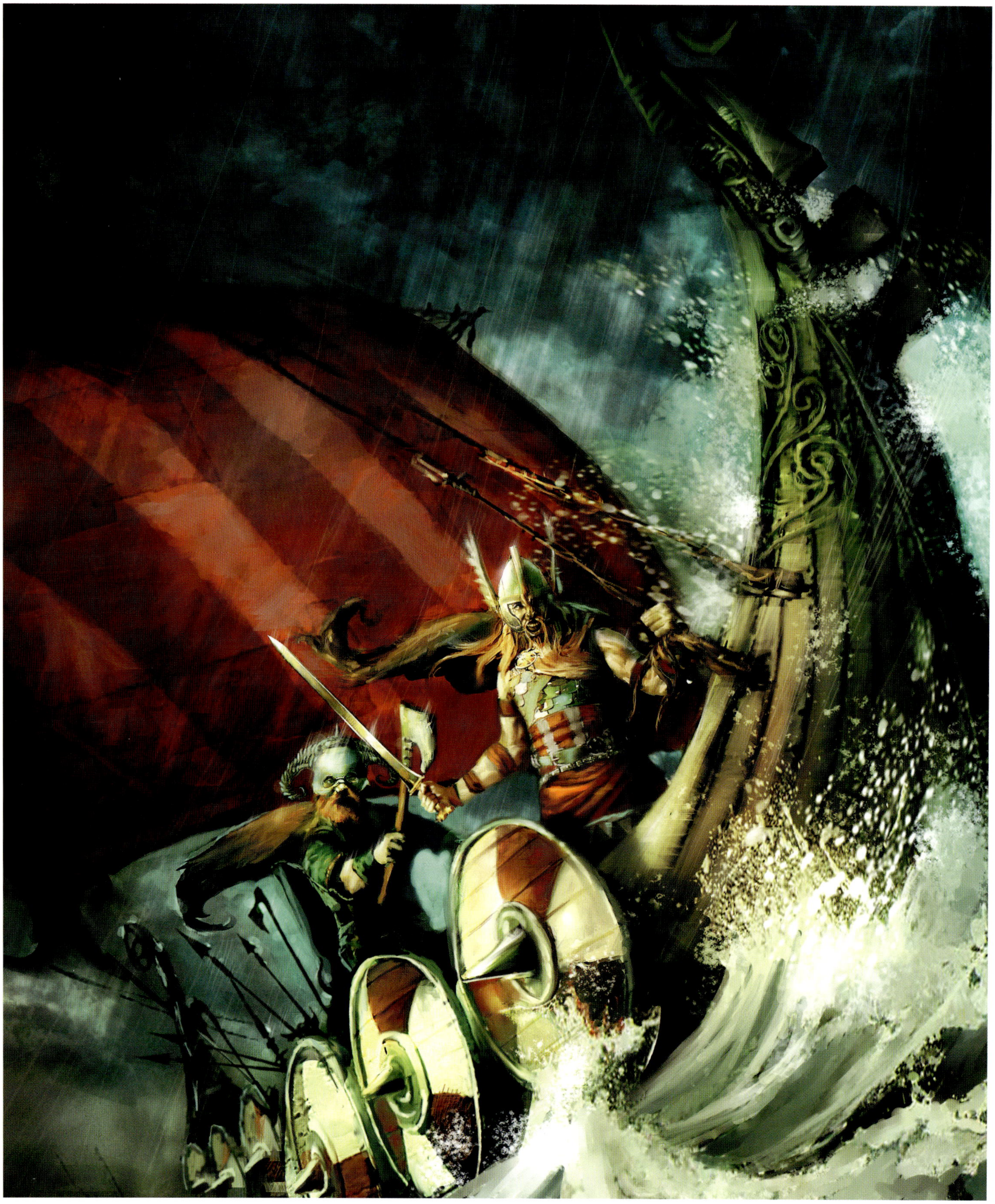

LA SAGA DE HROLF KRAKI | CLIENT : FOLIO SF | 2005

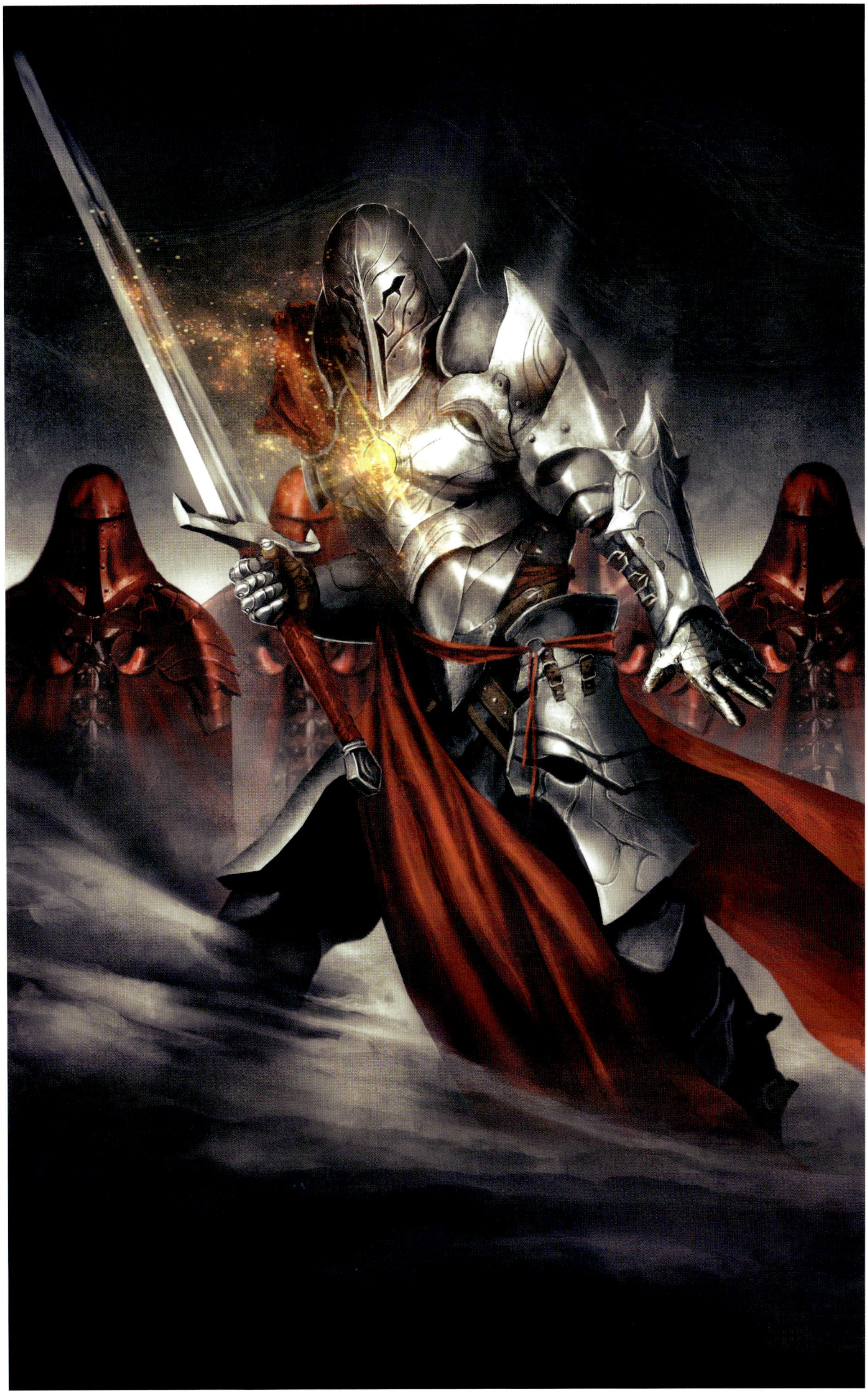

LE SEIGNEUR DU SILENCE | CLIENT : ECLIPSE | ART DIRECTOR : MATHIEU SAINTOUT | 2011

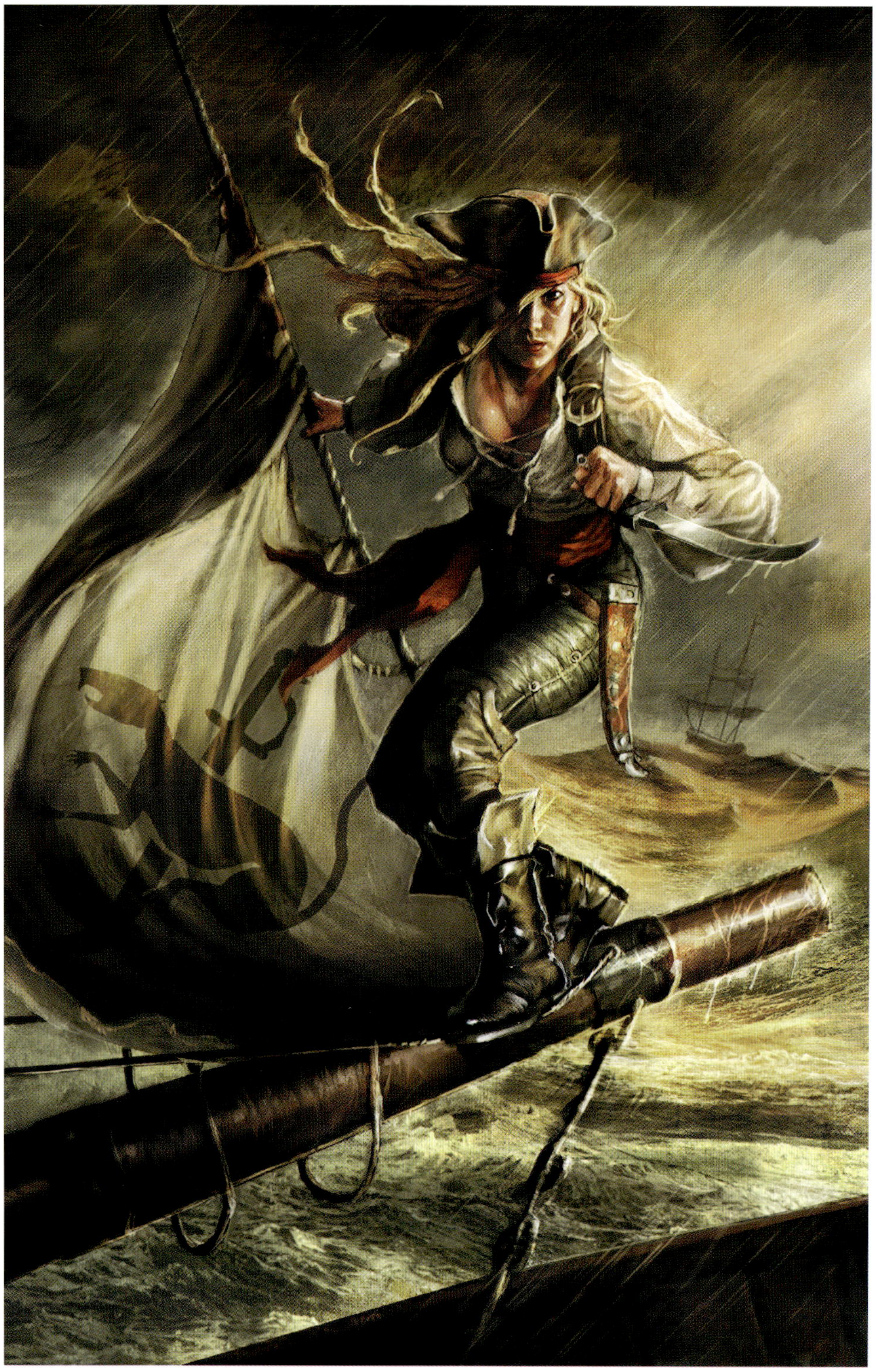

LE VOYAGE DU CHATHRAND I | CLIENT : FLEUVE NOIR | ART DIRECTOR : BÉNÉDICTE LOMBARDO | 2010

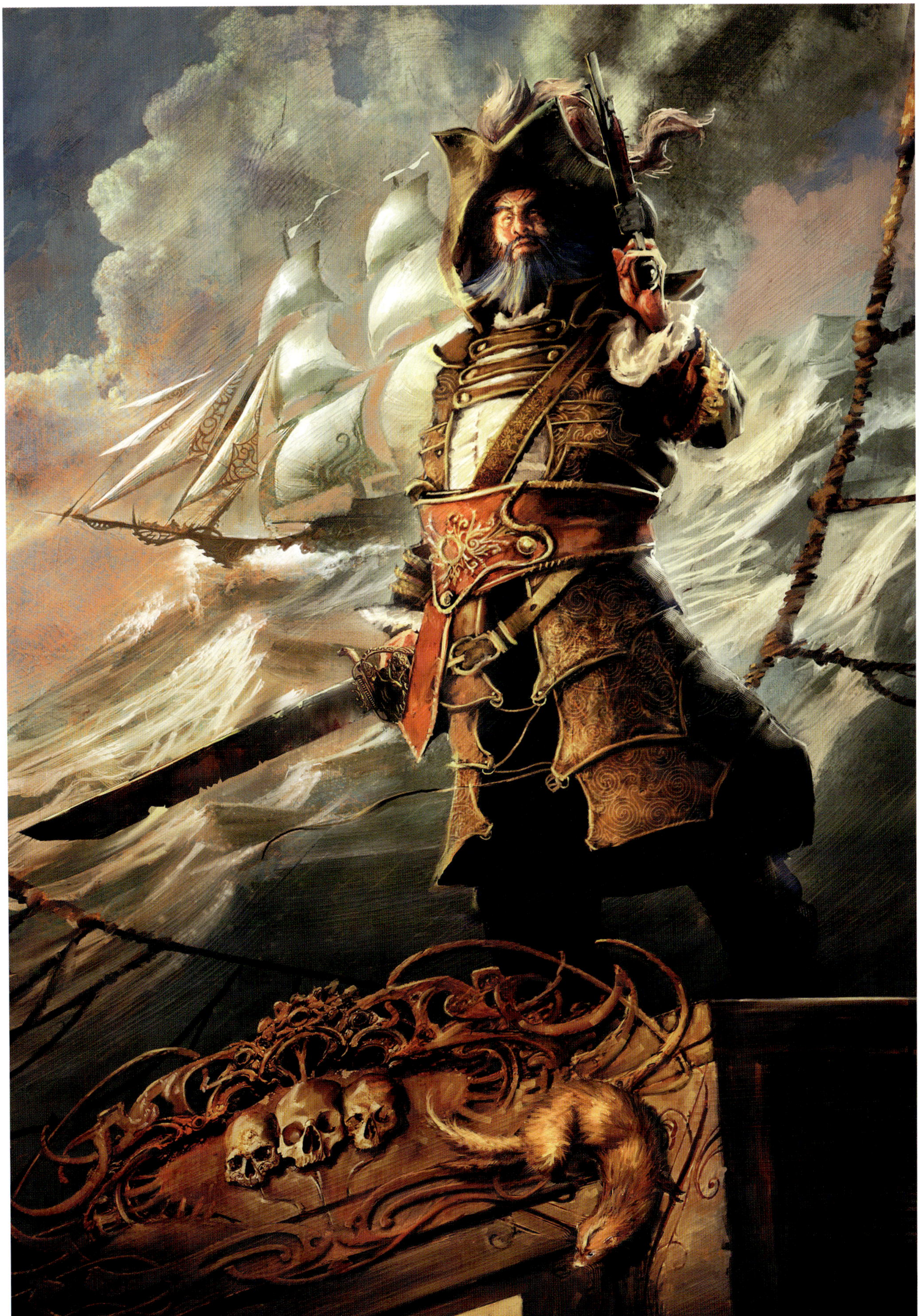

LE VOYAGE DU CHATHRAND II | CLIENT : FLEUVE NOIR | ART DIRECTOR : BÉNÉDICTE LOMBARDO | 2010

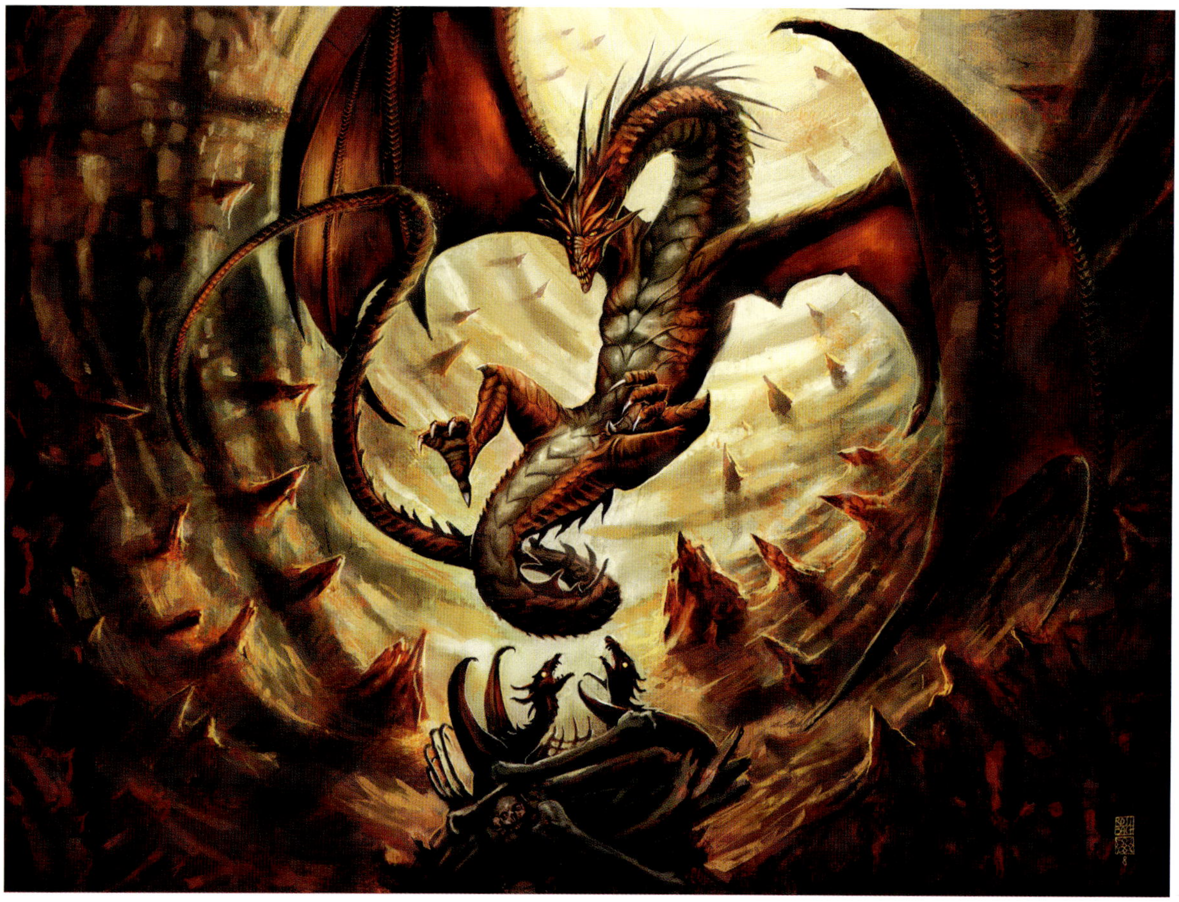

MAGIC : THE GATHERING - DRAGON BROODMOTHER | CLIENT : WIZARDS OF THE COAST | ART DIRECTOR : JEREMY JARVIS | 2008

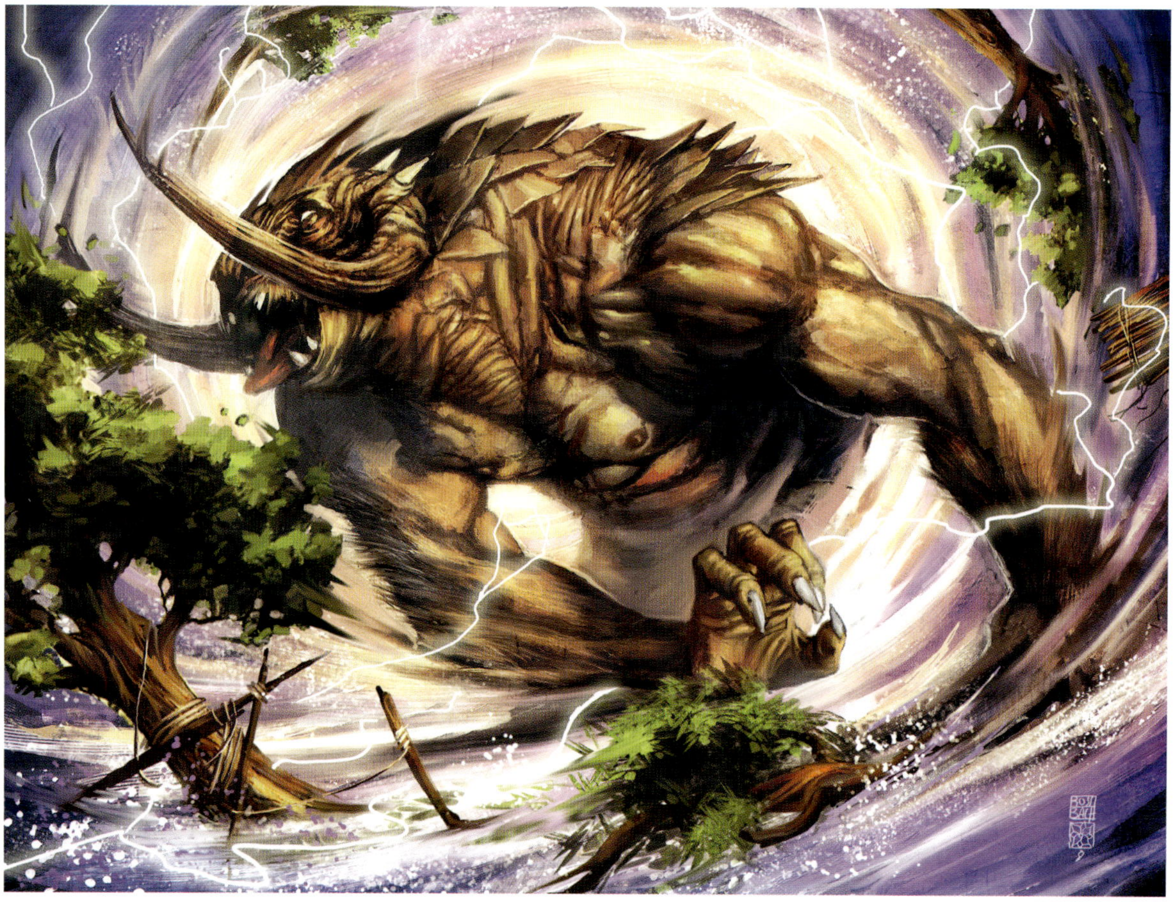

MAGIC : THE GATHERING - DENY REALITY | CLIENT : WIZARDS OF THE COAST | ART DIRECTOR : JEREMY JARVIS | 2008

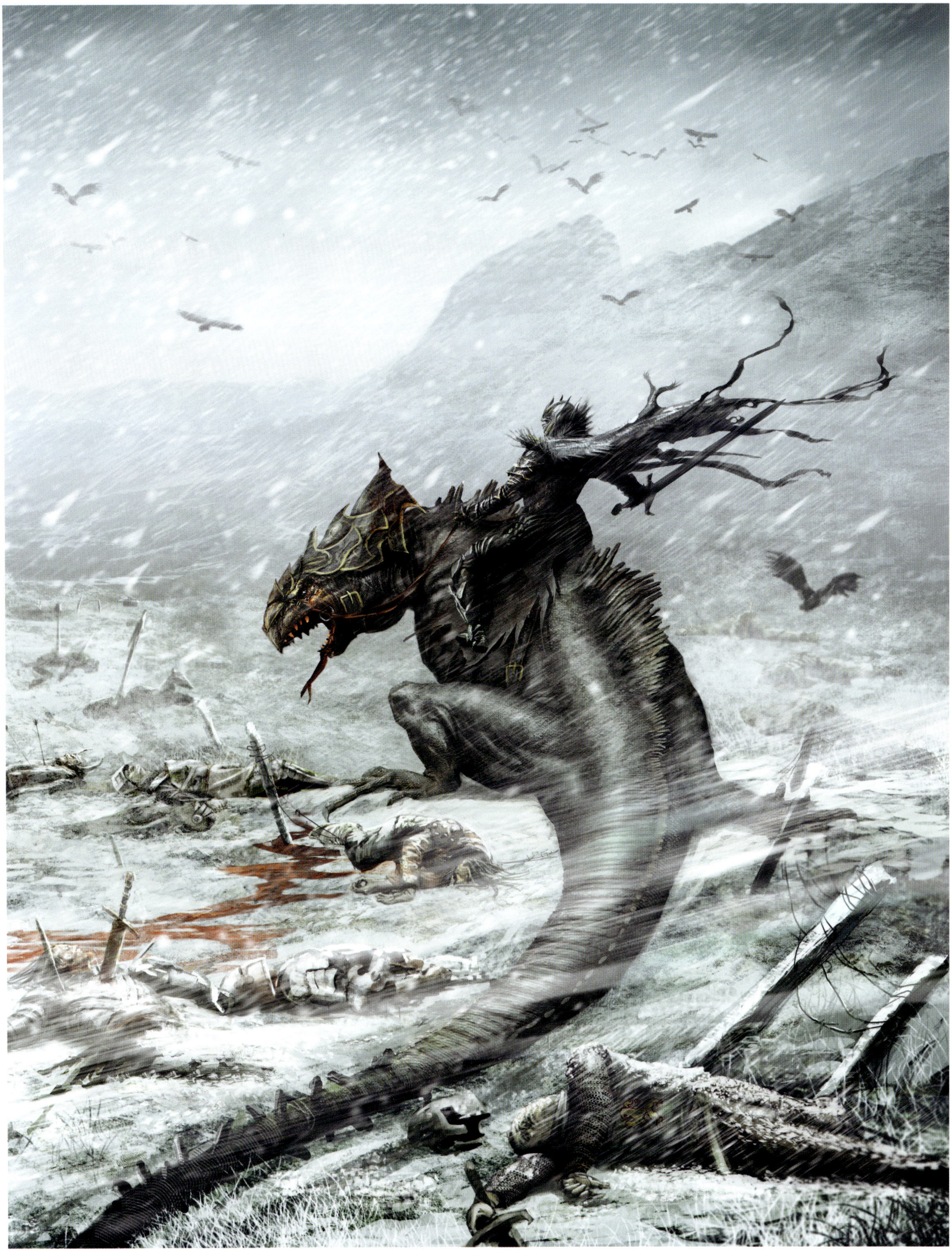

BANKGREEN | CLIENT : LE BÉLIAL | ART DIRECTOR : OLIVIER GIRARD | 2010

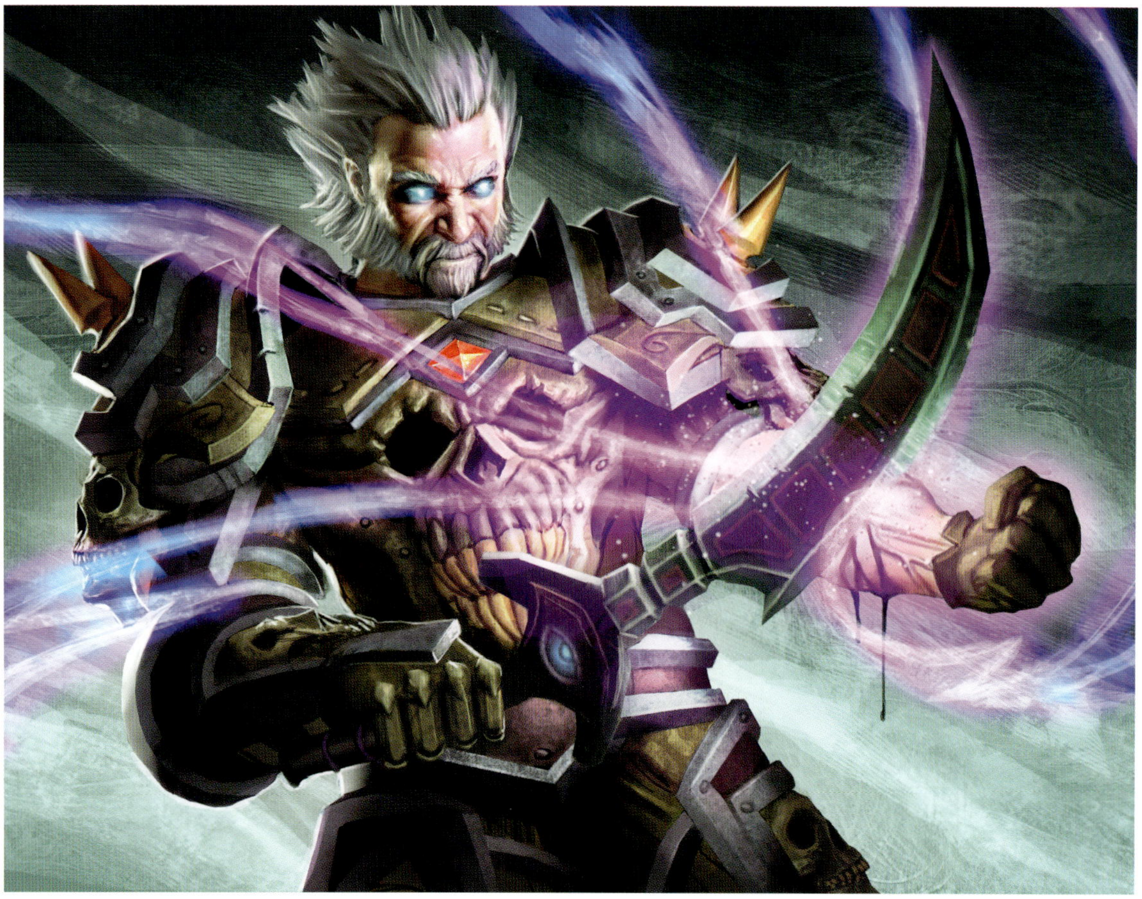

WORLD OF WARCRAFT TCG – PLAGUED MIND | CLIENT : BLIZZARD | ART DIRECTOR : JEREMY CRANFORD – DOUG A, GREGORY | 2011

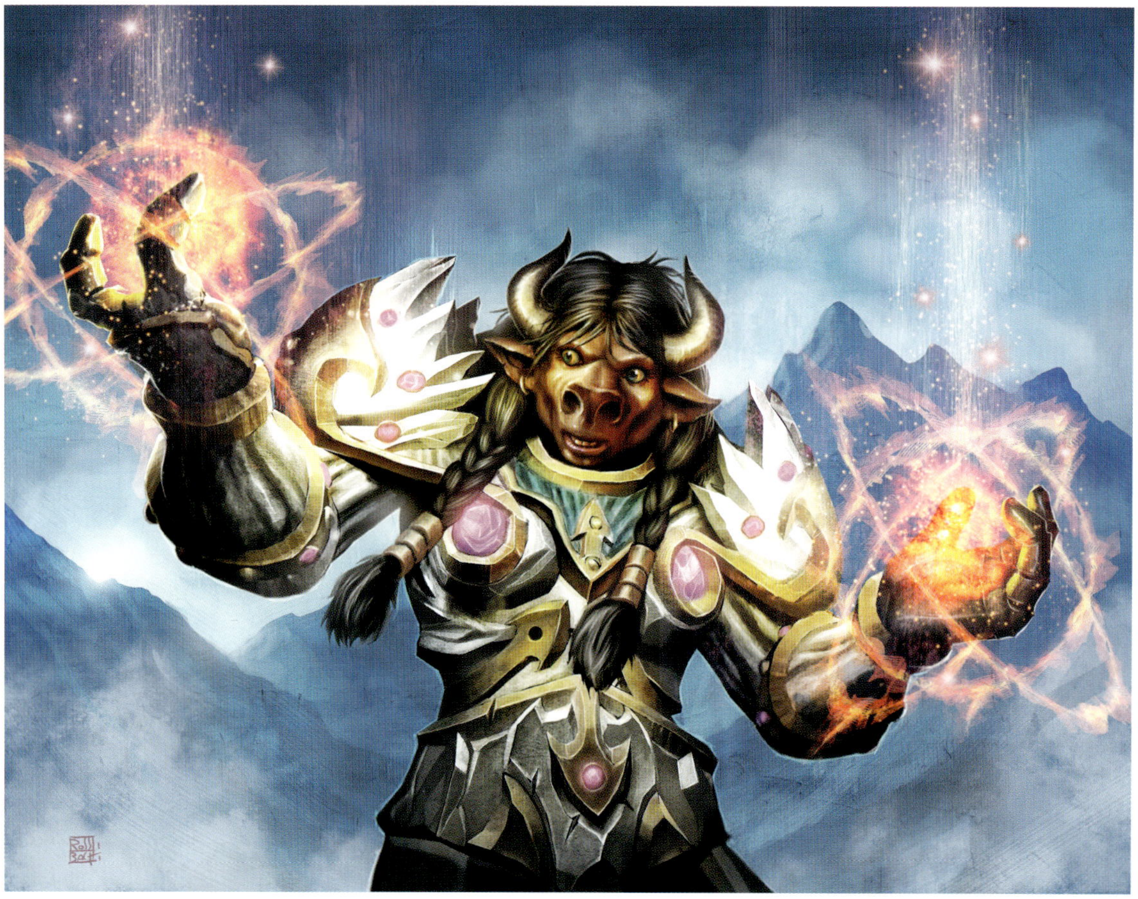

WORLD OF WARCRAFT TCG – TWISTED LIGHT | CLIENT : BLIZZARD | ART DIRECTOR : JEREMY CRANFORD – DOUG A, GREGORY | 2011

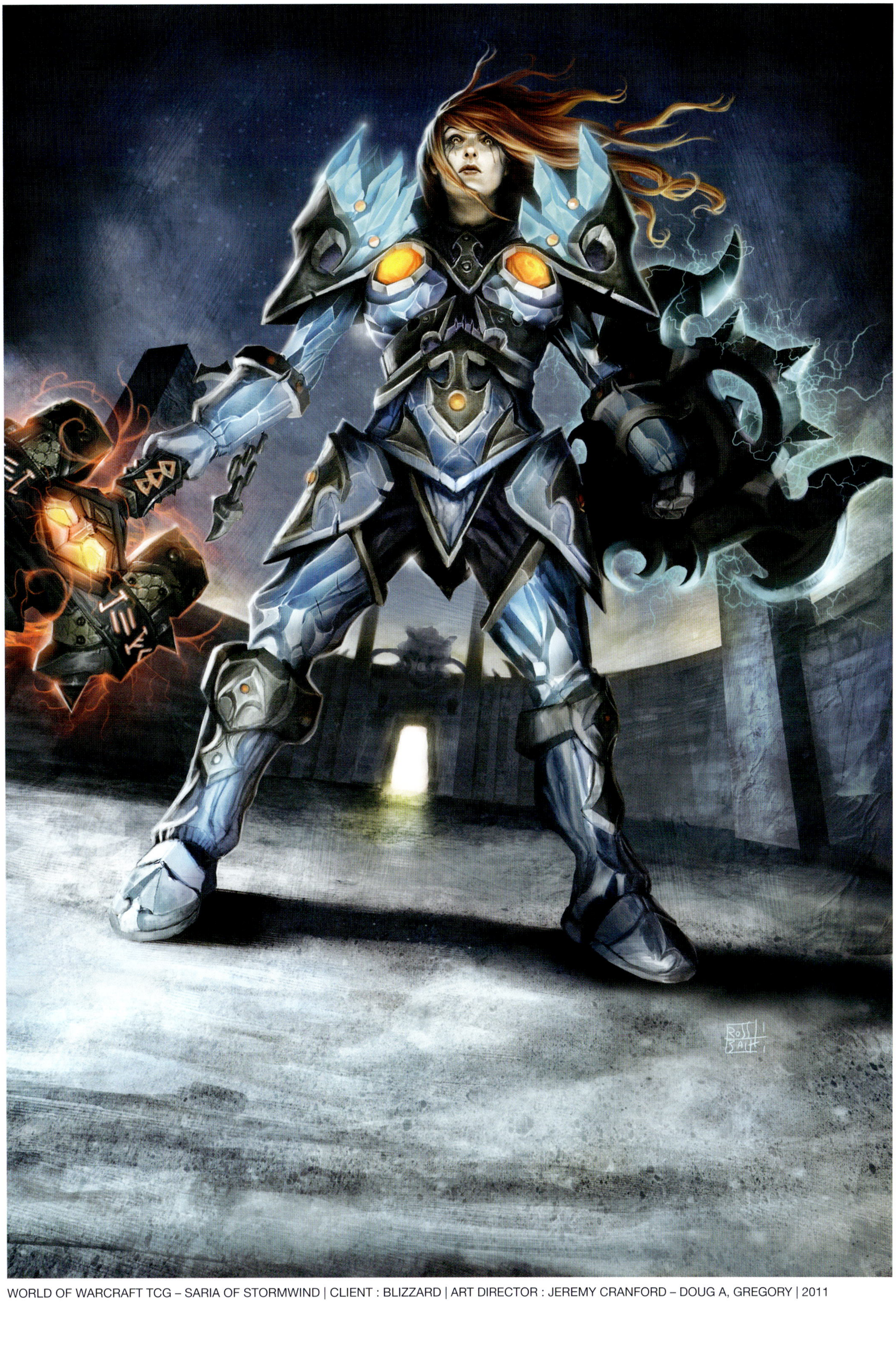

WORLD OF WARCRAFT TCG – SARIA OF STORMWIND | CLIENT : BLIZZARD | ART DIRECTOR : JEREMY CRANFORD – DOUG A, GREGORY | 2011

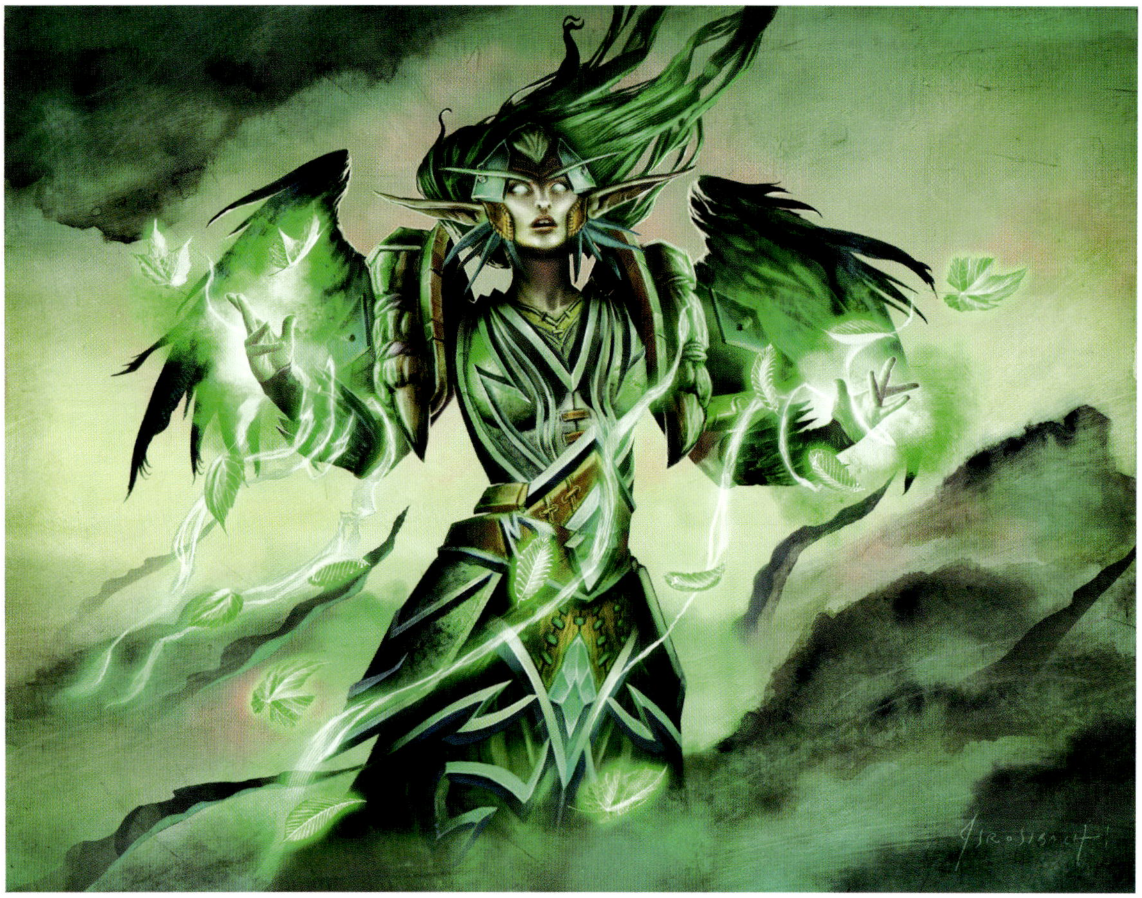

WORLD OF WARCRAFT TCG – FAENIS THE TRANQUIL | CLIENT : BLIZZARD |
ART DIRECTOR : JEREMY CRANFORD – DOUG A, GREGORY | 2011

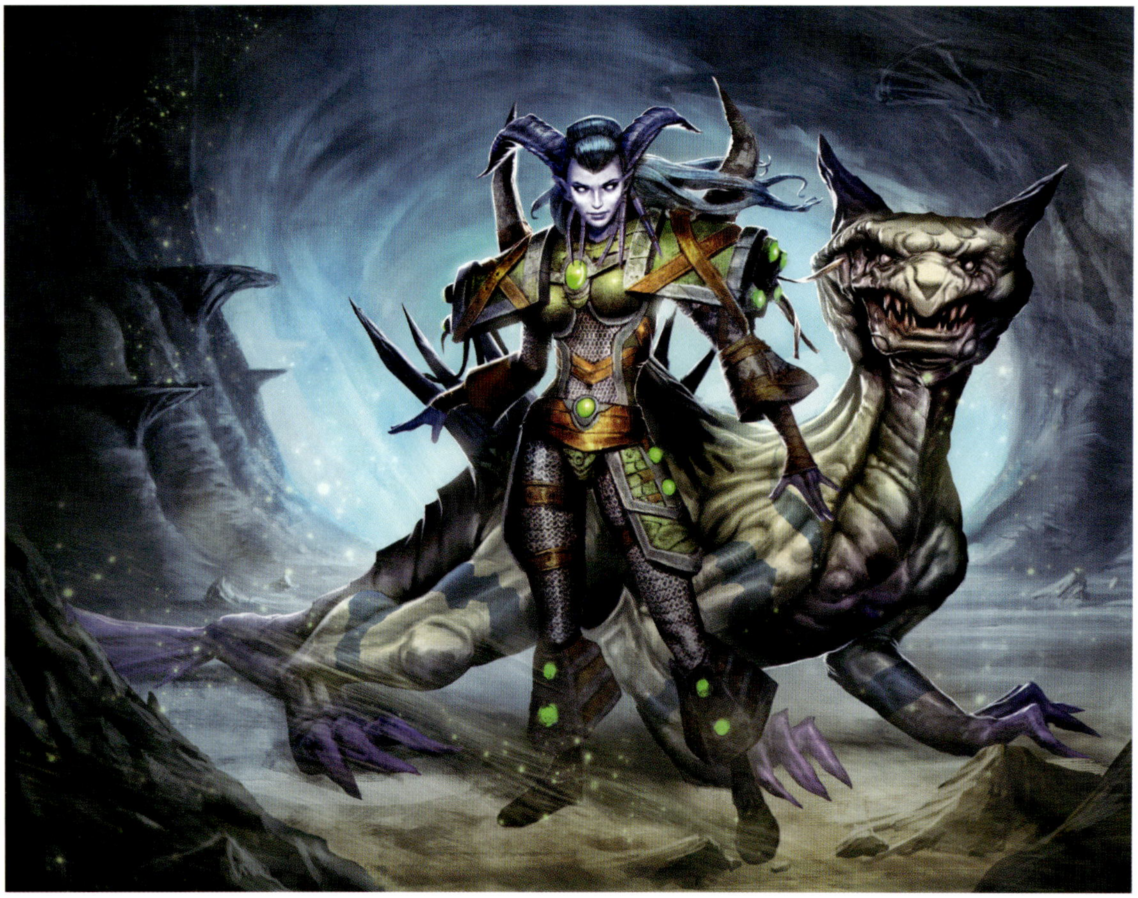

WORLD OF WARCRAFT TCG – ROAR OF THE BEAST | CLIENT : BLIZZARD |
ART DIRECTOR : JEREMY CRANFORD – DOUG A, GREGORY | 2011

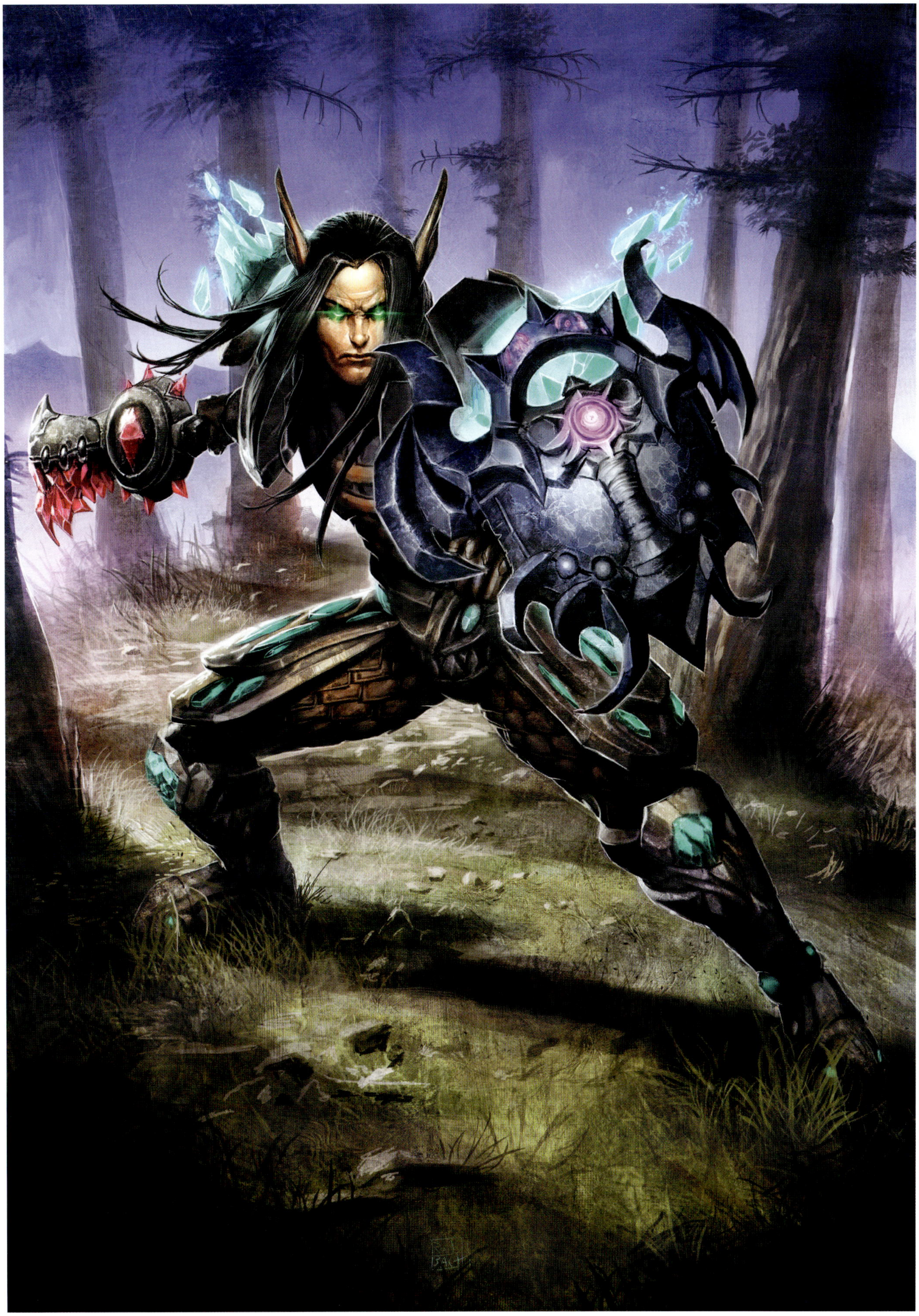

WORLD OF WARCRAFT TCG – DAR'THAEL THE BLOODSWORN | CLIENT : BLIZZARD | ART DIRECTOR : JEREMY CRANFORD – DOUG A, GREGORY | 2011

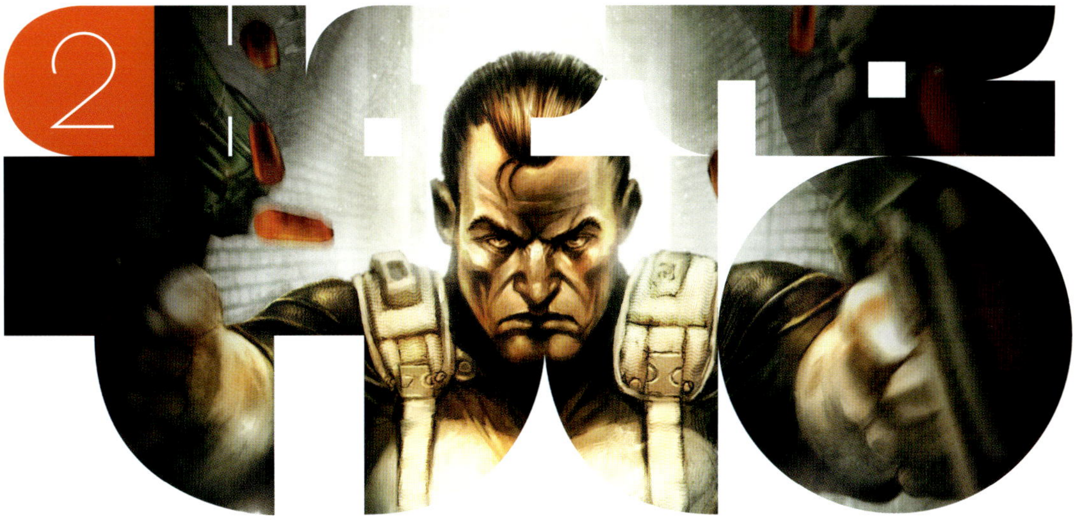

2 HEROES

THOUGH
NOTHING
WILL DRIVE
THEM AWAY
WE CAN BEAT
THEM JUST
FOR ONE DAY

HEROES | DAVID BOWIE

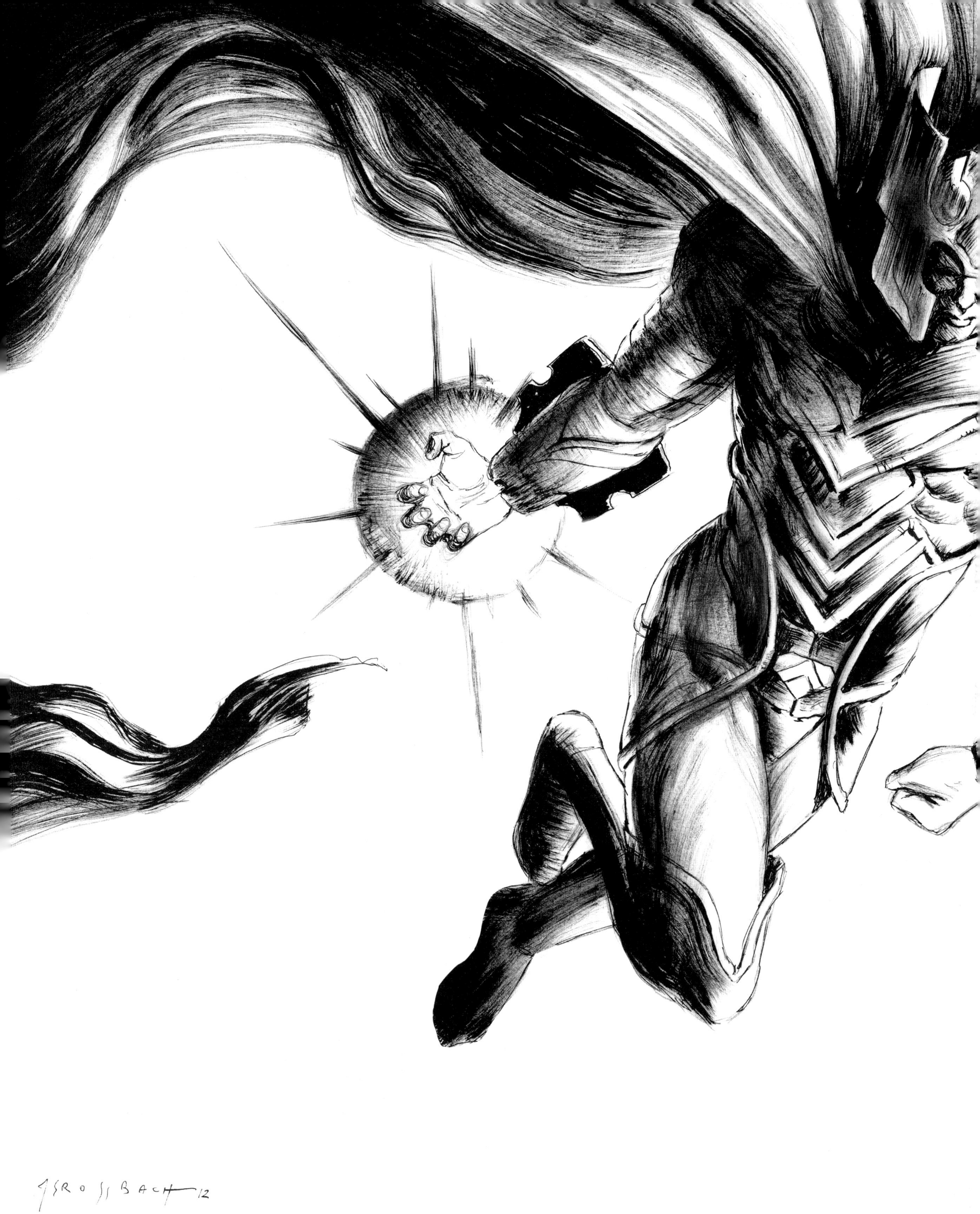
GROSSBACH 12

La fascination qu'exercent sur moi les comics américains vient principalement du fait qu'ils ont été mes toutes premières lectures. Entre Tintin et Wolverine, j'ai très clairement choisi mon camp dès la cour de récré, et je n'ai trouvé d'intérêt à la BD franco-belge que très tardivement.
Rien n'est plus plaisant pour un illustrateur que de se voir confier le temps d'une couverture l'adaptation d'un héros iconique issu du monde des comics ou de la BD. C'est toute votre enfance qui remonte, vous ressortez les vieux fascicules poussiéreux achetés quand vous aviez 15 ans, trésors de papier sans prix que vous avez toujours refusé de mettre à la poubelle ou de revendre pour vous faire de l'argent de poche. La magie opère à nouveau, intacte.
"Hey dude ! Est-ce que ça t'intéresse de bosser sur le Punisher pour nous ? Attends, je t'envoie de la doc' pour t'expliquer le personnage !" Et vous répondez que c'est pas la peine, que vous êtes tombé dedans quand vous étiez petit, et que vous le feriez même gratuitement… Et là, l'éditeur à l'autre bout de l'e-mail vous prend au mot, et les ennuis commencent !

My fascination for American comics comes for the most part from the fact that they were the very first things I read. Between Tintin and Wolverine, I had very clearly chosen which side I was on as soon as I hit the playground in primary school, and I only became interested in Franco-Belgian comics much later.
Nothing is more pleasant for an artist than being tasked with, for the time of a cover page, the adaptation of an iconic hero from the realms of American or Franco-Belgian comics. Your entire childhood resurfaces, you dig out those old dusty books you bought when you were 15, priceless paper treasures that you always refused to dispose of or sell for pocket money. The magic works its wonders again, intact.
"Hey dude! Would you be interested in working on The Punisher for us? Wait, I'm sending you the documentation to explain the character to you!" And you reply that it's not needed, that you've known it since you were a kid and that you'd even do it for free… And then, the editor receiving the email takes you literally, and trouble begins!

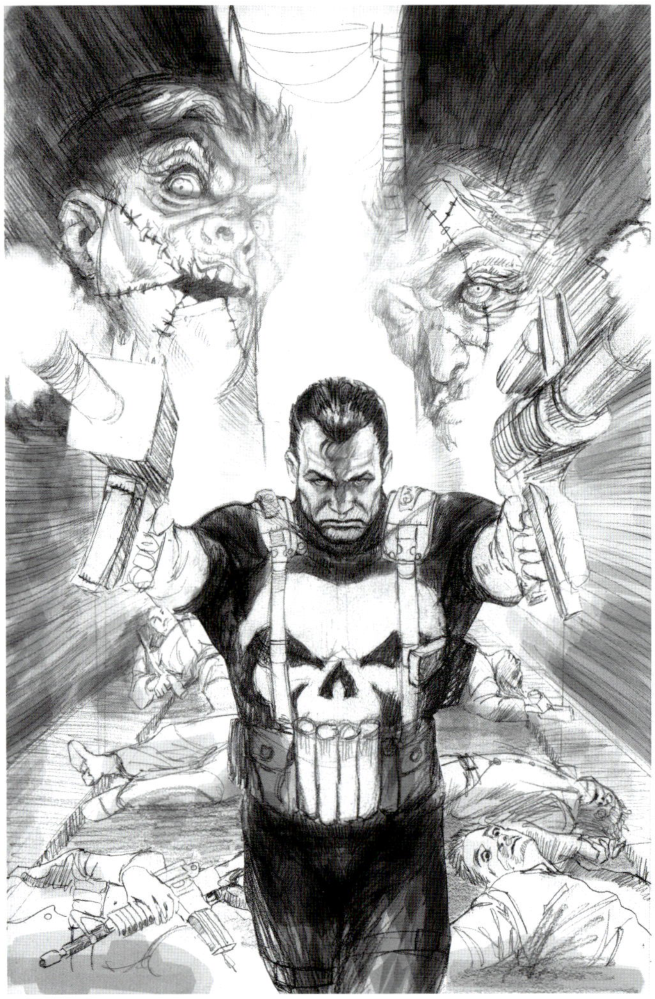

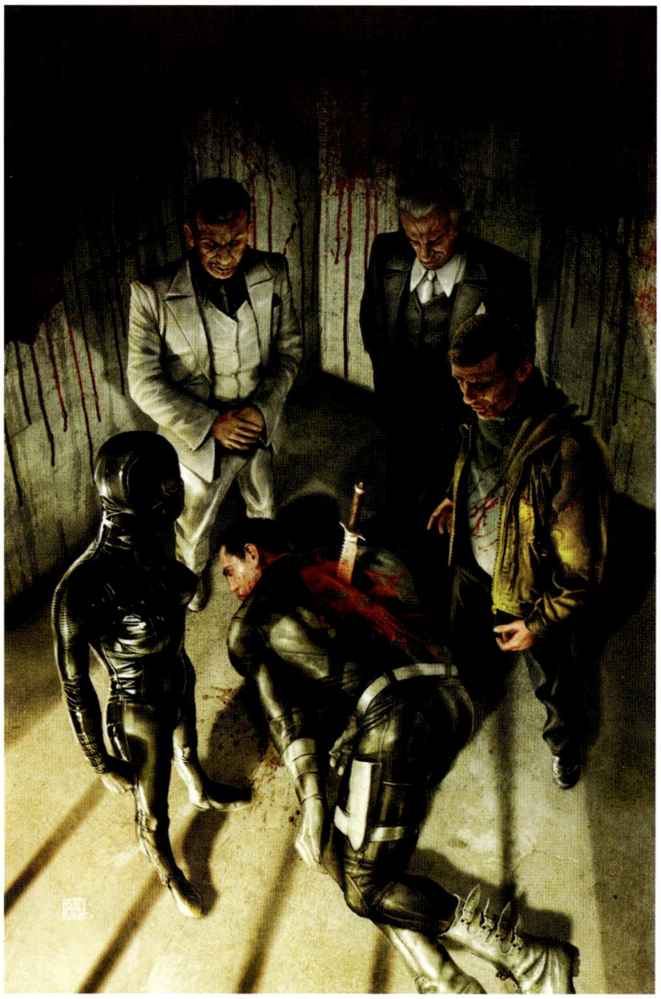

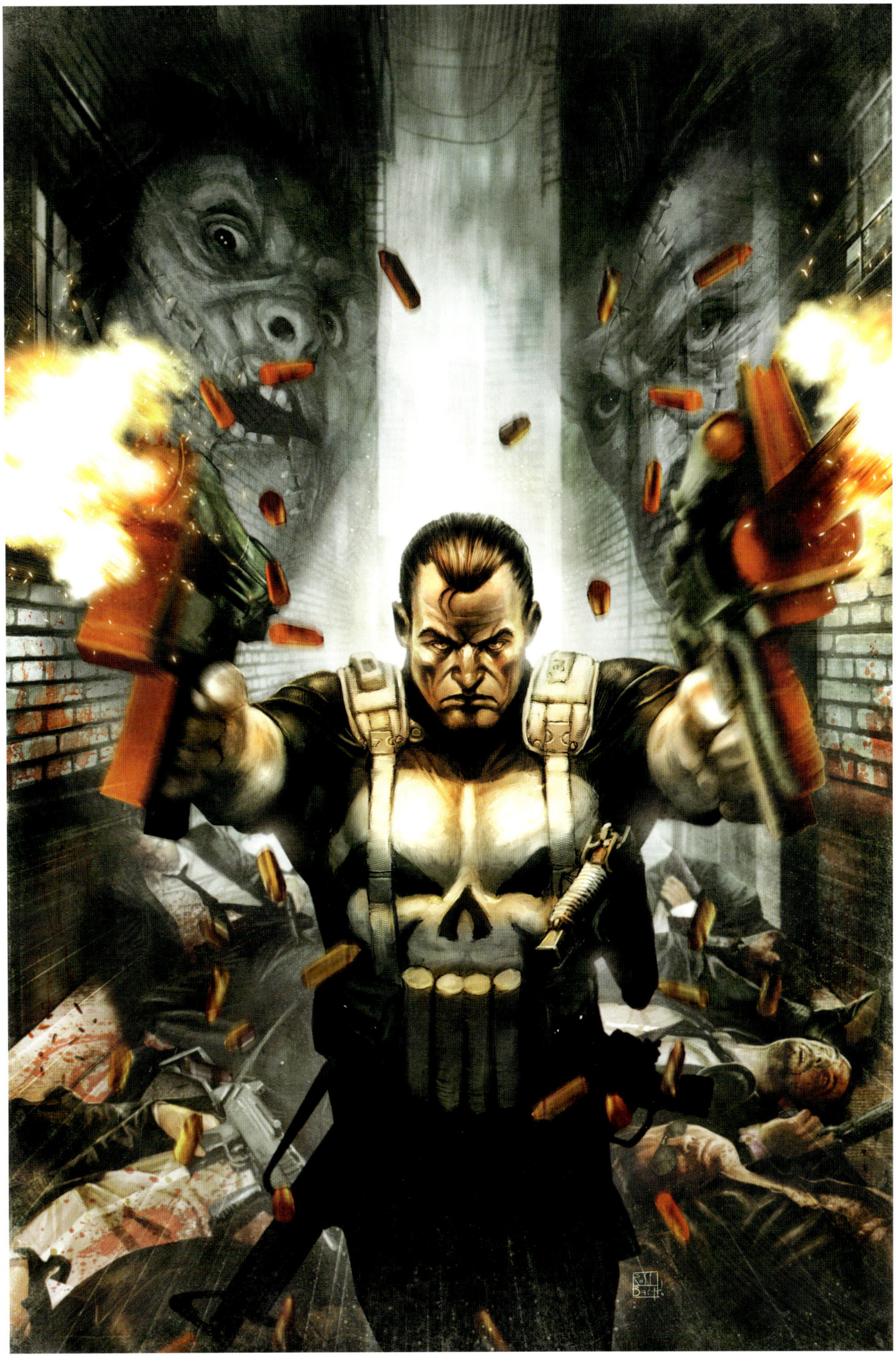

PUNISHER – IN THE BLOOD #3 | CLIENT : MARVEL CHARACTERS INC. | ART DIRECTOR : SEBASTIAN GIRNER | 2010

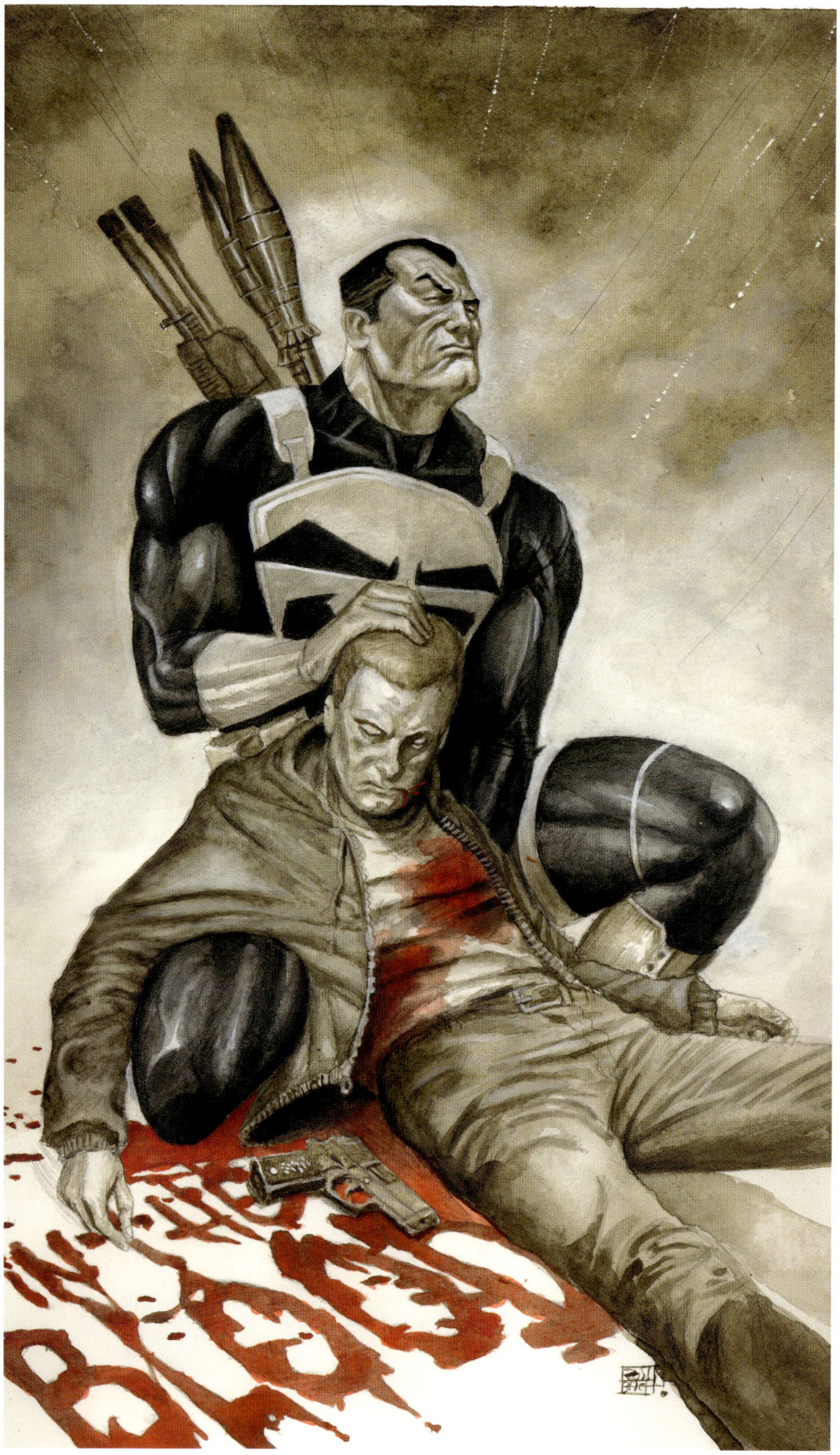

PUNISHER – IN THE BLOOD #5 (GRAY) | CLIENT : MARVEL CHARACTERS INC. |
ART DIRECTOR : SEBASTIAN GIRNER | 2010

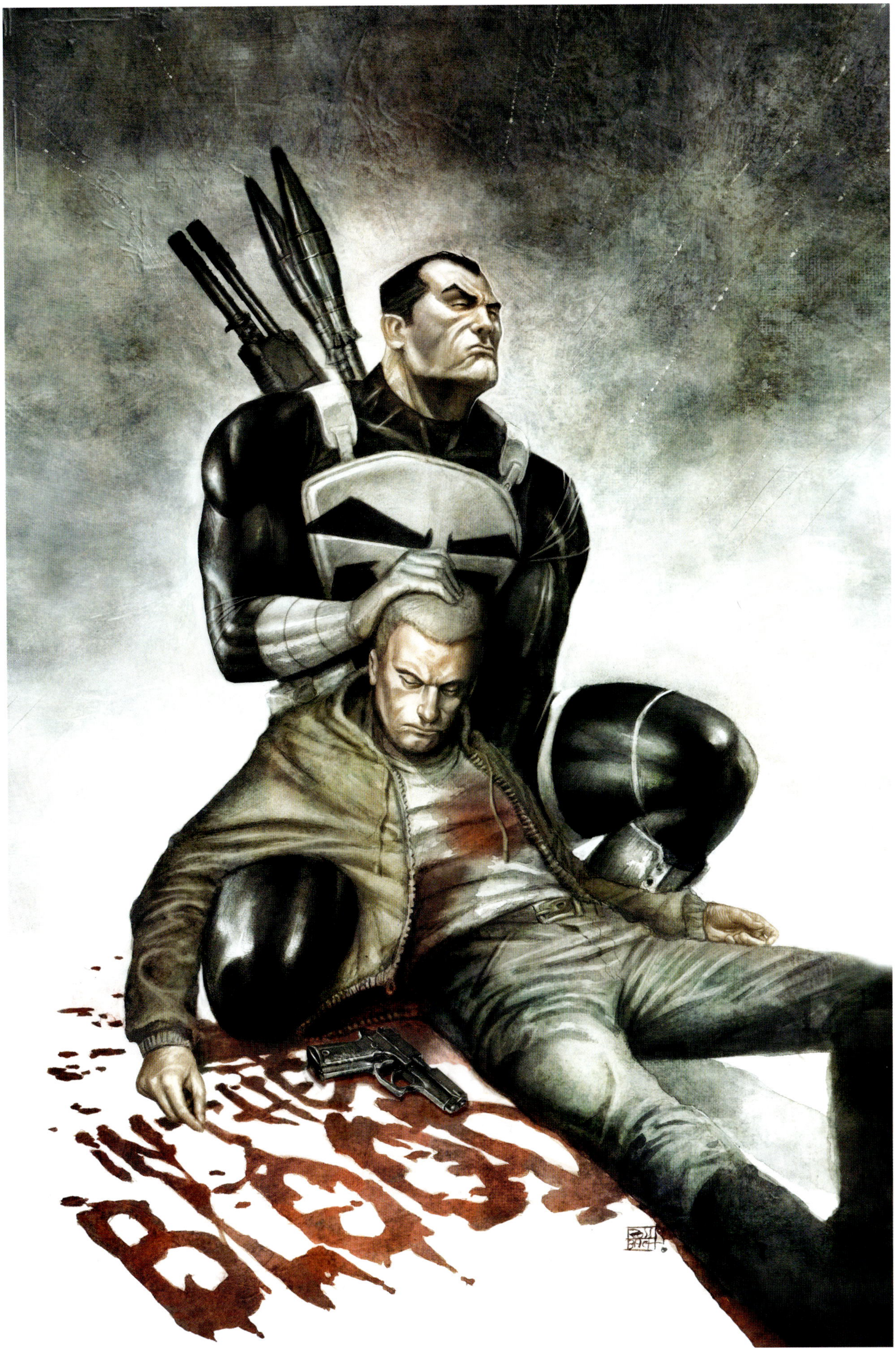

PUNISHER – IN THE BLOOD #5 | CLIENT : MARVEL CHARACTERS INC. | ART DIRECTOR : SEBASTIAN GIRNER | 2010

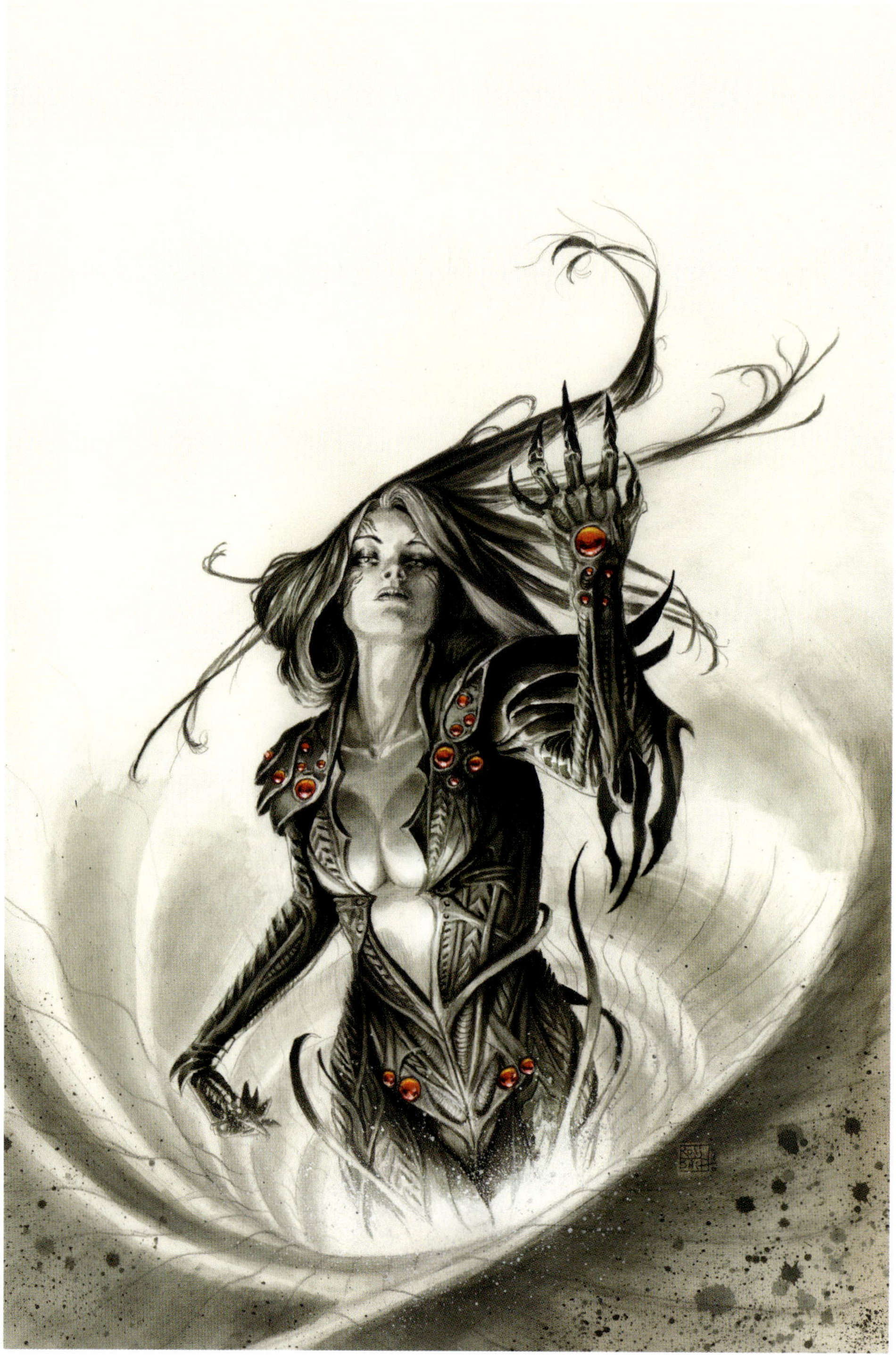

WITCHBLADE #144 (GRAY) | CLIENT : TOP COW | ART DIRECTOR : PHILIP W. SMITH II | 2010

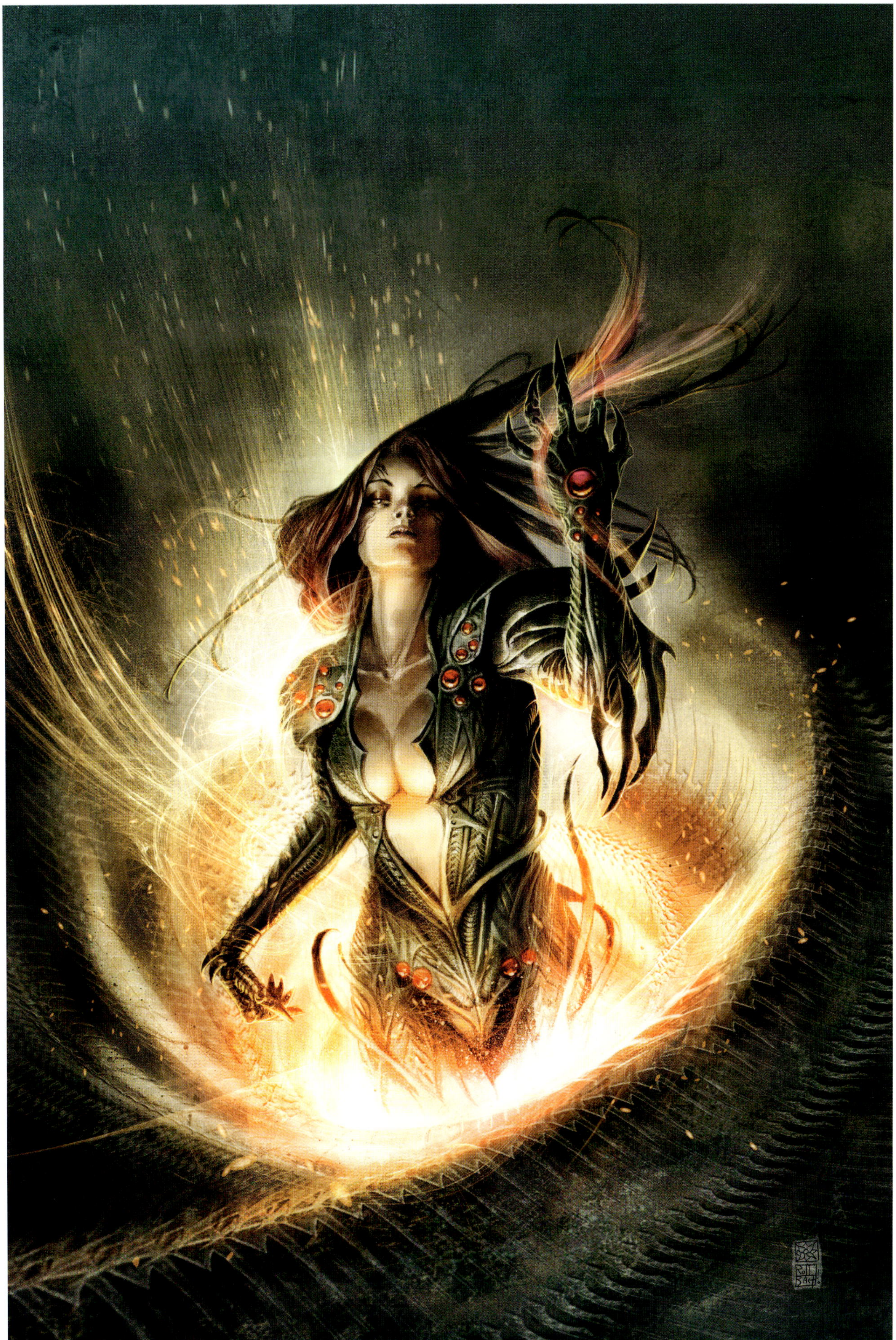

WITCHBLADE #144 (VARIANT COVER) | CLIENT : TOP COW | ART DIRECTOR : PHILIP W. SMITH II | 2010

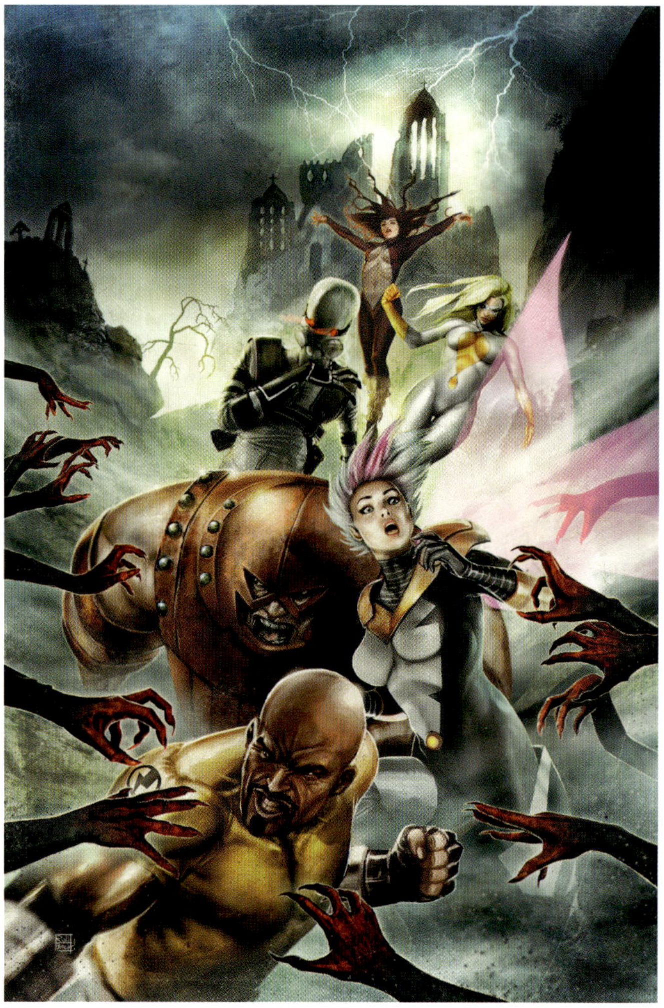

THUNDERBOLTS #157 | CLIENT : MARVEL CHARACTERS INC. |
ART DIRECTOR : TOM BRENNAN | 2011

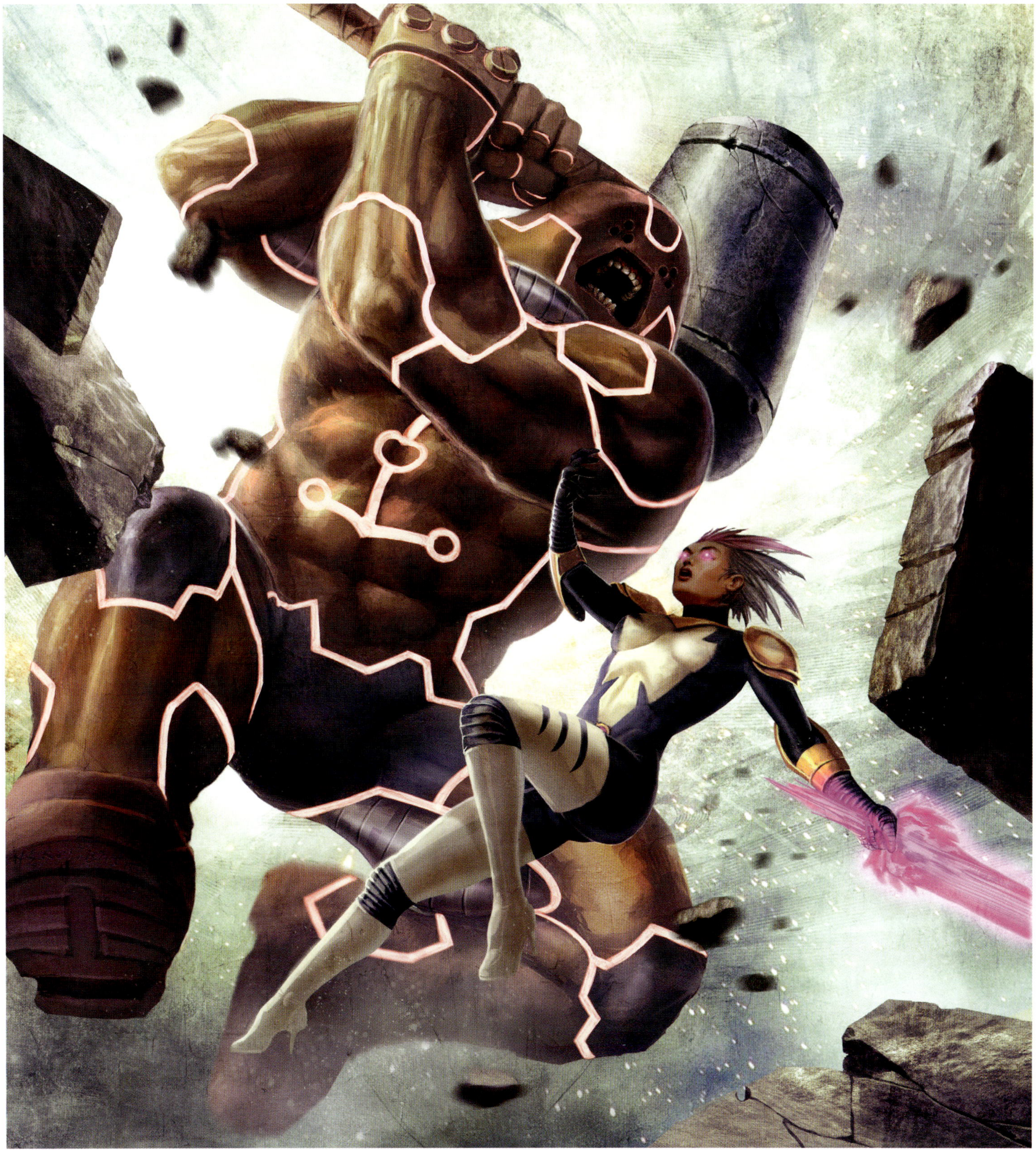

THUNDERBOLTS #160 | CLIENT : MARVEL CHARACTERS INC. | ART DIRECTOR : TOM BRENNAN | 2011

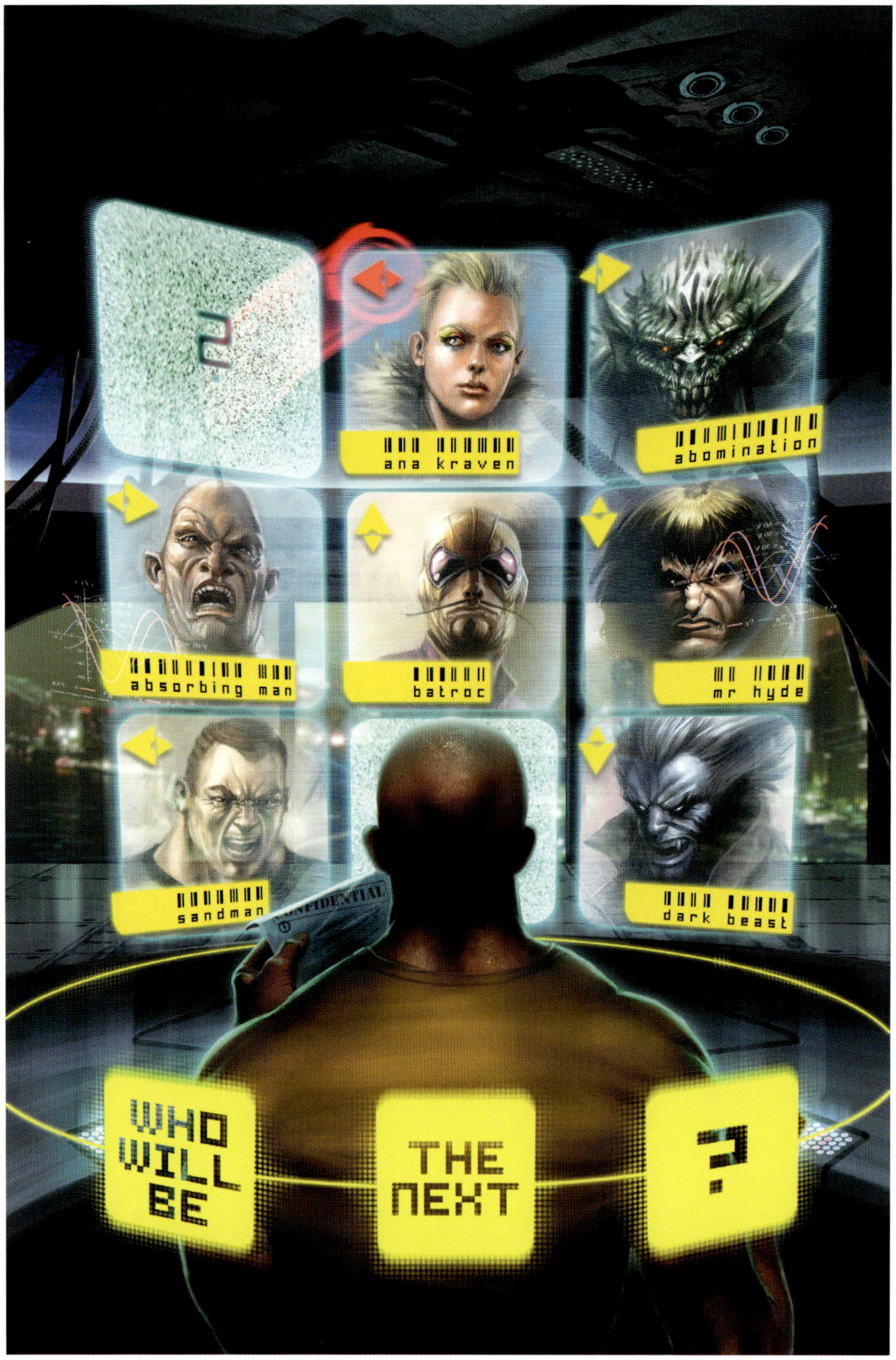

THUNDERBOLTS #156 | CLIENT : MARVEL CHARACTERS INC. | ART DIRECTOR : TOM BRENNAN | 2011

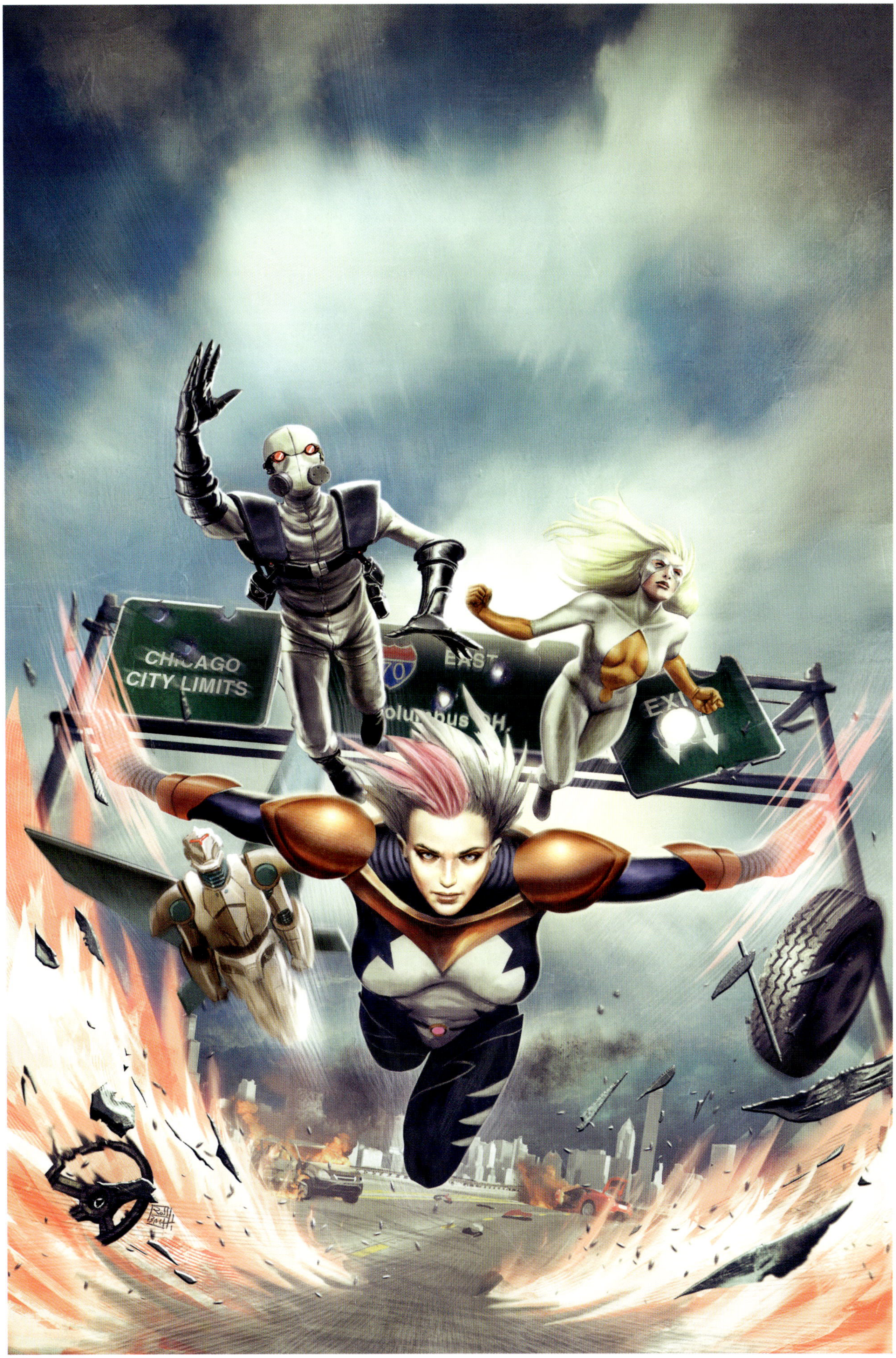

THUNDERBOLTS #161 | CLIENT : MARVEL CHARACTERS INC. | ART DIRECTOR : TOM BRENNAN | 2011

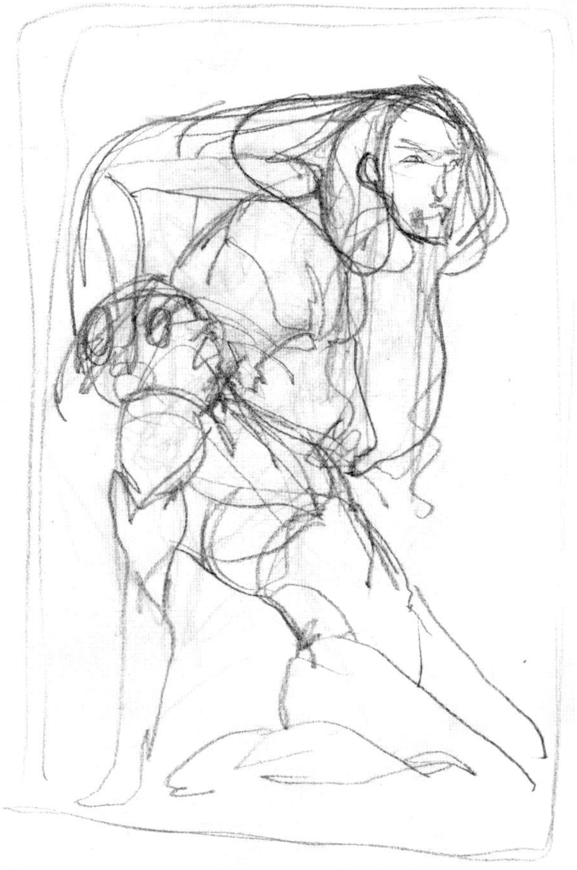

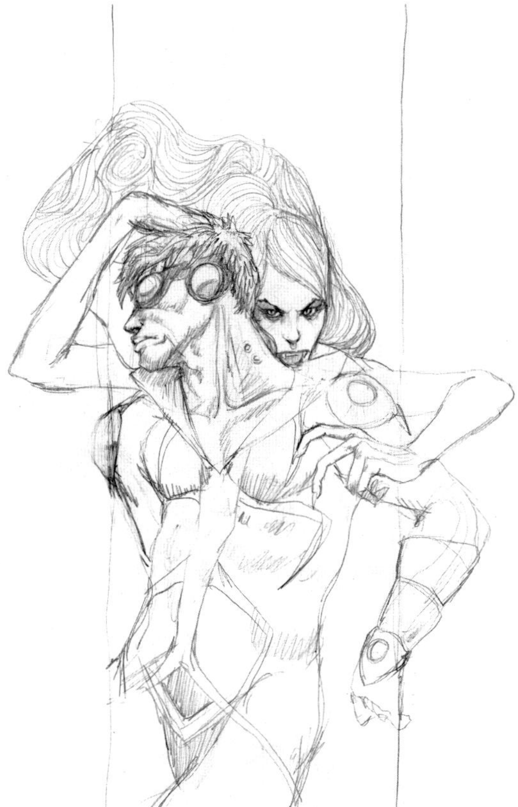

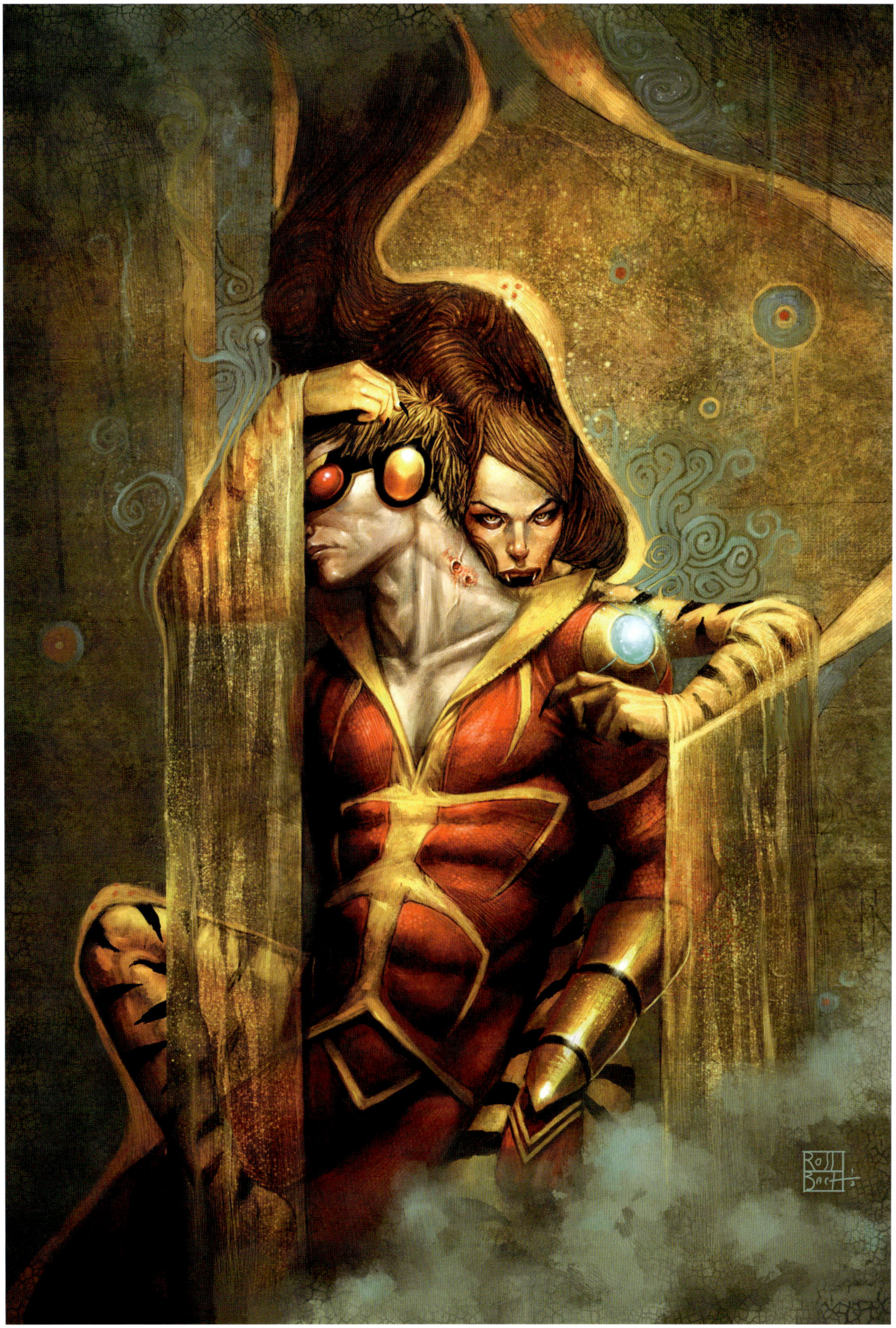

AVENGERS ACADEMY #5 (VARIANT EDITION) | CLIENT : MARVEL CHARACTERS INC. | ART DIRECTOR : TOM BRENNAN | 2010

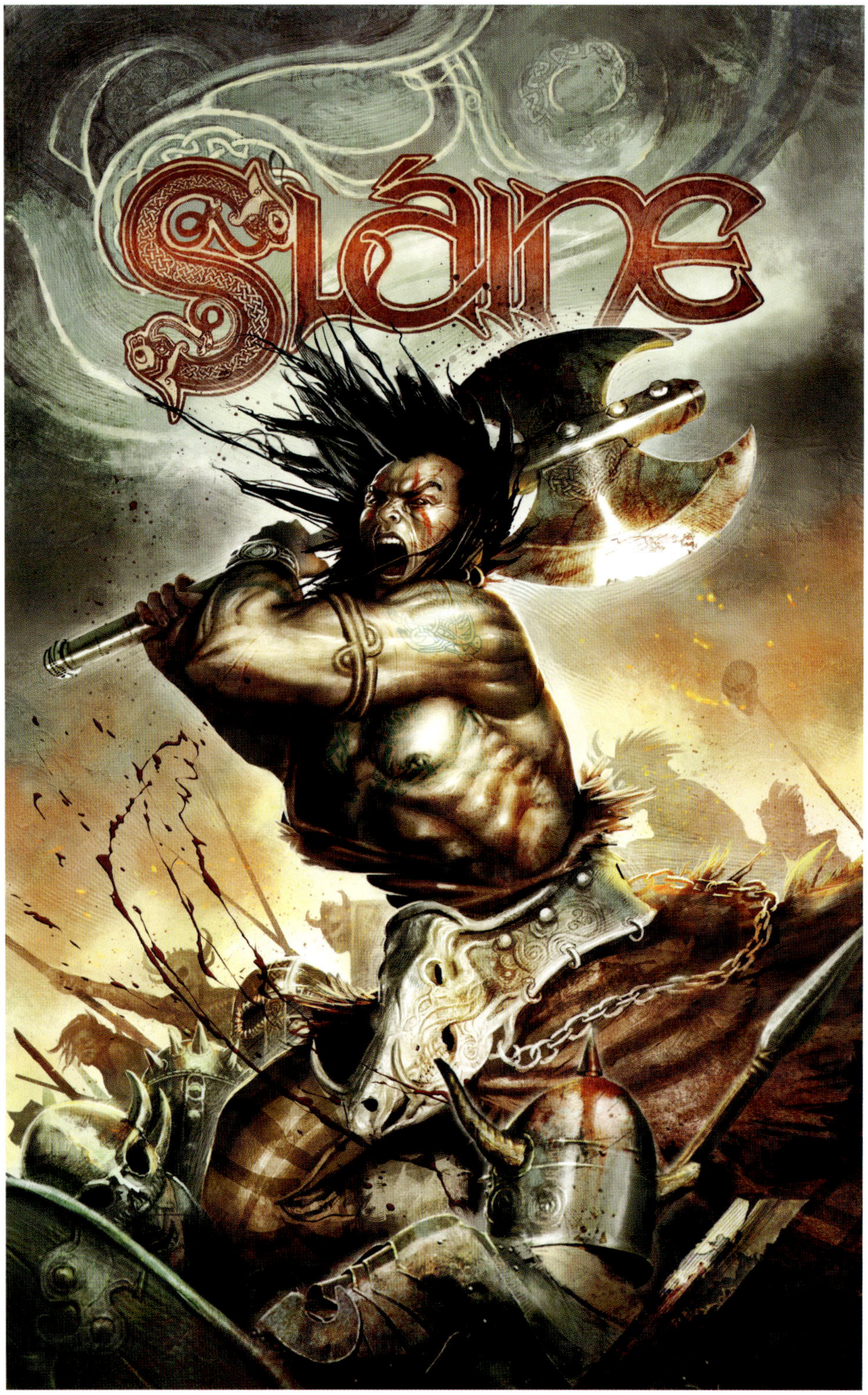

SLAINE (UNPUBLISHED) | CLIENT : ECLIPSE | ART DIRECTOR : MATHIEU SAINTOUT | 2011

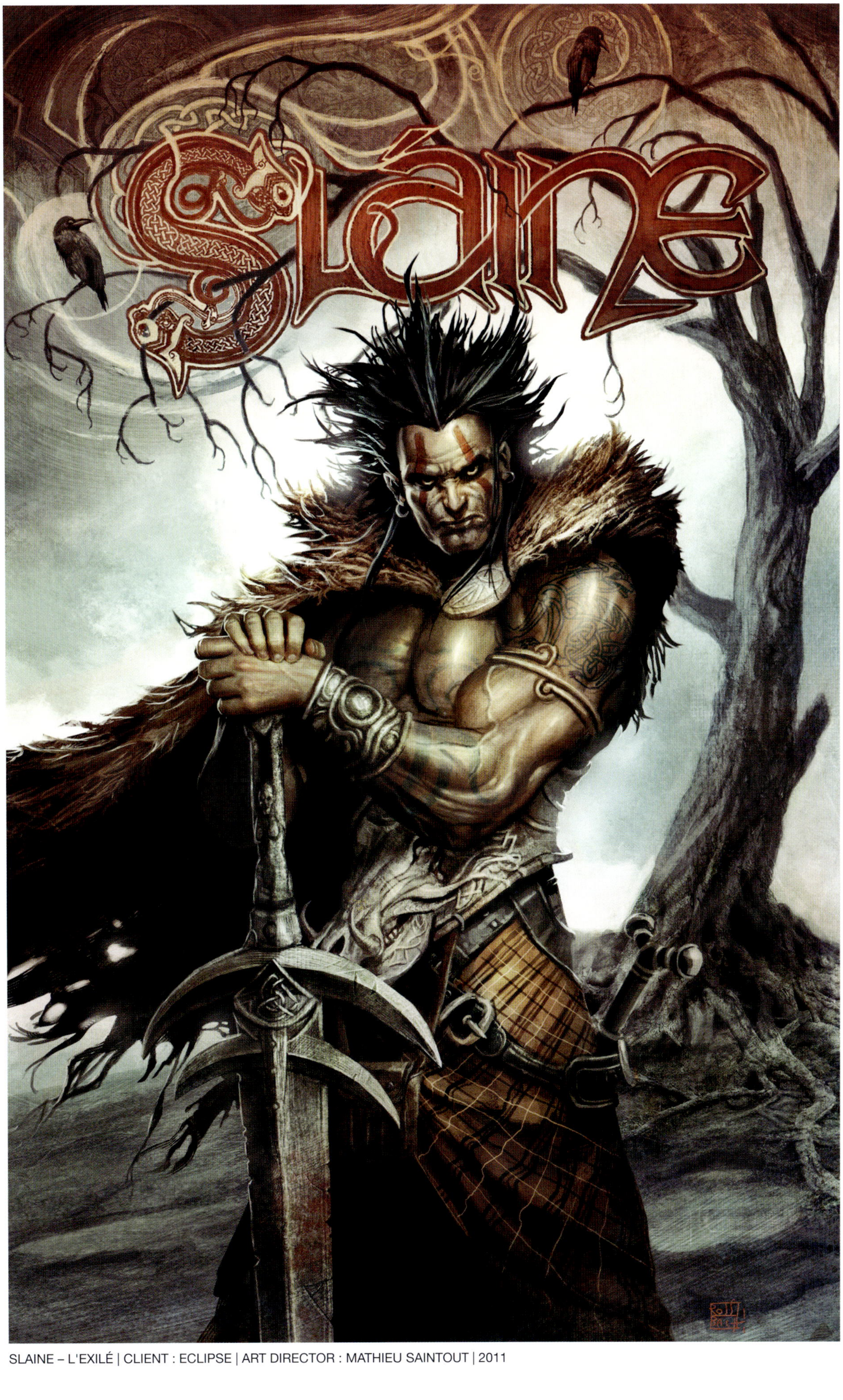

SLAINE – L'EXILÉ | CLIENT : ECLIPSE | ART DIRECTOR : MATHIEU SAINTOUT | 2011

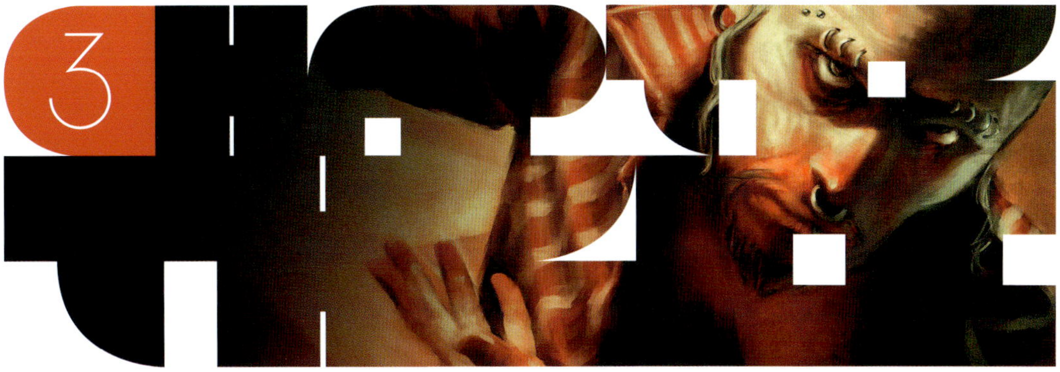

BLACK N°1

WHEN I CALLED HER EVIL SHE JUST LAUGHED AND CAST THAT SPELL ON ME

BLACK N°1 | TYPE O NEGATIVE

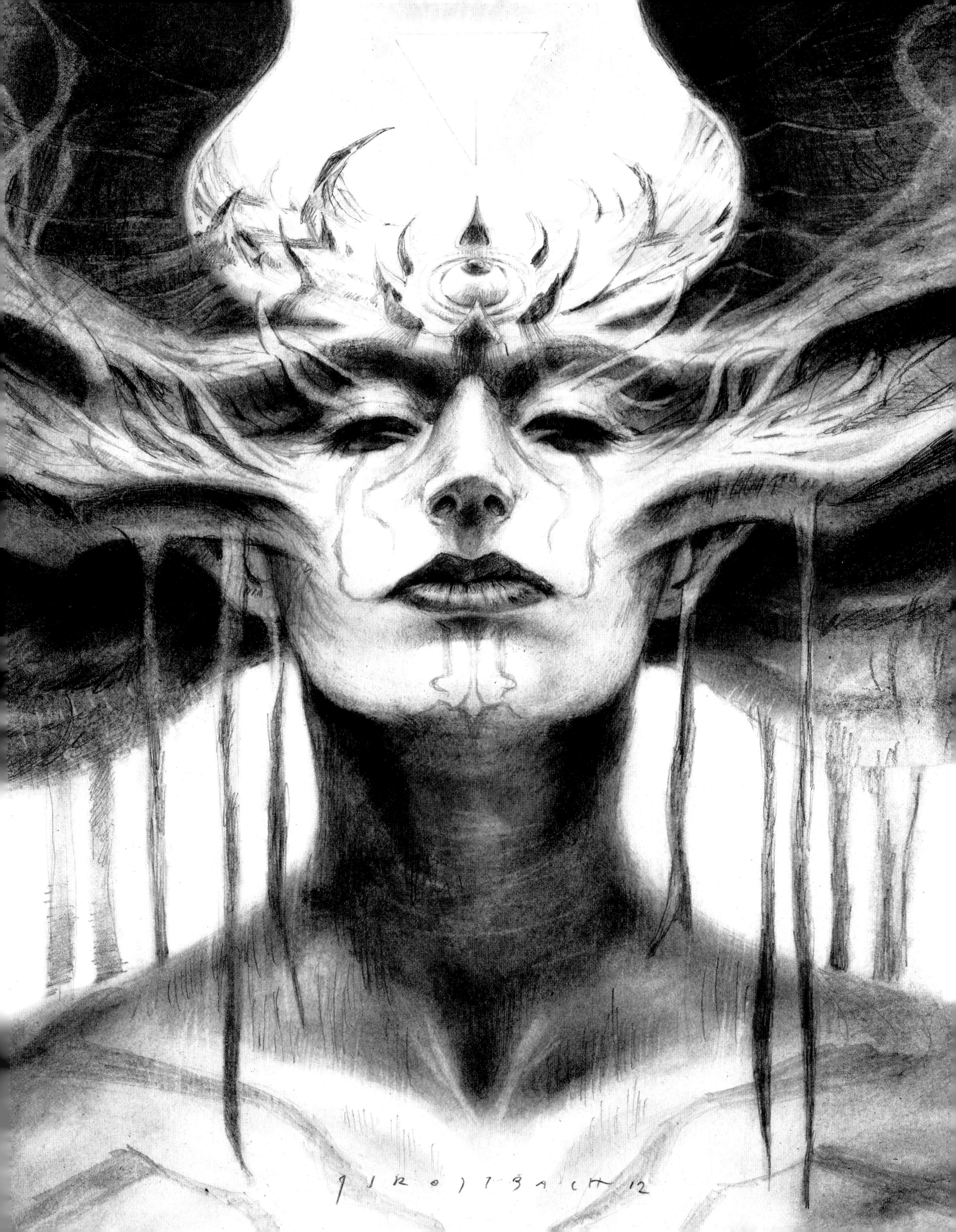

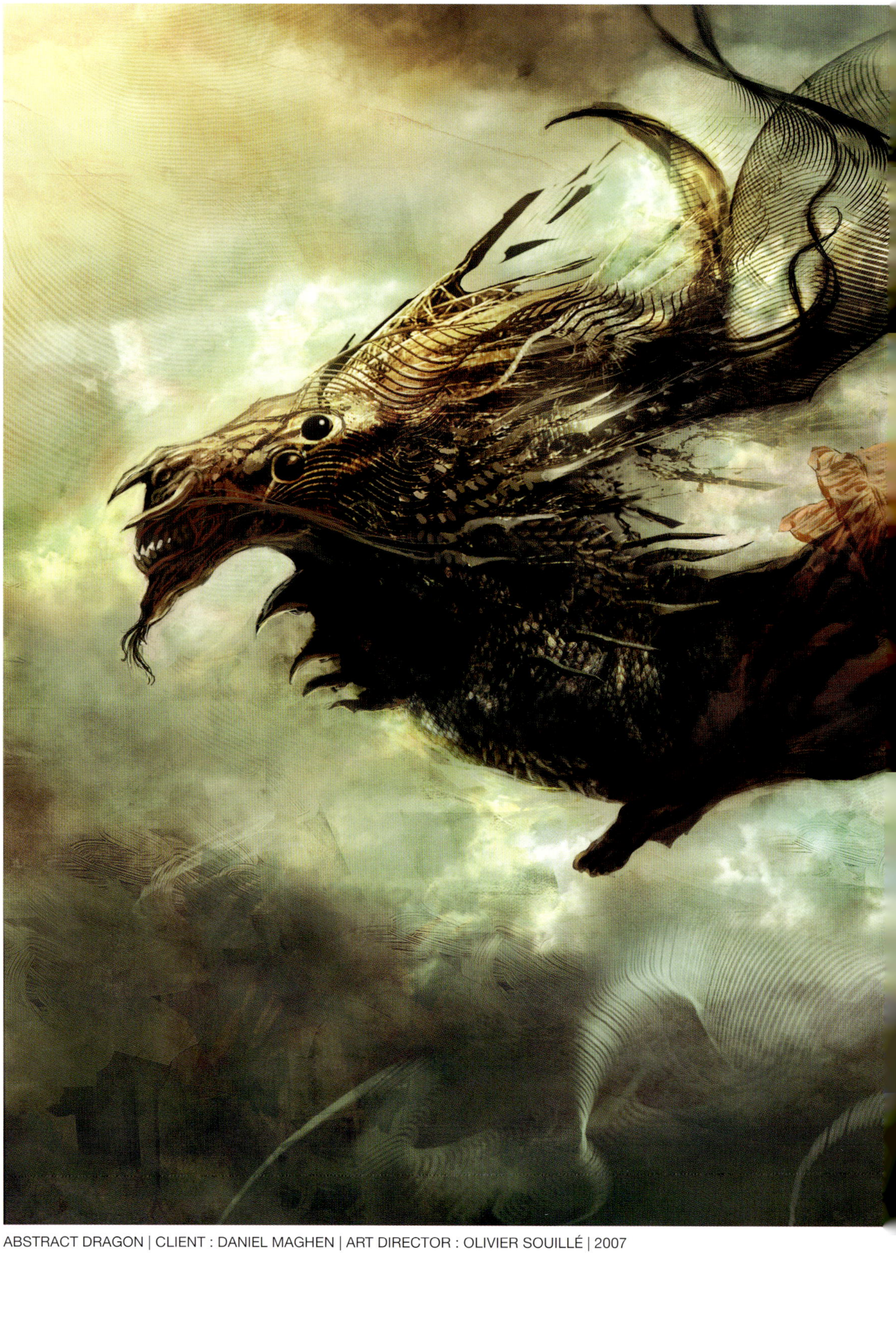

ABSTRACT DRAGON | CLIENT : DANIEL MAGHEN | ART DIRECTOR : OLIVIER SOUILLÉ | 2007

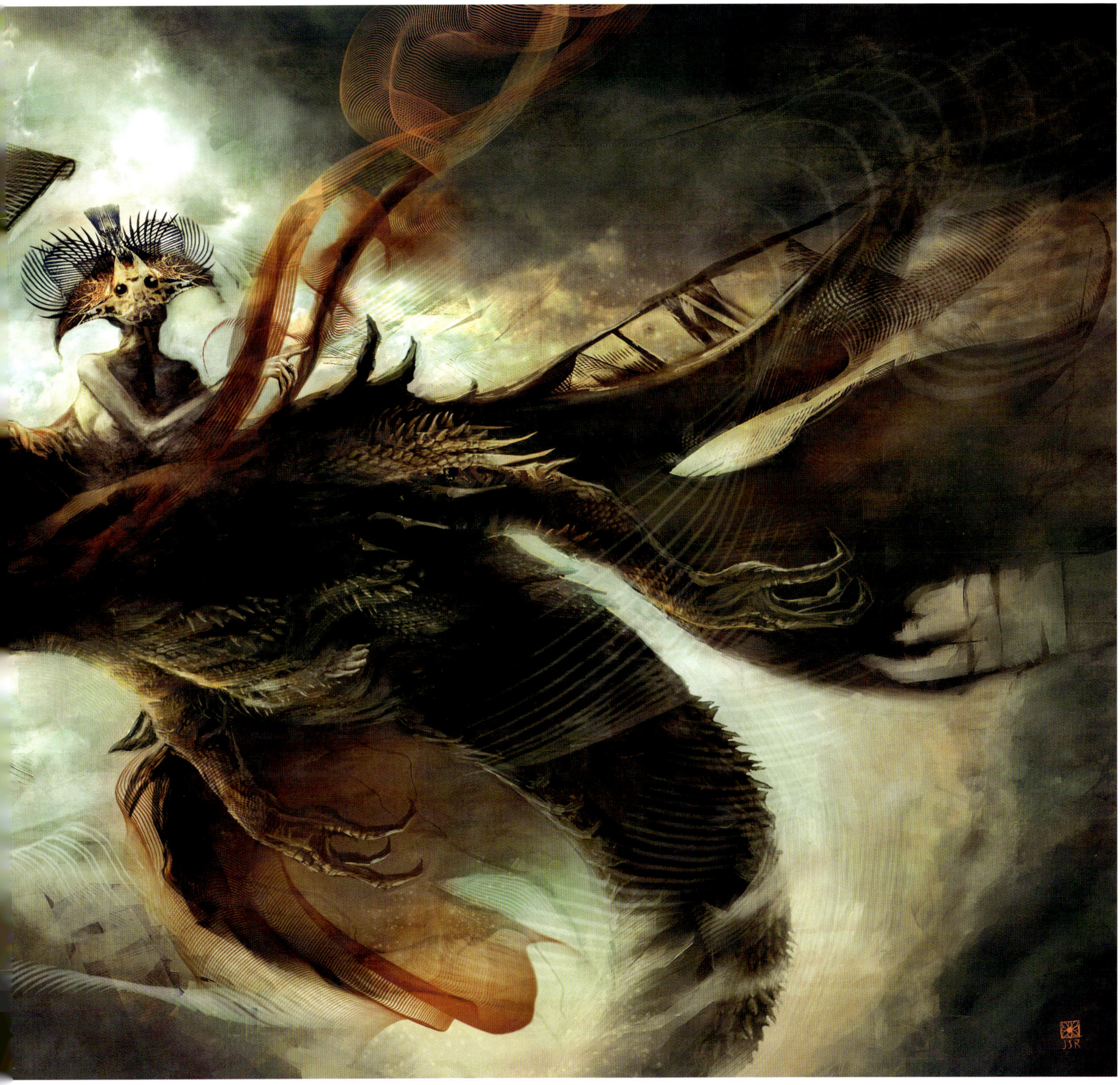
JSR

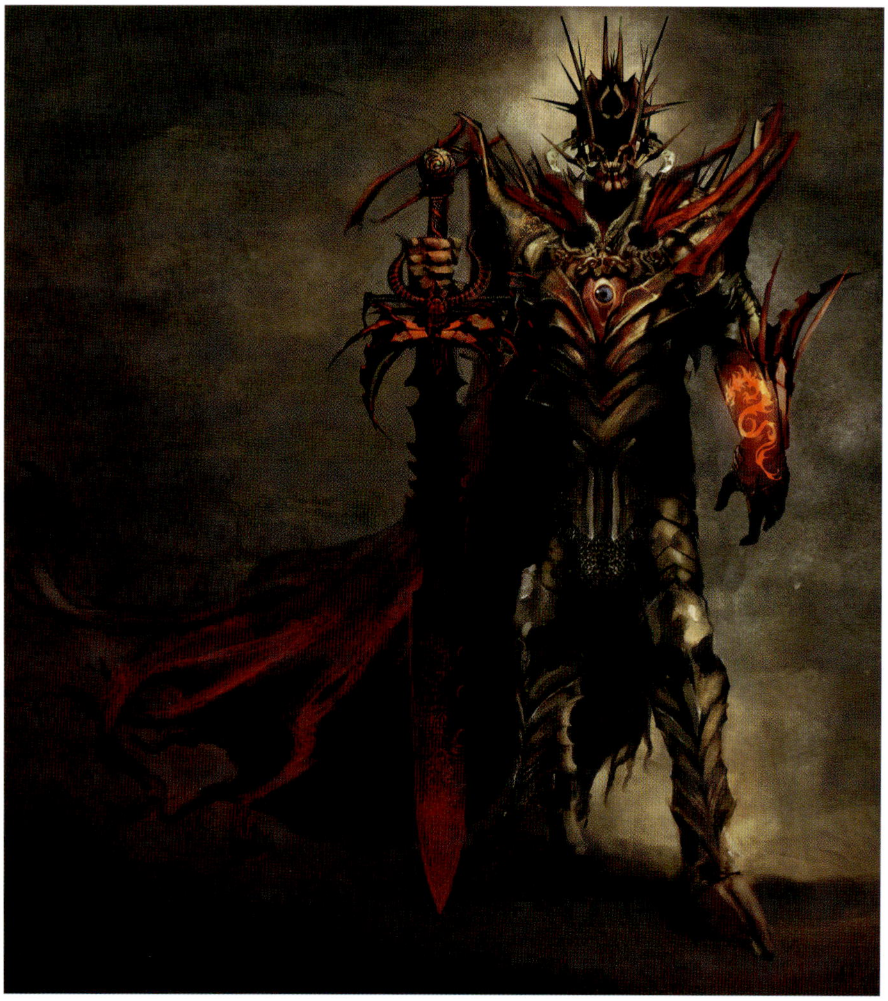

DARK MESSIAH – HEROES OF MIGHT & MAGIC 4 | CLIENT : UBISOFT | 2006

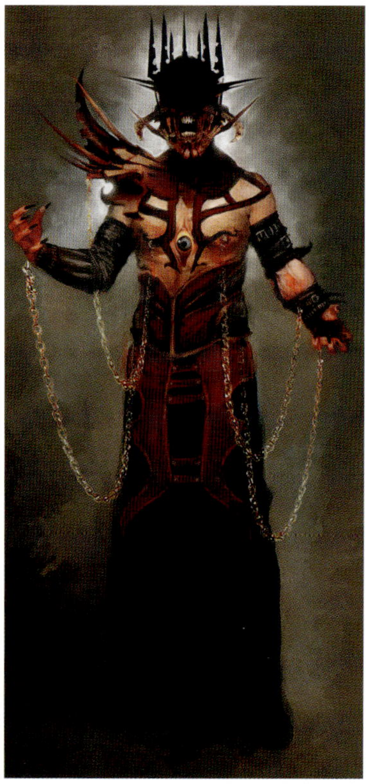

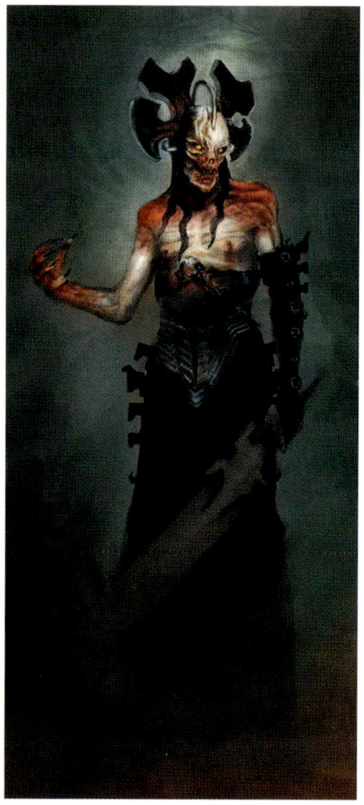

ÉBAUCHES PRÉLIMINAIRES

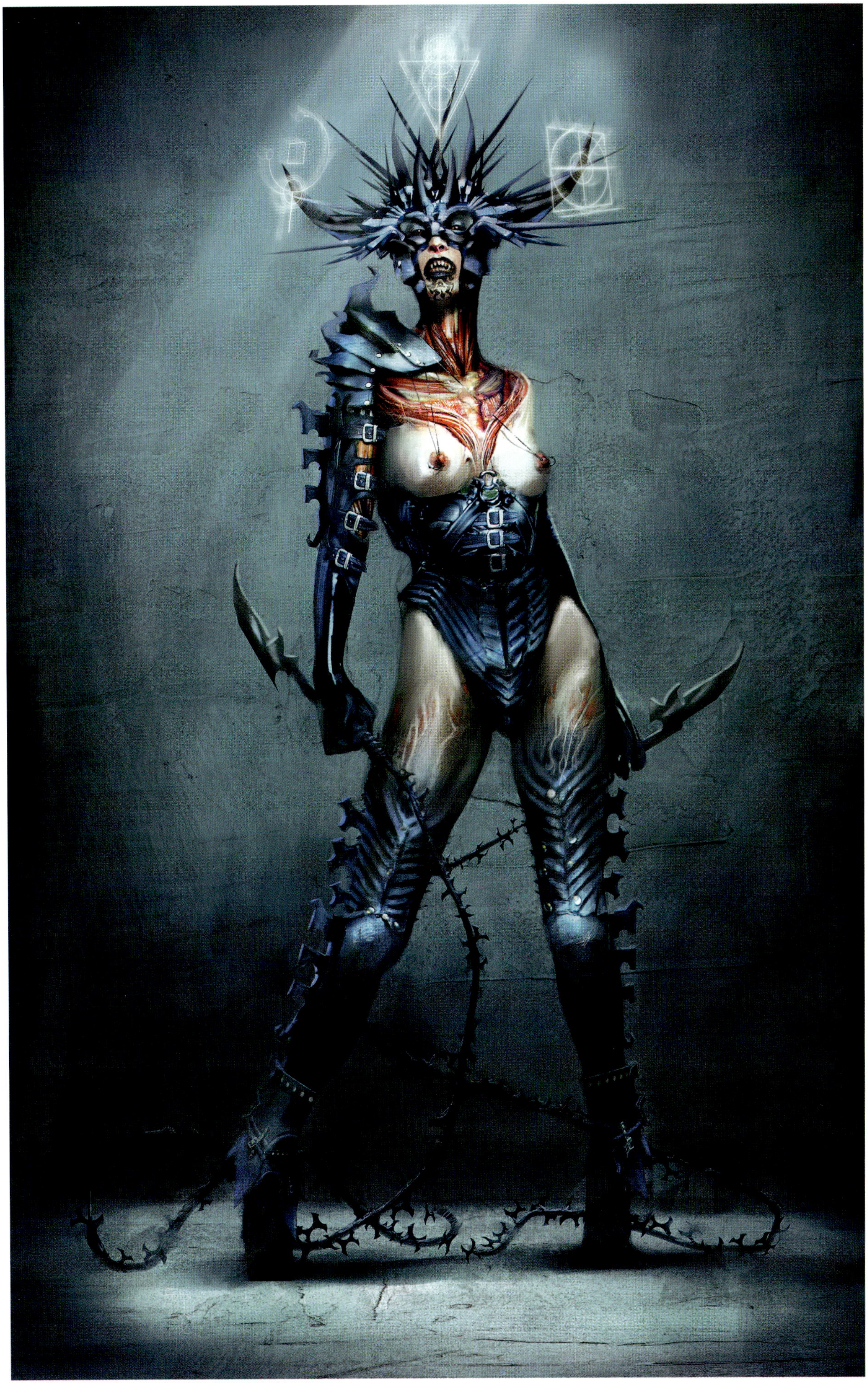

HELL DORADO - DEMONESS | CLIENT : ASMODÉE | 2006

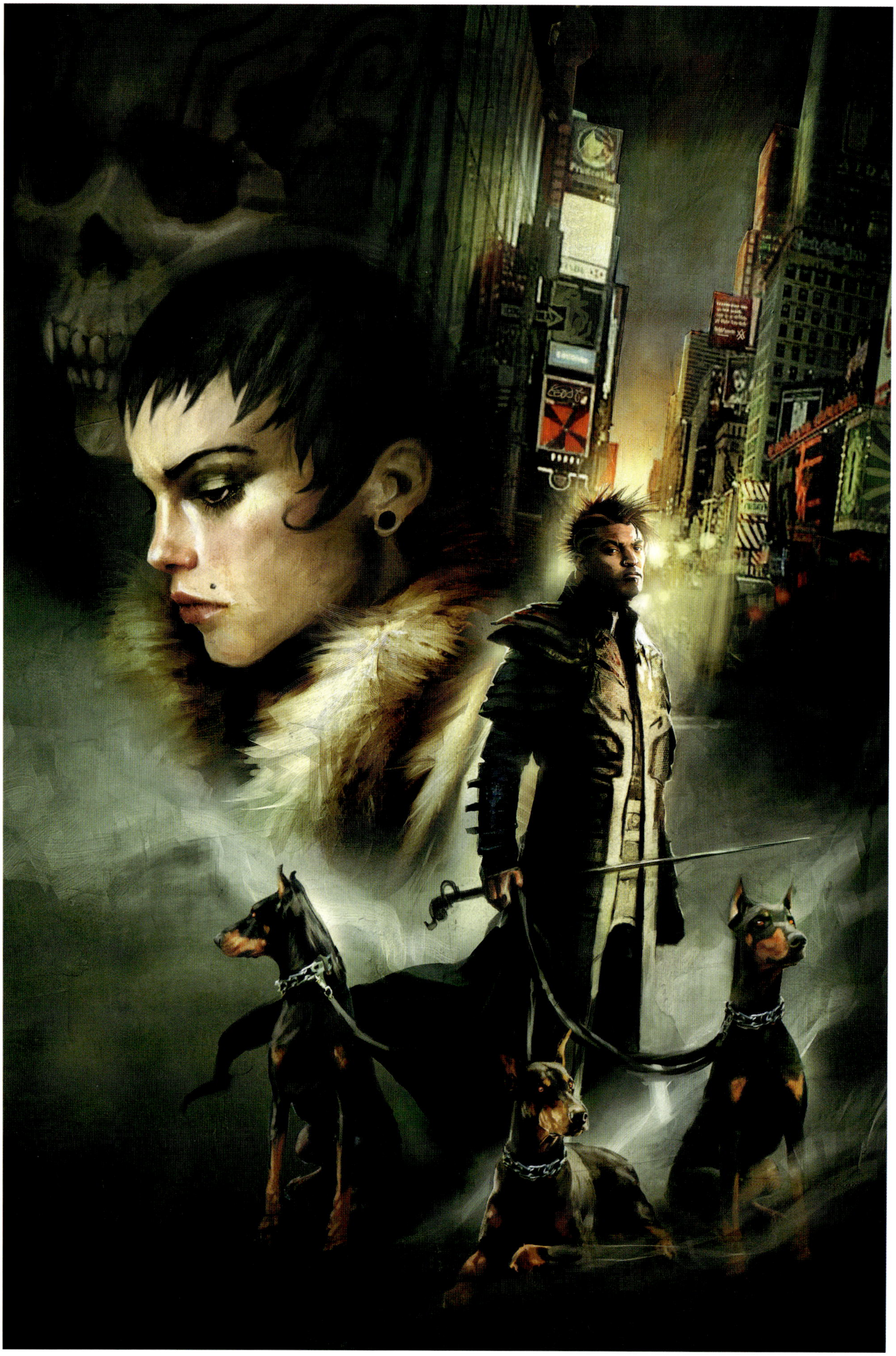

VAMPIRE : THE REQUIEM - PERSEPHONE | UNPUBLISHED | 2006

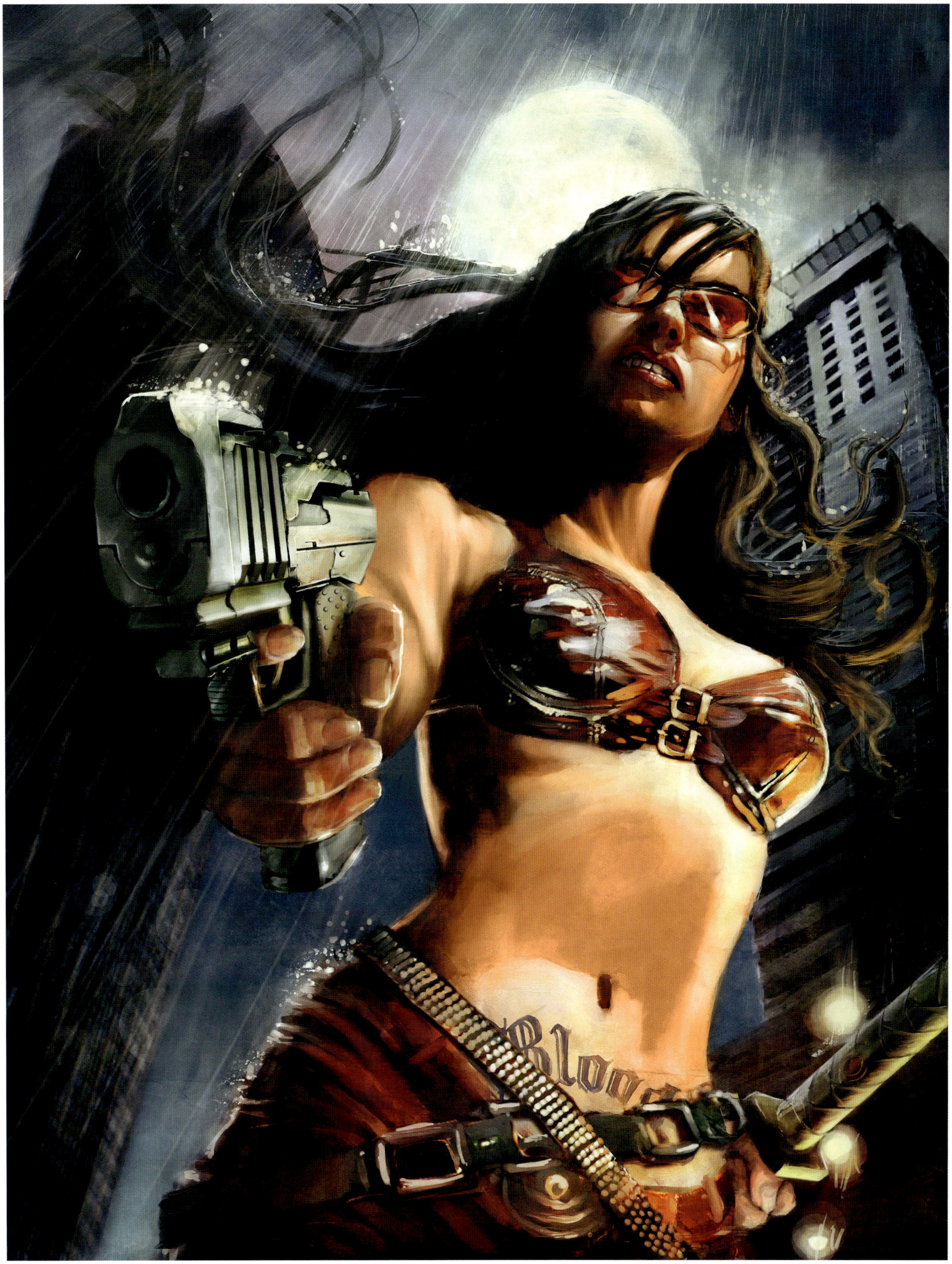

RAZOR VIXEN | CLIENT : WIZKIDS | ART DIRECTOR : SHANE HARTLEY | 2006

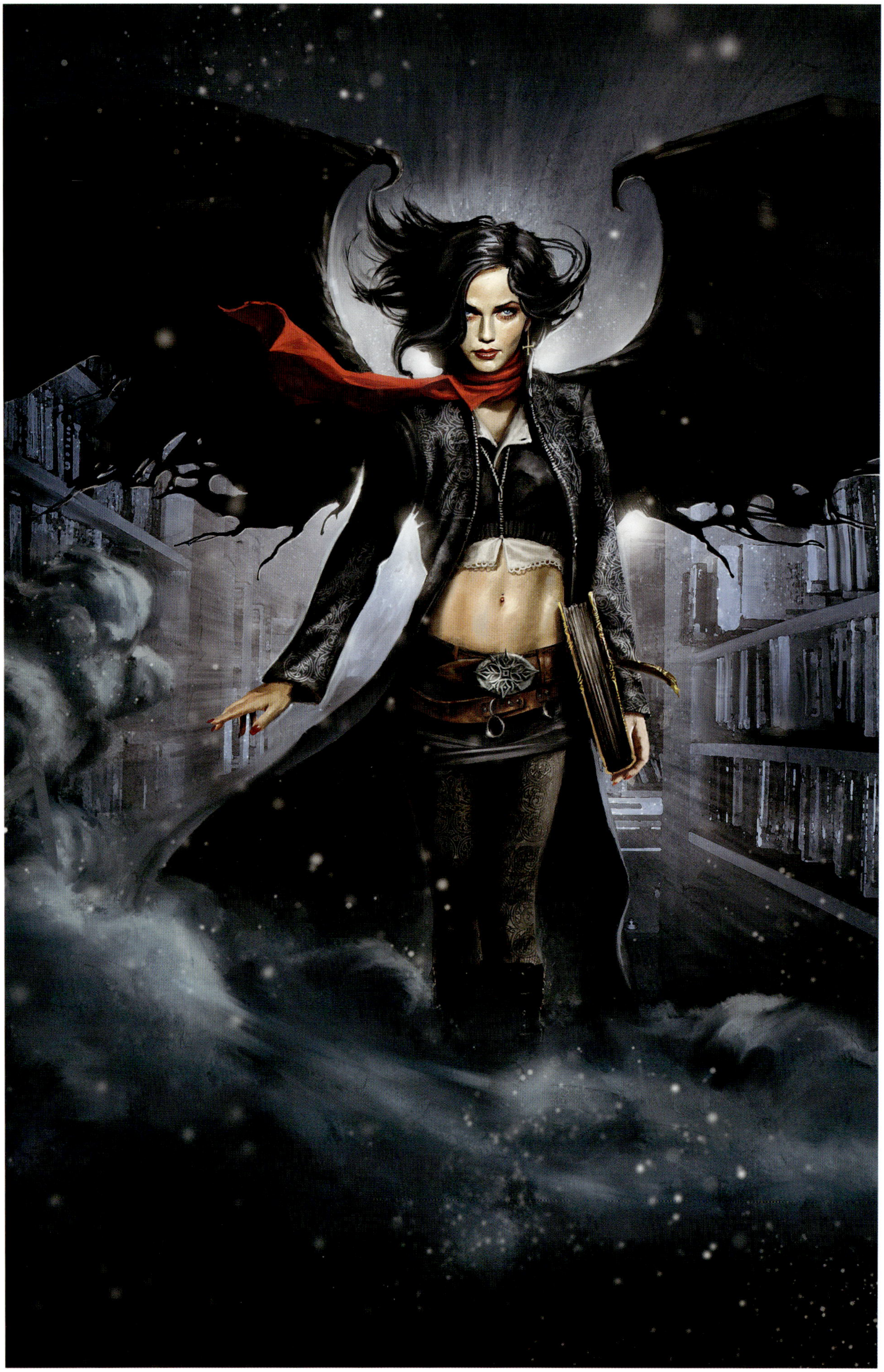

SUCCUBUS BLUES | CLIENT : BRAGELONNE | ART DIRECTOR : DAVID OGHIA | 2008

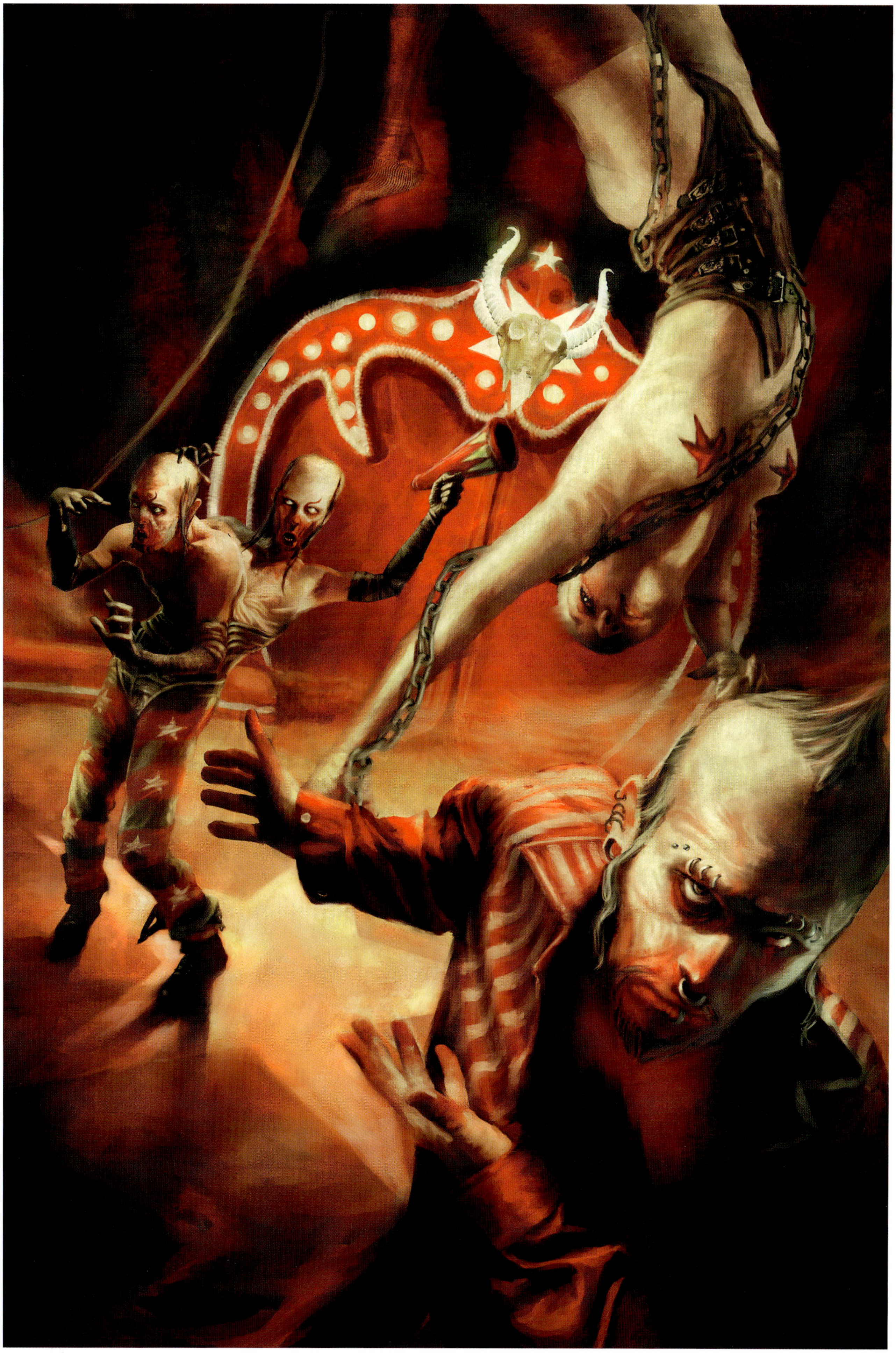

VAMPIRE : THE REQUIEM – THE LEGENDARY | CLIENT : WHITE WOLF | ART DIRECTOR : PAULINE BENNEY | 2006

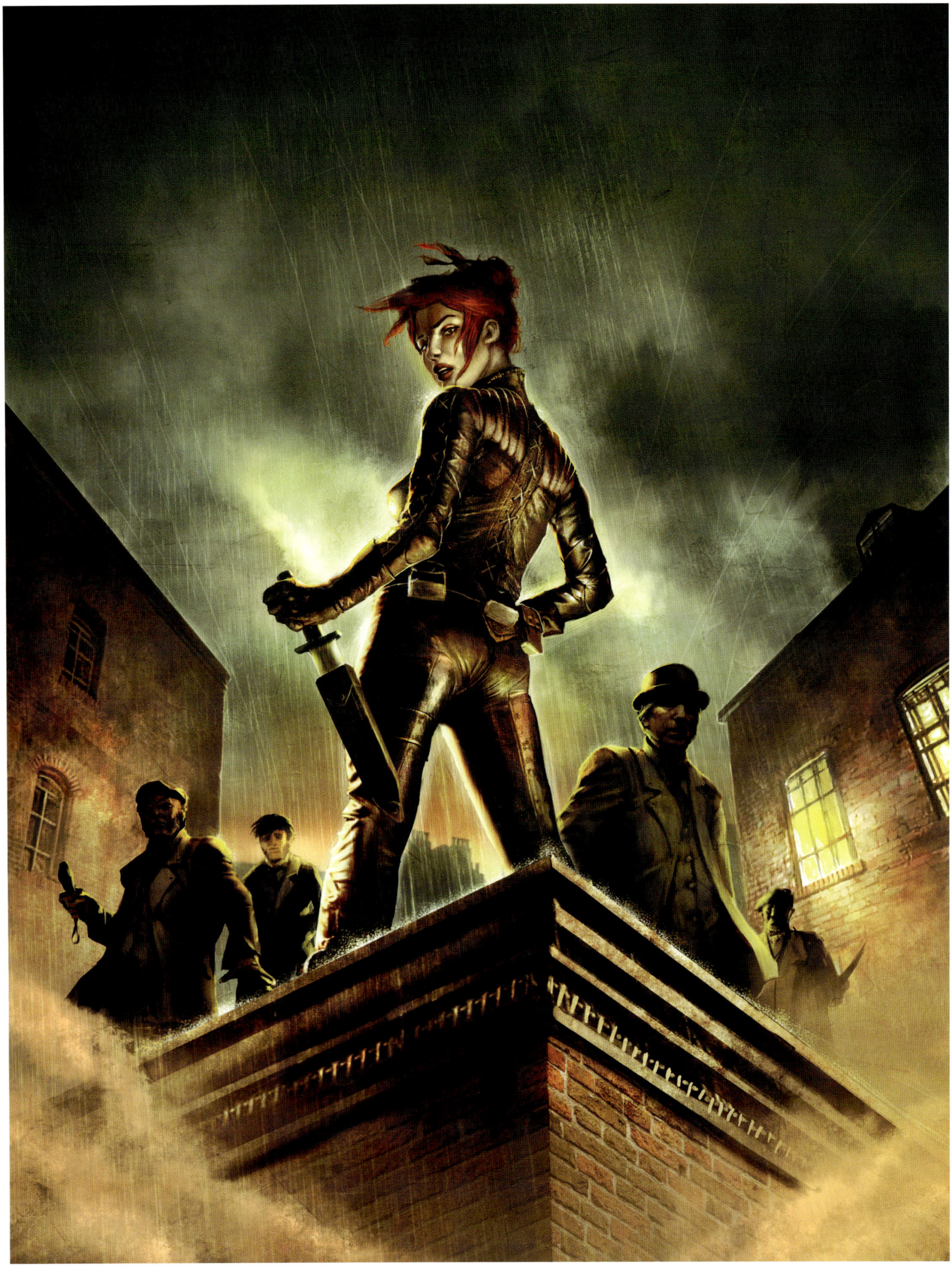

LA MANDRAGORE | CLIENT : SOLEIL | ART DIRECTOR : JEAN-LUC ISTIN | 2012

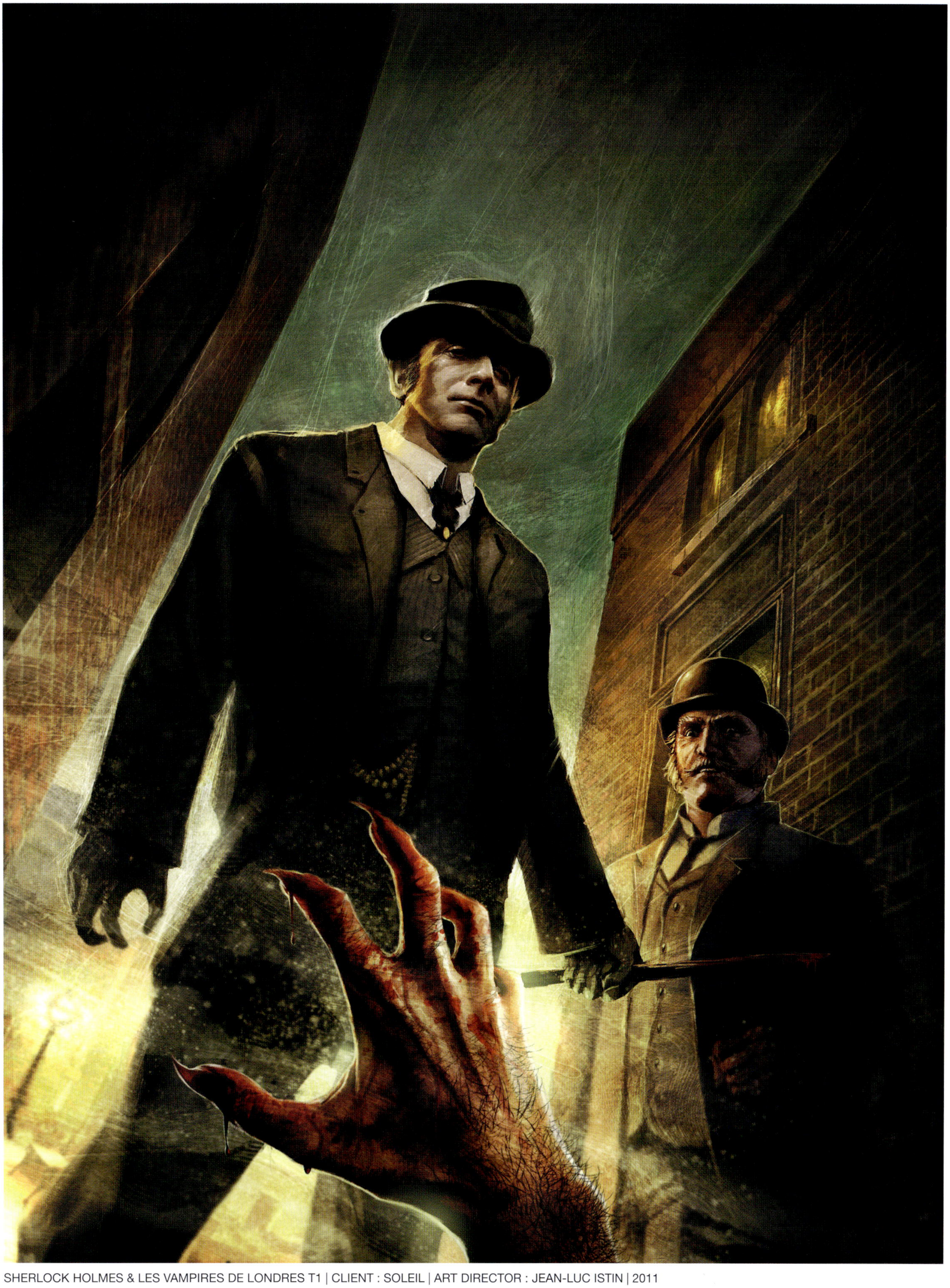

SHERLOCK HOLMES & LES VAMPIRES DE LONDRES T1 | CLIENT : SOLEIL | ART DIRECTOR : JEAN-LUC ISTIN | 2011

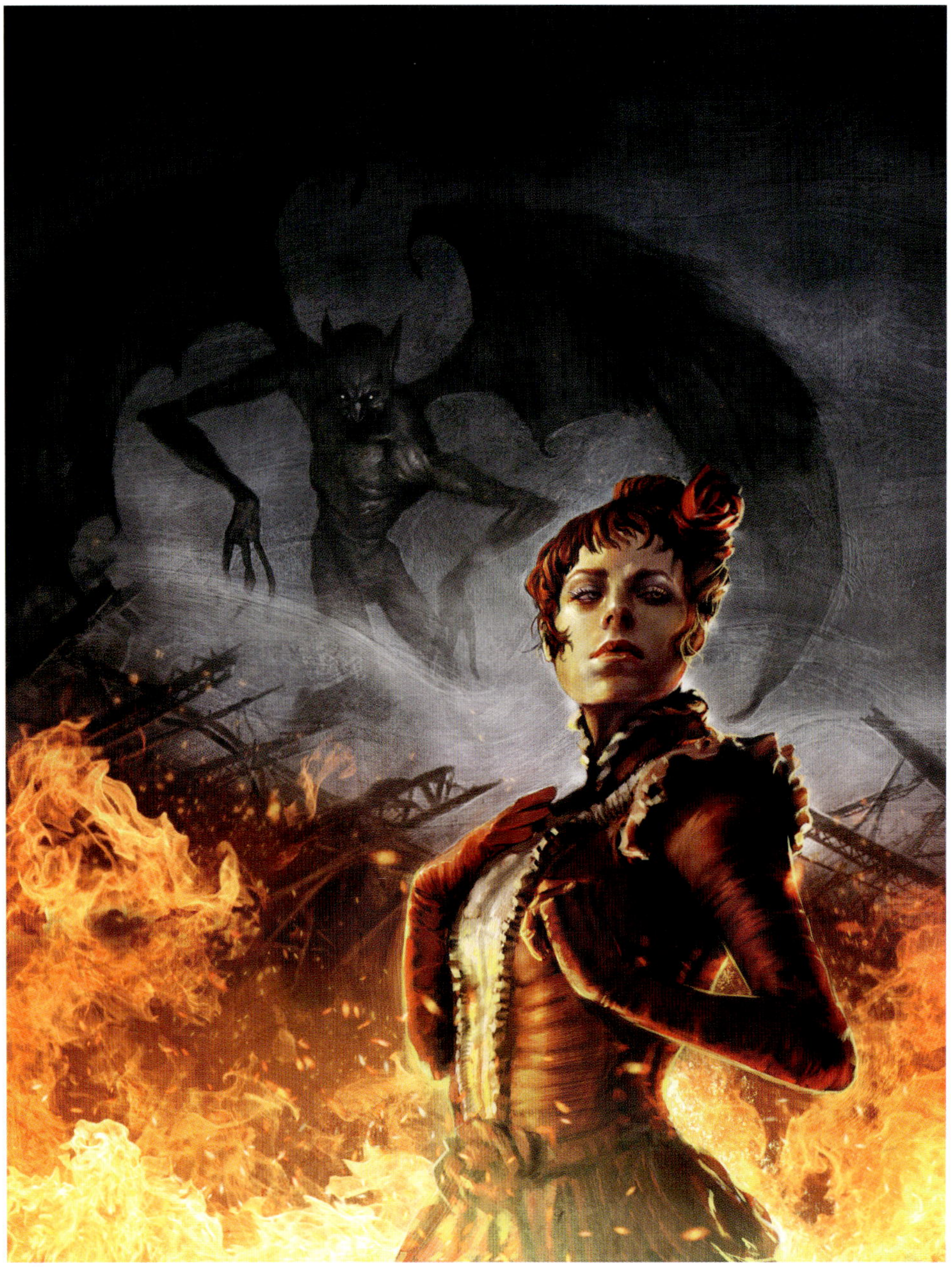

SHERLOCK HOLMES & LES VAMPIRES DE LONDRES T2 | CLIENT : SOLEIL | ART DIRECTOR : JEAN-LUC ISTIN | 2011

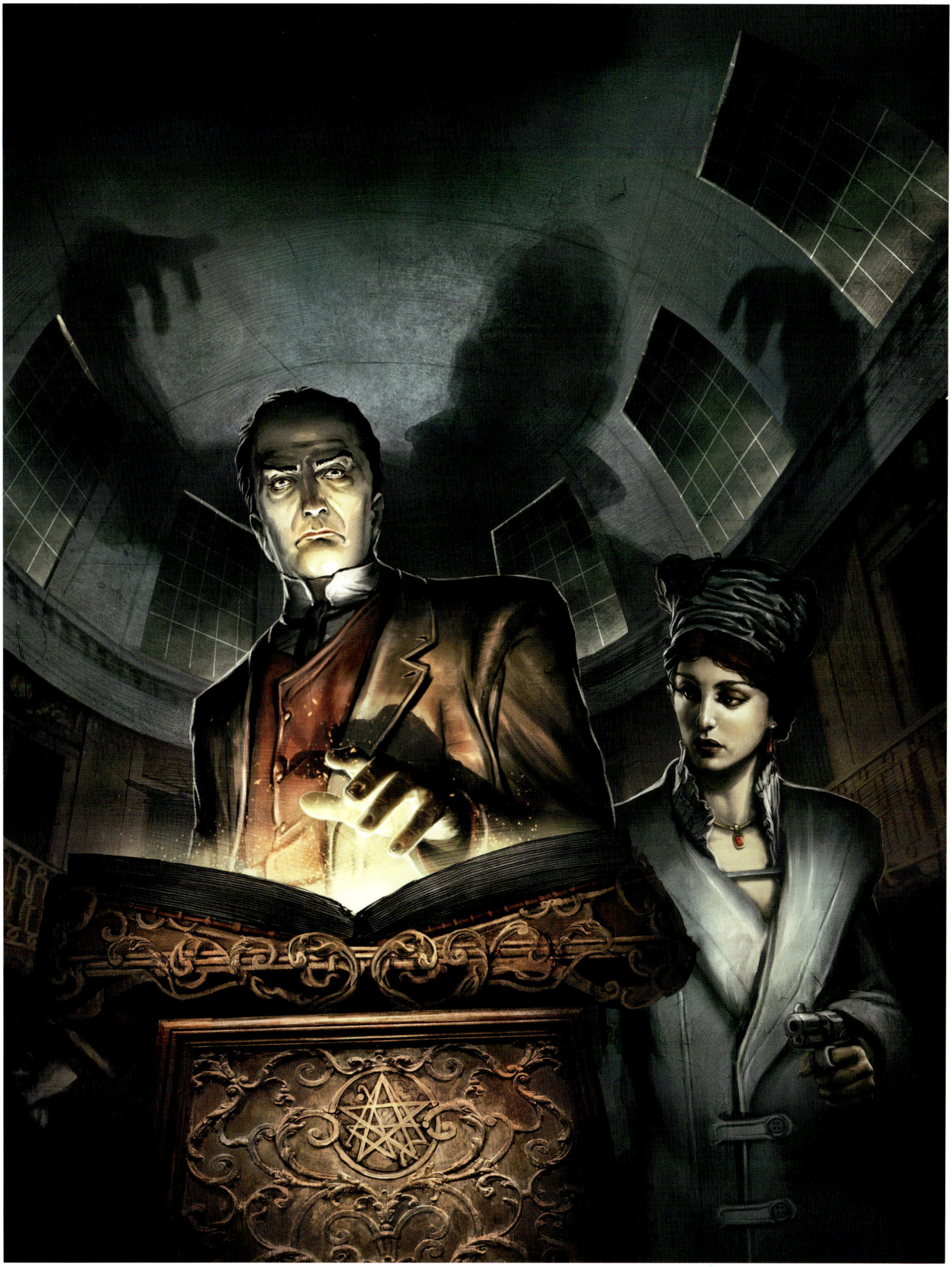

SHERLOCK HOLMES & LES VAMPIRES DE LONDRES T3 | CLIENT : SOLEIL | ART DIRECTOR : JEAN-LUC ISTIN | 2011

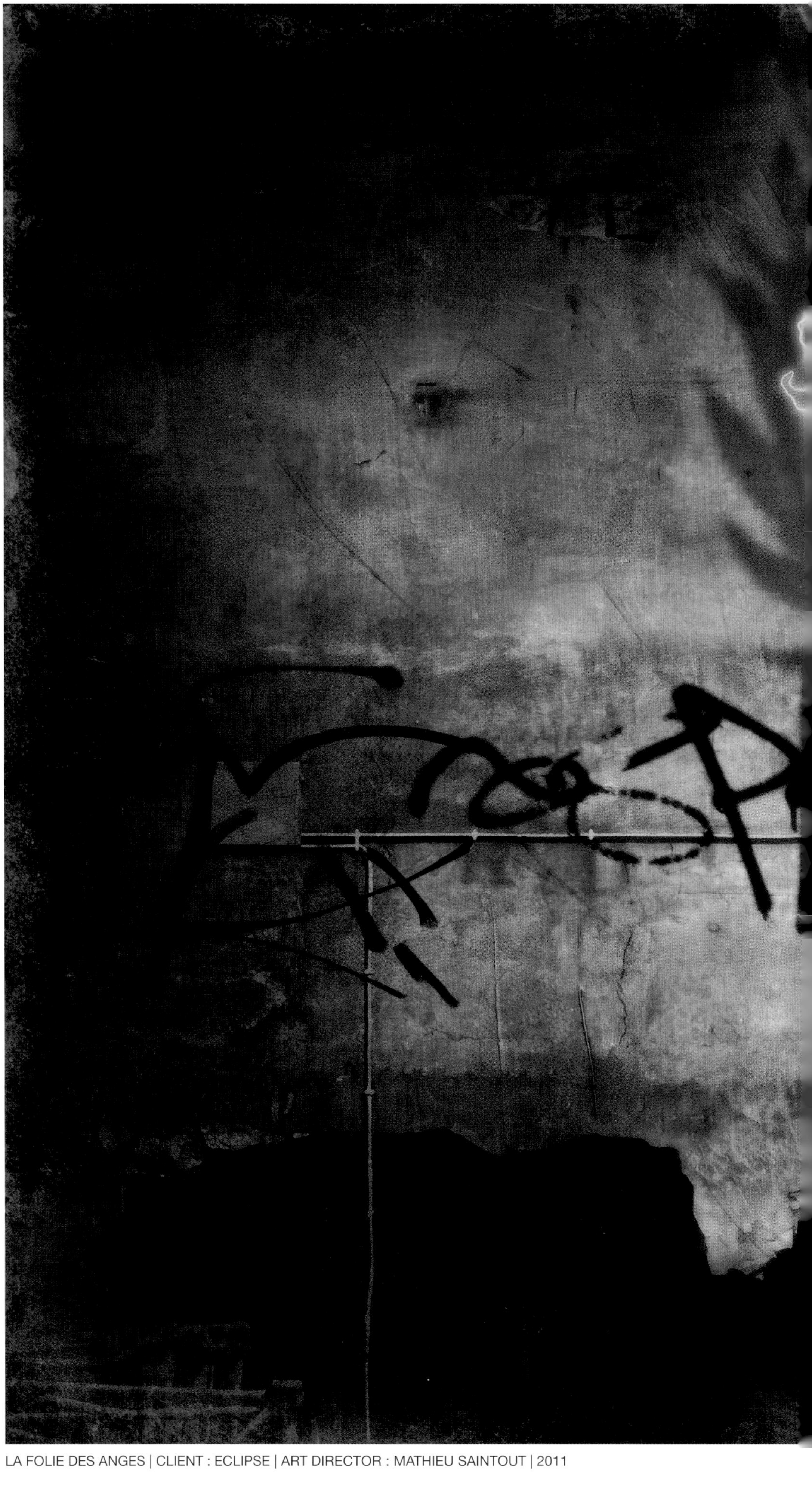

LA FOLIE DES ANGES | CLIENT : ECLIPSE | ART DIRECTOR : MATHIEU SAINTOUT | 2011

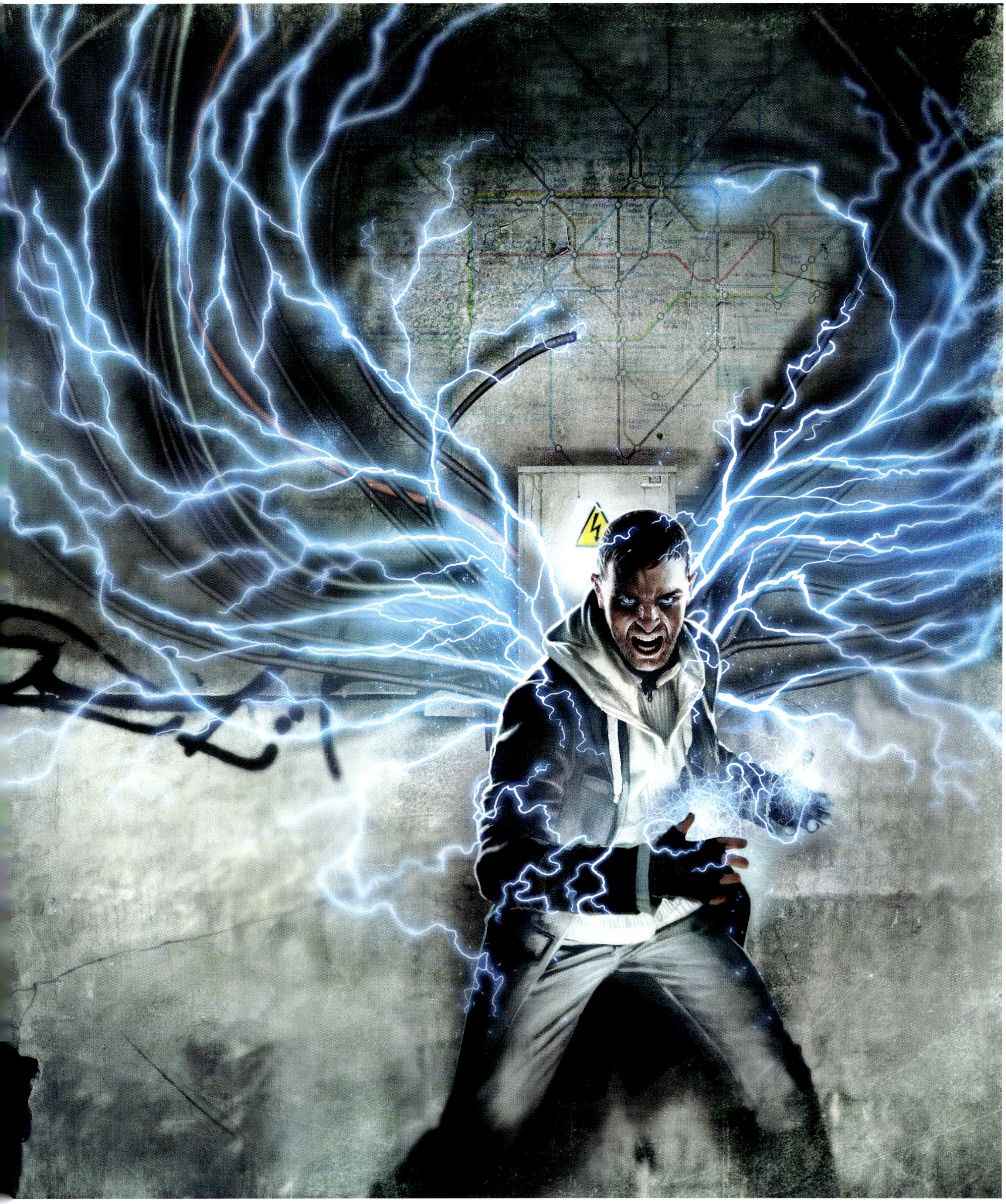

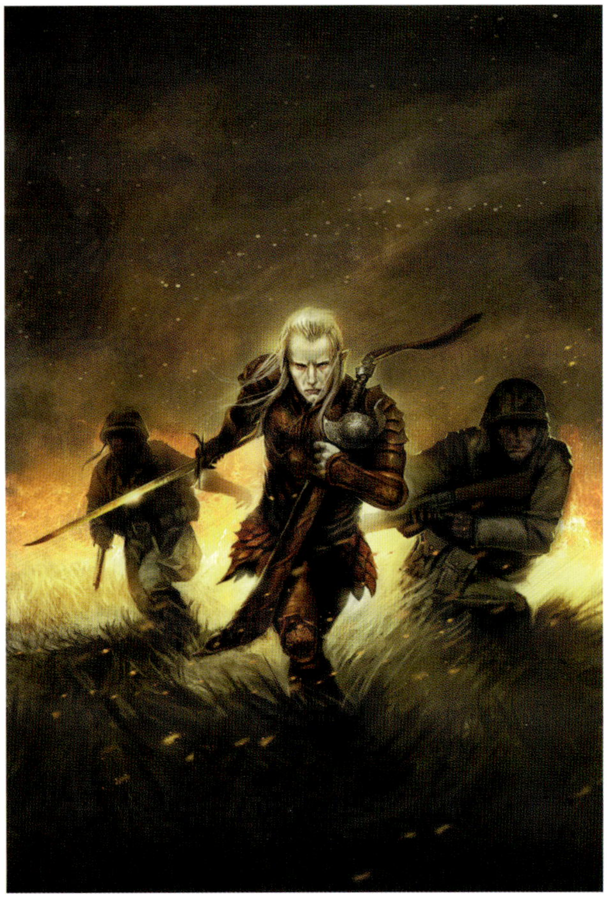

LE COMMANDO DES IMMORTELS | CLIENT : POCKET |
ART DIRECTOR : BÉNÉDICTE LOMBARDO | 2010

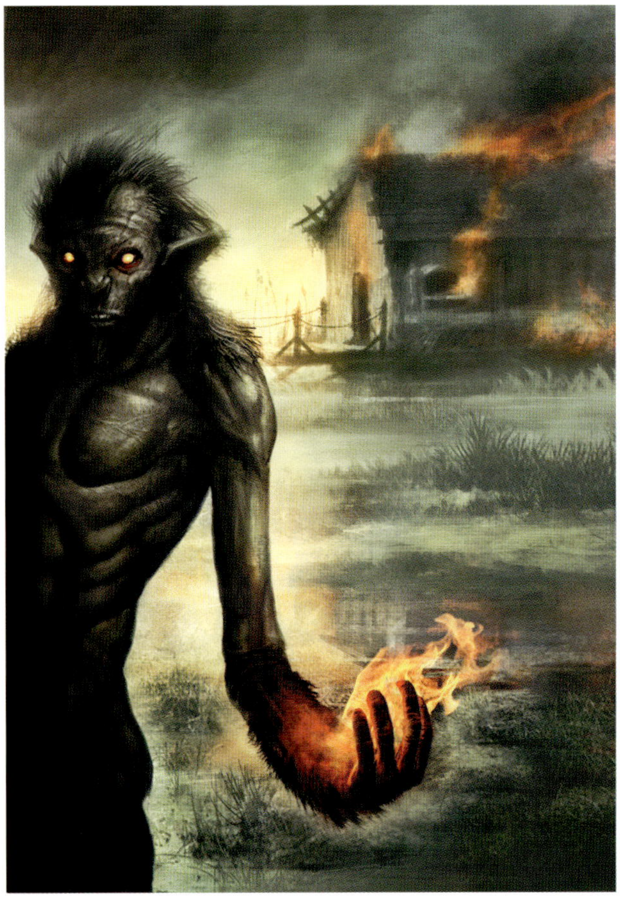

BLACK CRISTAL T2 | CLIENT : POCKET JEUNESSE |
ART DIRECTOR : NICOLE LHOTE | 2010

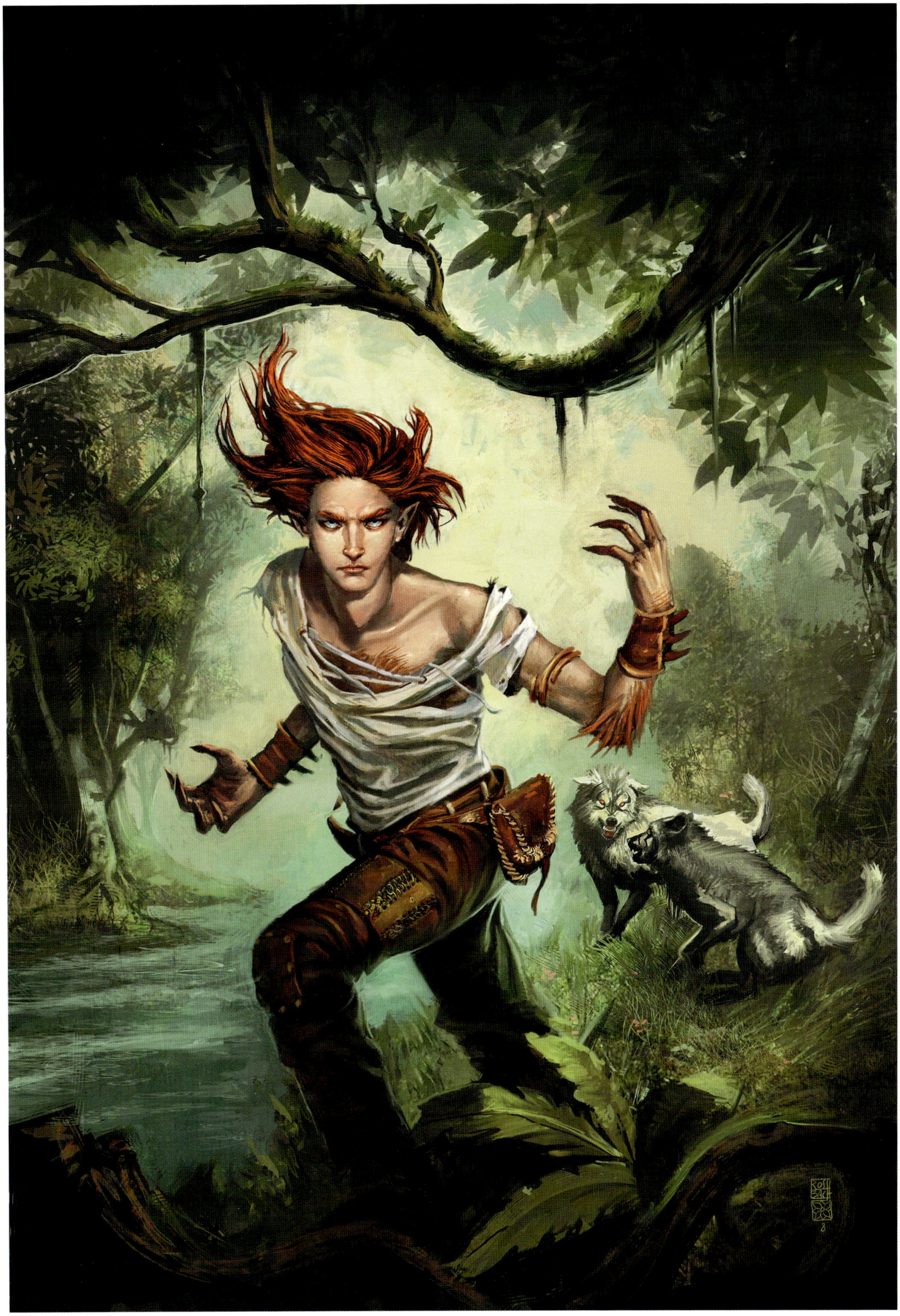

CHRONIQUES DE LA TOUR T4 | CLIENT : BAAM | ART DIRECTOR : FRANÇOIS DURKHEIM | 2009

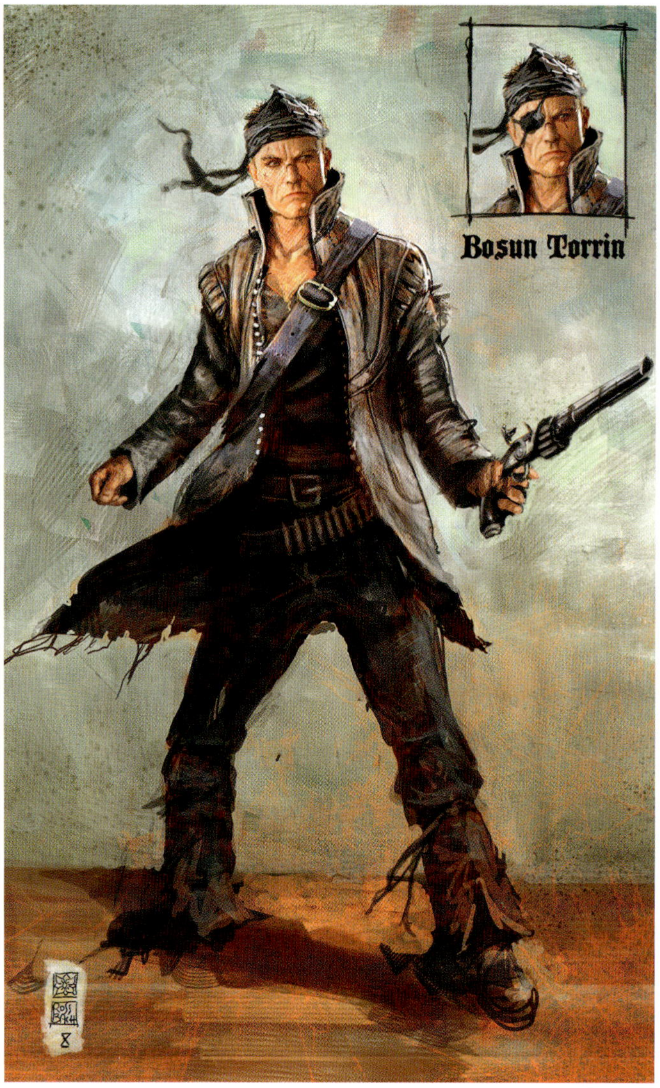

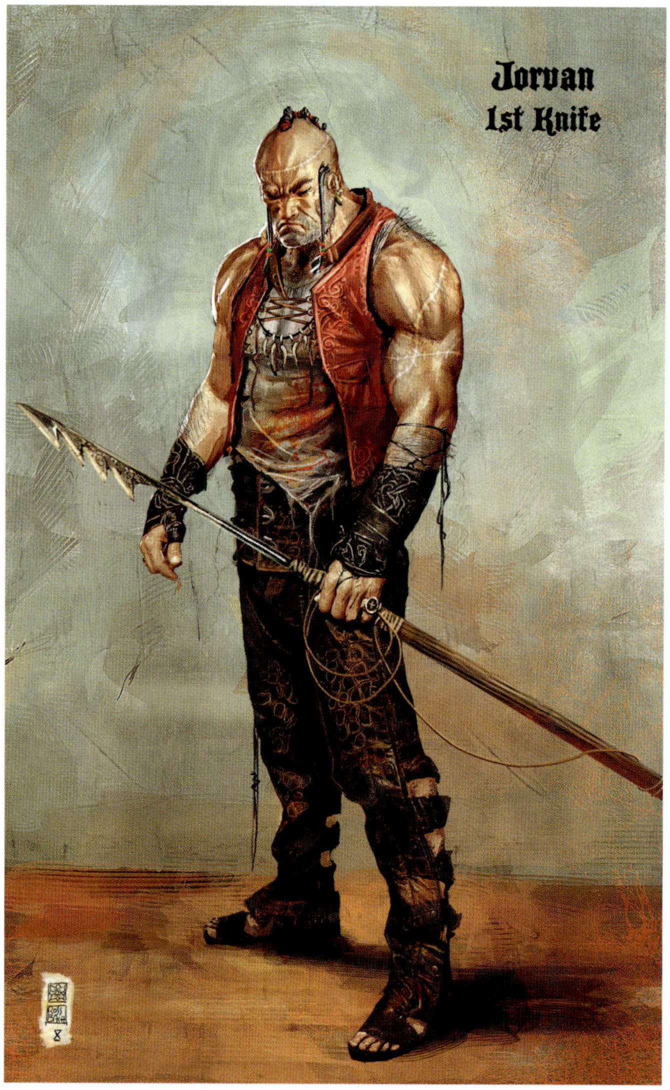

HEAVY METAL – CHARACTER DESIGNS | CLIENT : BLUR STUDIO |
ART DIRECTOR : CHUCK WOJTKIEWICZ | 2008

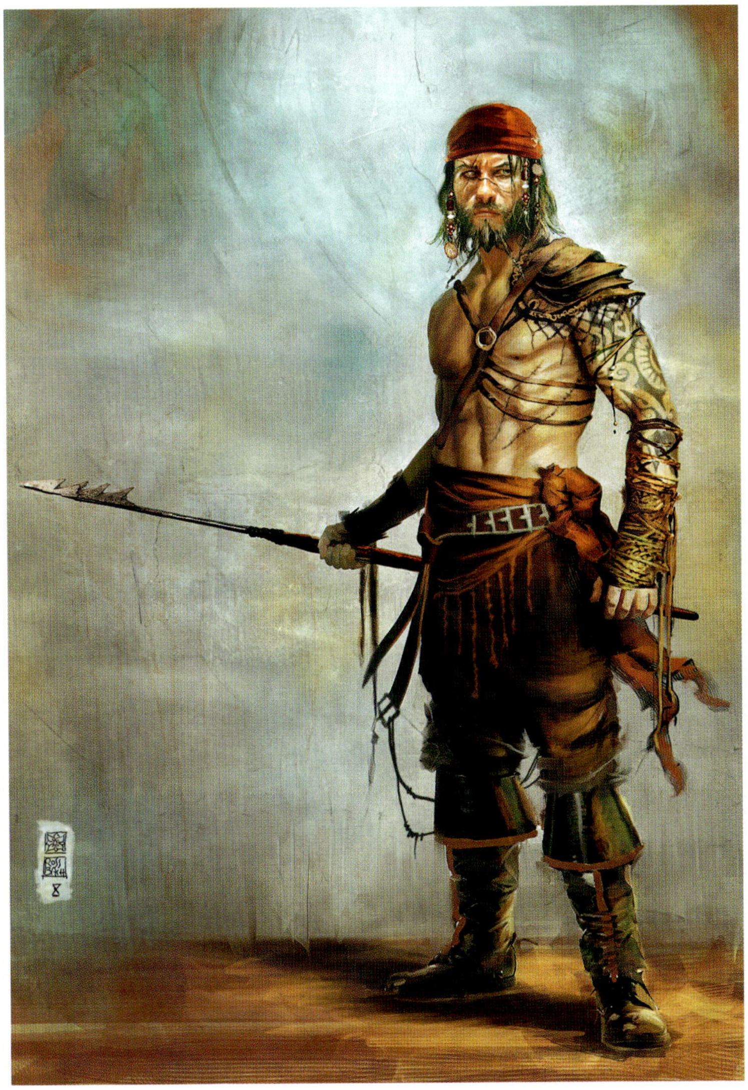

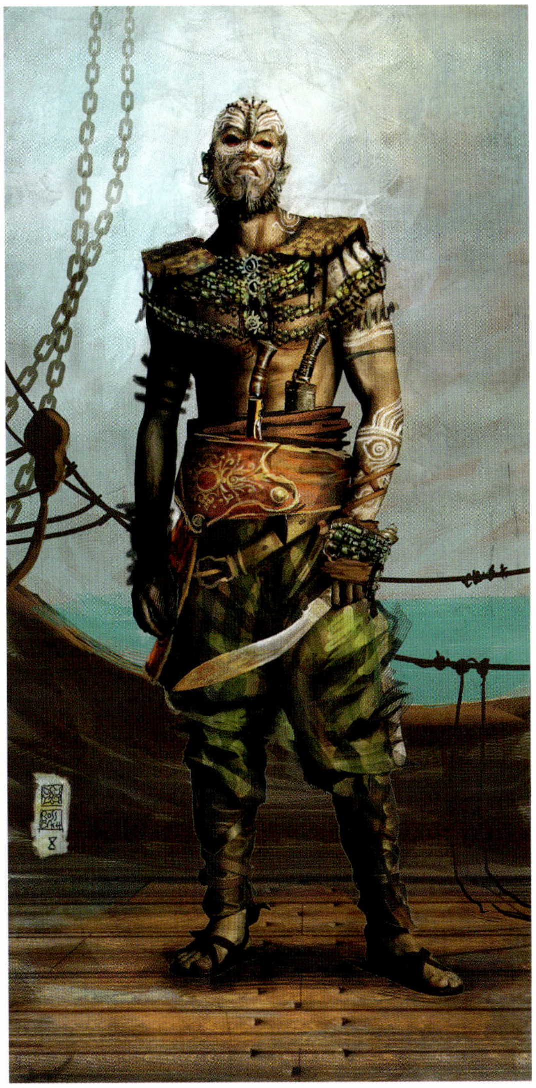

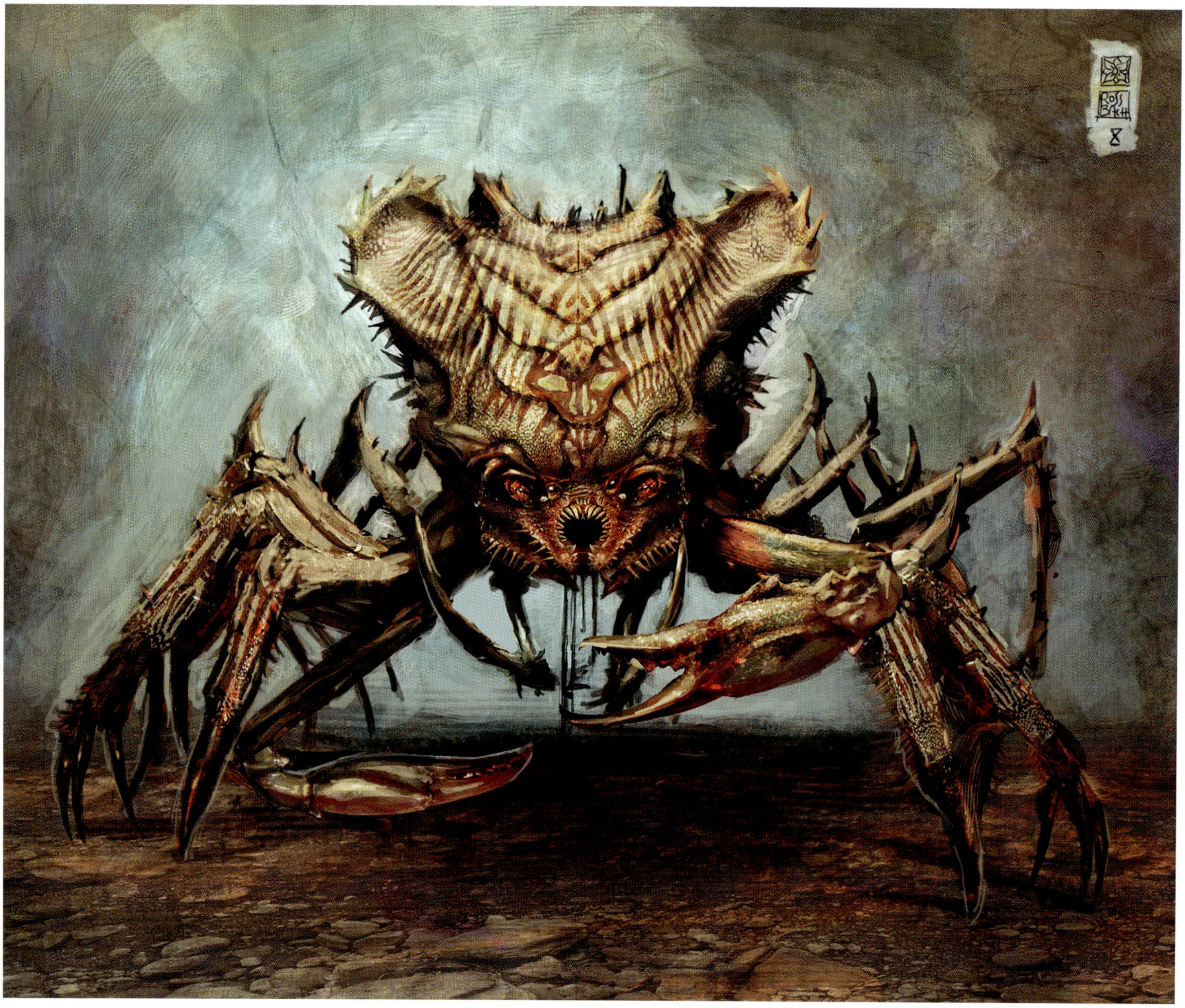

HEAVY METAL – MONSTER DESIGN (THANAPOD) | CLIENT : BLUR STUDIO | ART DIRECTOR : CHUCK WOJTKIEWICZ | 2008

J'ai toujours eu un faible pour le côté obscur de la force, pas vous ? Le chevalier blanc au cœur pur n'a que peu d'attrait à mes yeux. Et pour cause, il ne raconte finalement pas grand chose de la nature humaine.
En revanche, le vampire sensuel et cruel, la démone écorchée vive au propre comme au figuré, l'antihéros pathétique et immoral, ou la chose venue des profondeurs sont des sujets qui en disent plus long sur les fantasmes refoulés de la société actuelle.

I've always had a penchant for the dark side of the Force, haven't you? The pure-hearted white knight does not have much interest in my eyes. And for good reason: in the end, he doesn't tell much about human nature. On the other hand, the sensual and cruel vampire, the figuratively and literally tortured demoness, the pathetic and immoral antihero, or the thing spawned from the deep are themes that bring out more of the suppressed fantasies of modern society.

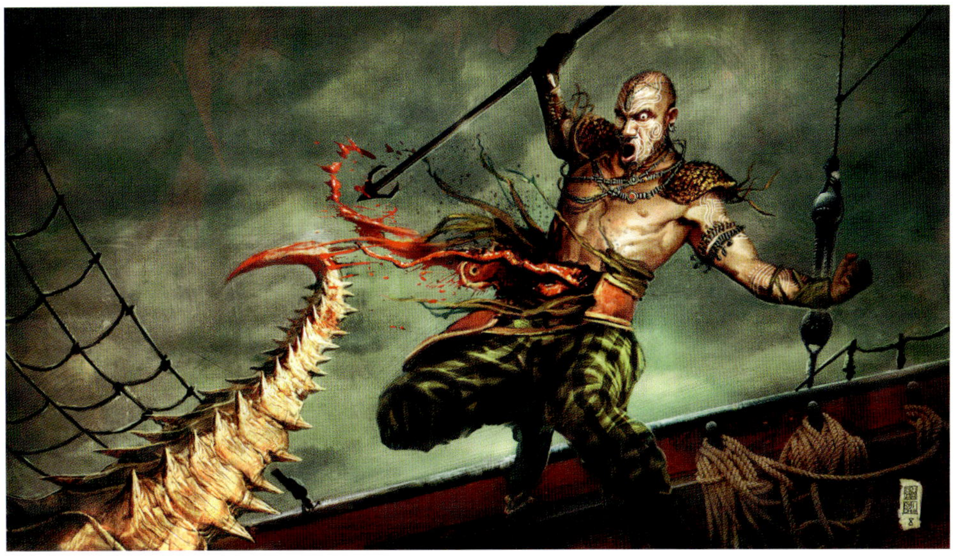

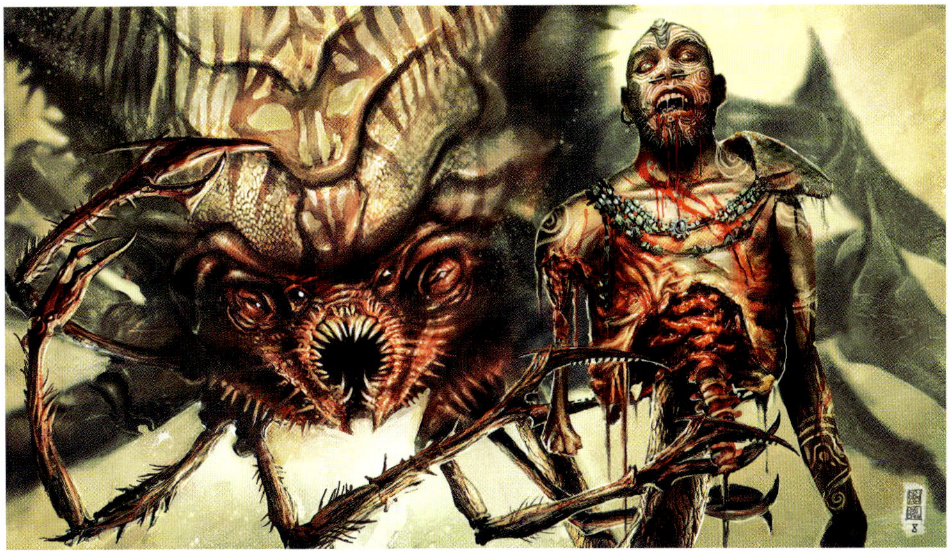

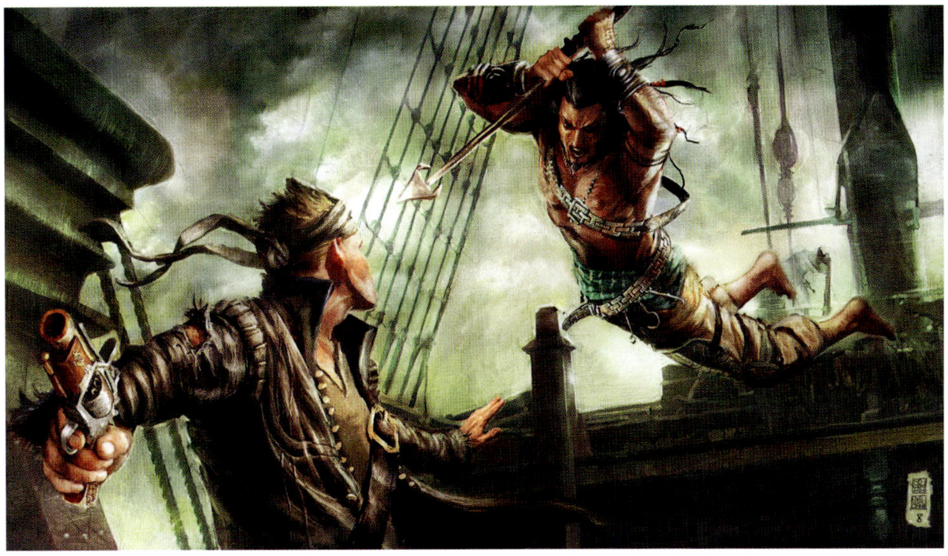

HEAVY METAL – KEY SCENES | CLIENT : BLUR STUDIO | ART DIRECTOR : CHUCK WOJTKIEWICZ | 2008

4

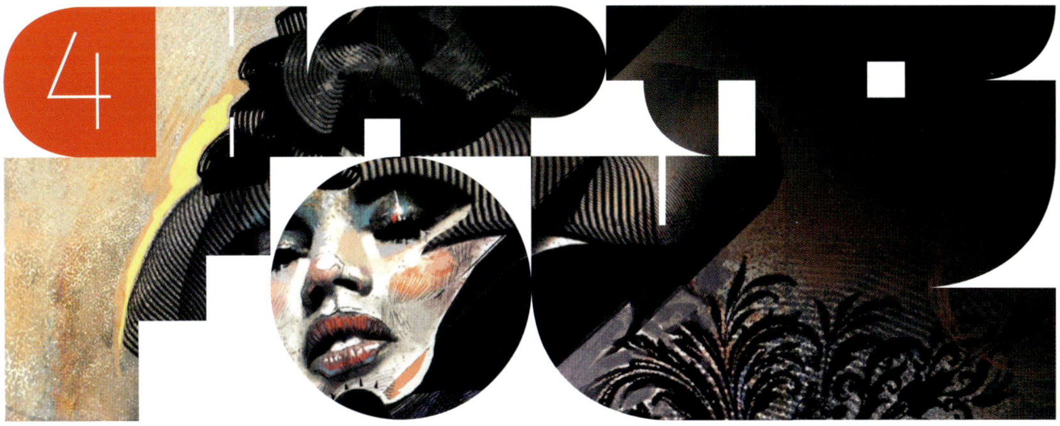

FEMME FATALE

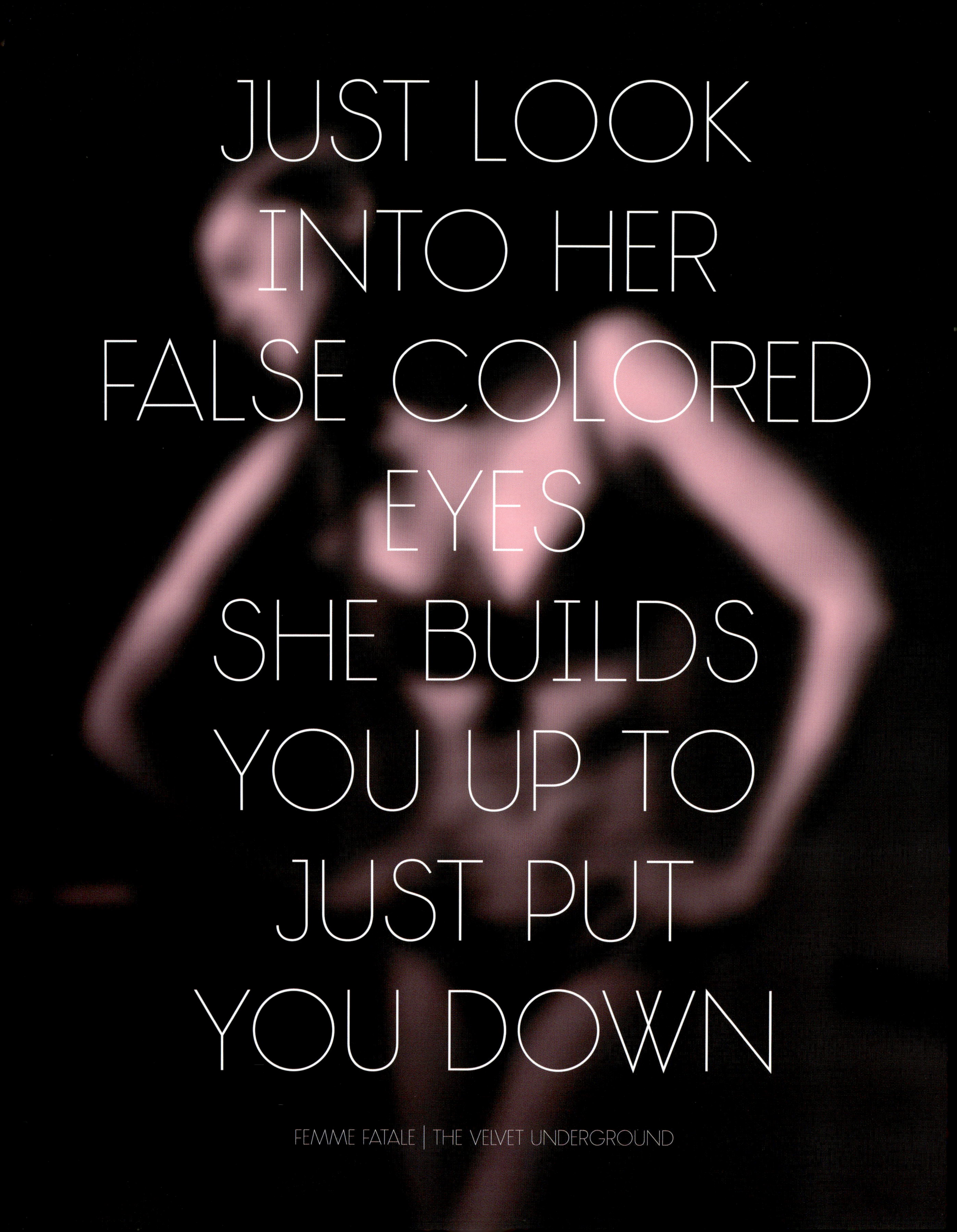
JUST LOOK
INTO HER
FALSE COLORED
EYES
SHE BUILDS
YOU UP TO
JUST PUT
YOU DOWN
FEMME FATALE | THE VELVET UNDERGROUND

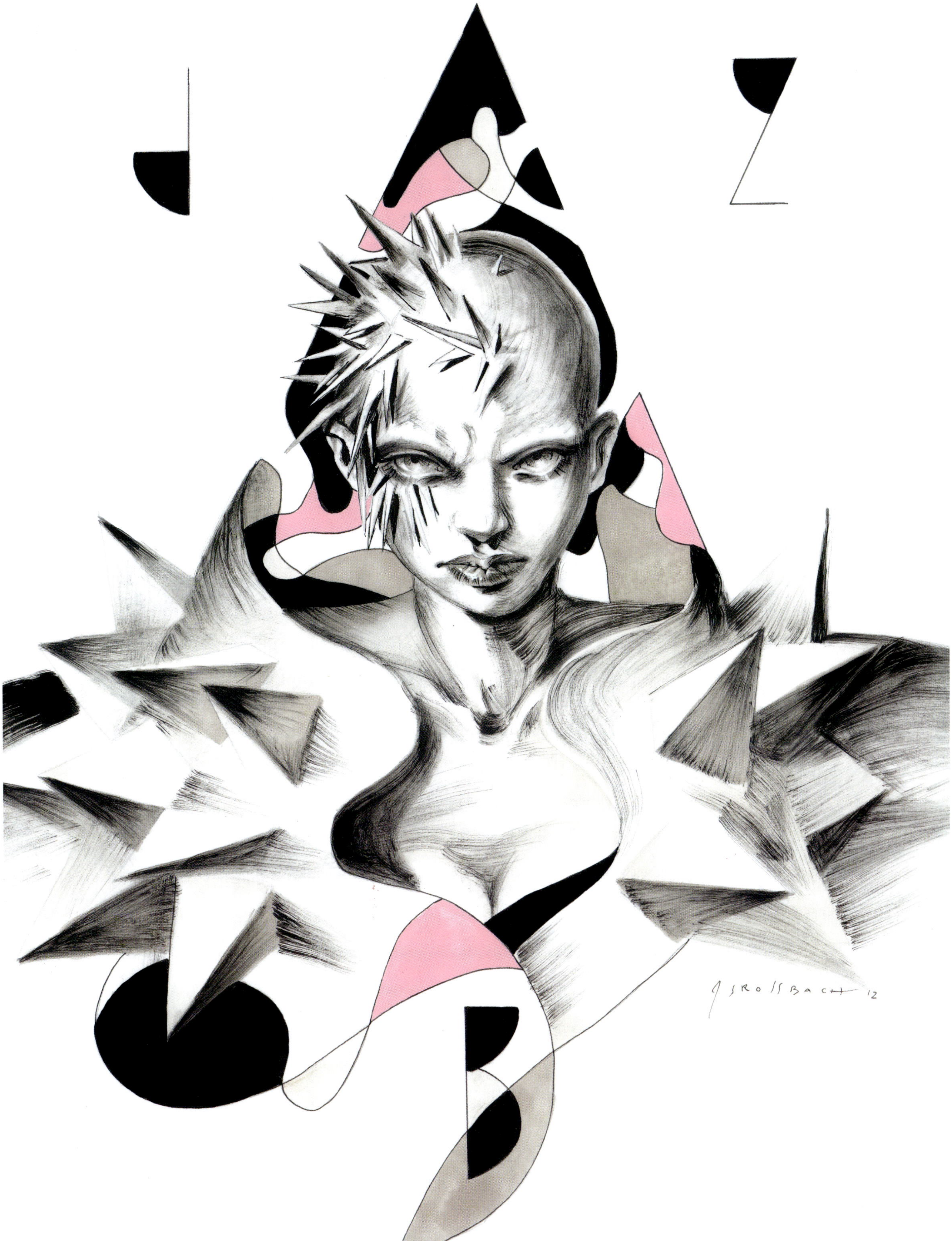

Les peintures regroupées dans ce chapitre sont presque exclusivement des œuvres personnelles. Elles représentent ces trop rares moments où l'artiste qui vit en moi de façon souterraine à l'occasion de sortir au grand jour et de s'exprimer vraiment.
Ici, pas de contrainte de temps, rien que le plaisir du retour à la peinture traditionnelle, aux gestes amples, au dialogue avec le papier. Le thème féminin, et le flirt avec les formes abstraites y sont omniprésents depuis des années. Quand cette occasion m'est donnée, je me réfugie dans un espace privilégié et hors du temps, peuplé de mes chimères et des préoccupations de mon inconscient.

The paintings gathered in this chapter are almost exclusively very personal works. They represent these exceedingly rare moments where the artist that lives hidden deep within me has a chance to go out in the daylight and truly express itself.
Here, there are no time constraints, only the pleasure of returning to traditional painting, to ample gestures, to a conversation with the paper. The theme of women, and flirting with abstract shapes have been omnipresent there for years. When this chance is given to me, I take refuge in a privileged and timeless space, populated with my chimeras and the preoccupations of my subconscious self.

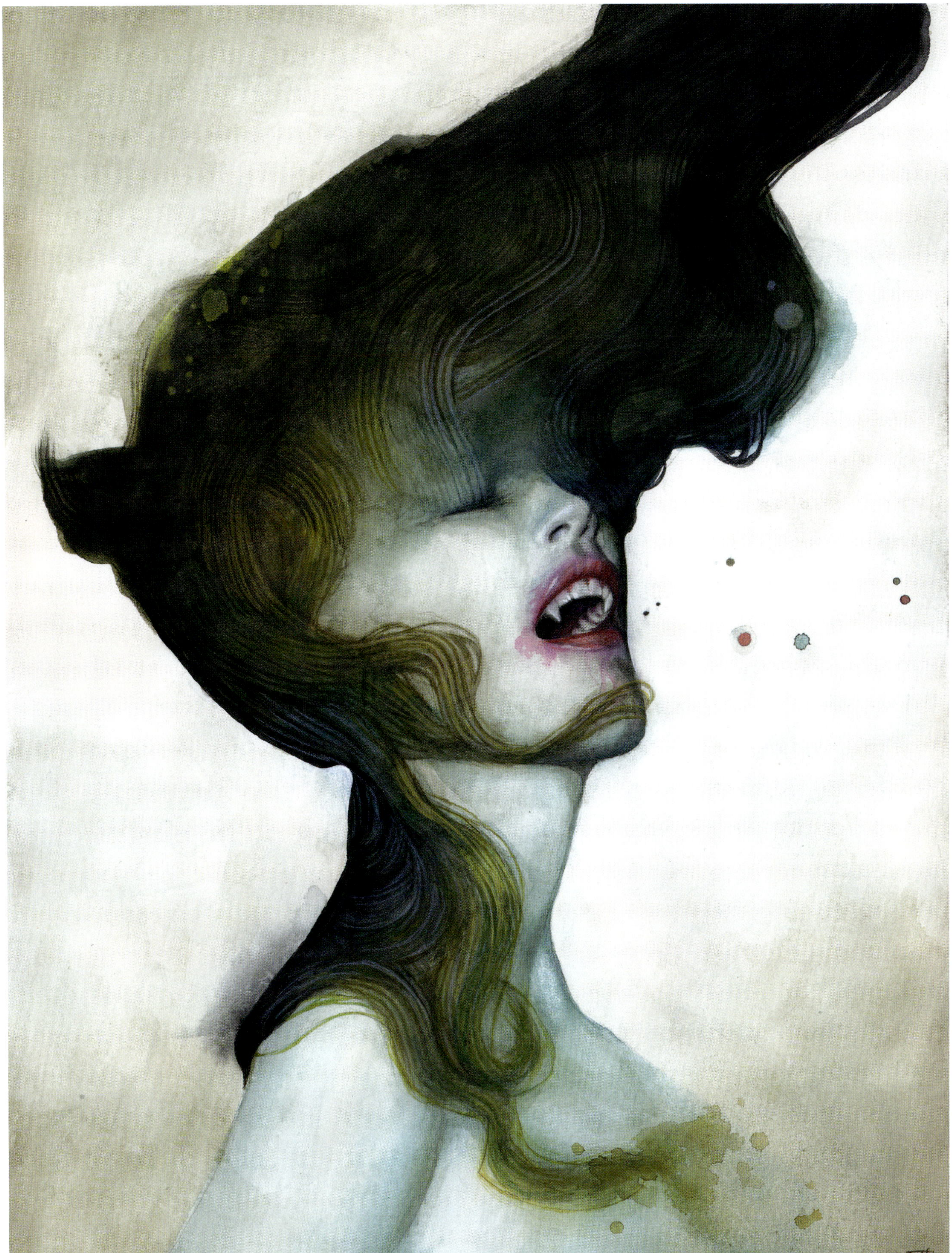

WHITE HEAT | TRAVAIL PERSONNEL | 2011

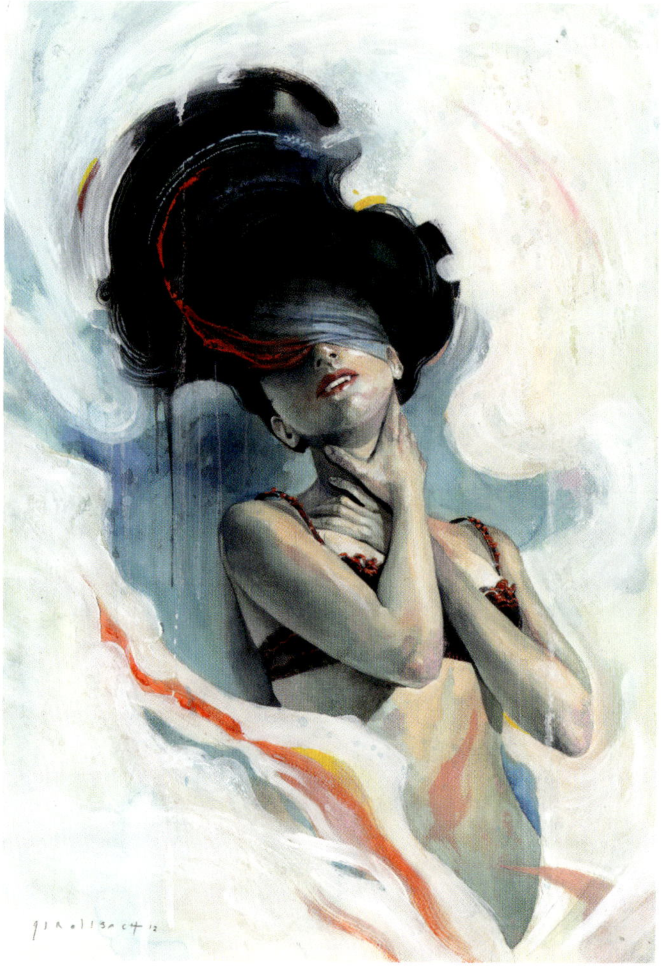

BURNING INSIDE (PRÉLIMINAIRE) | TRAVAIL PERSONNEL | 2012

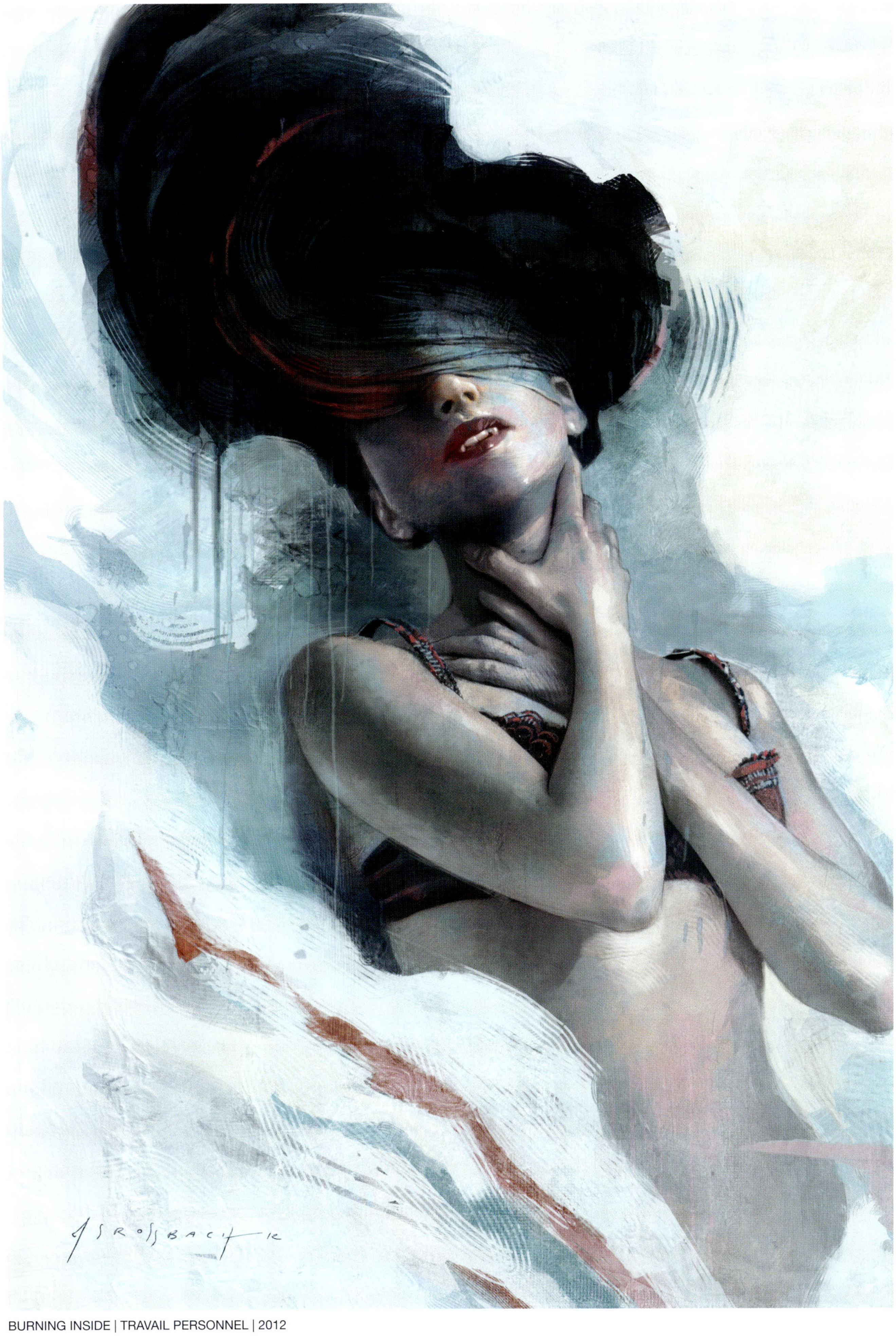

BURNING INSIDE | TRAVAIL PERSONNEL | 2012

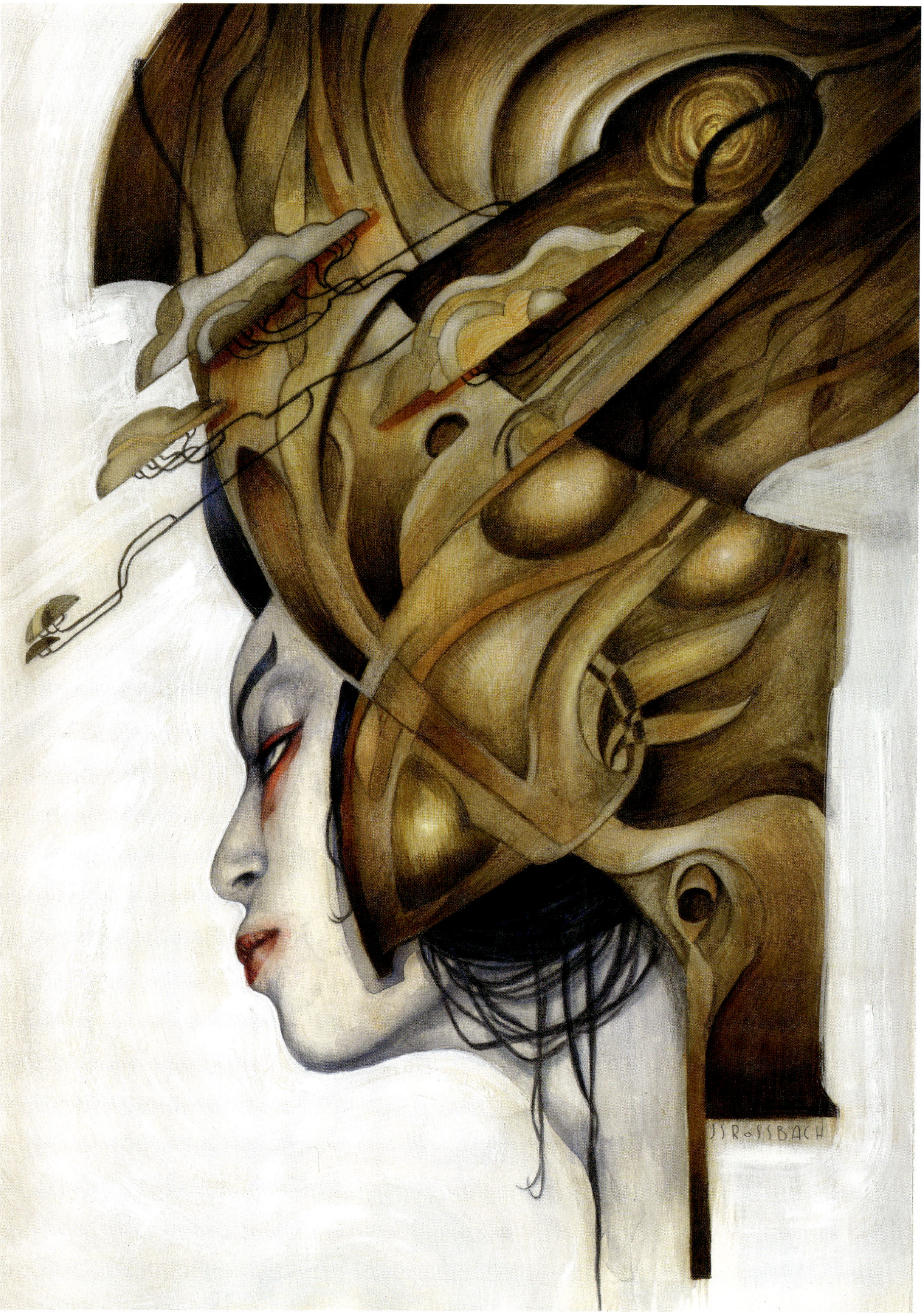

TSUNAMI | TRAVAIL PERSONNEL | 2011

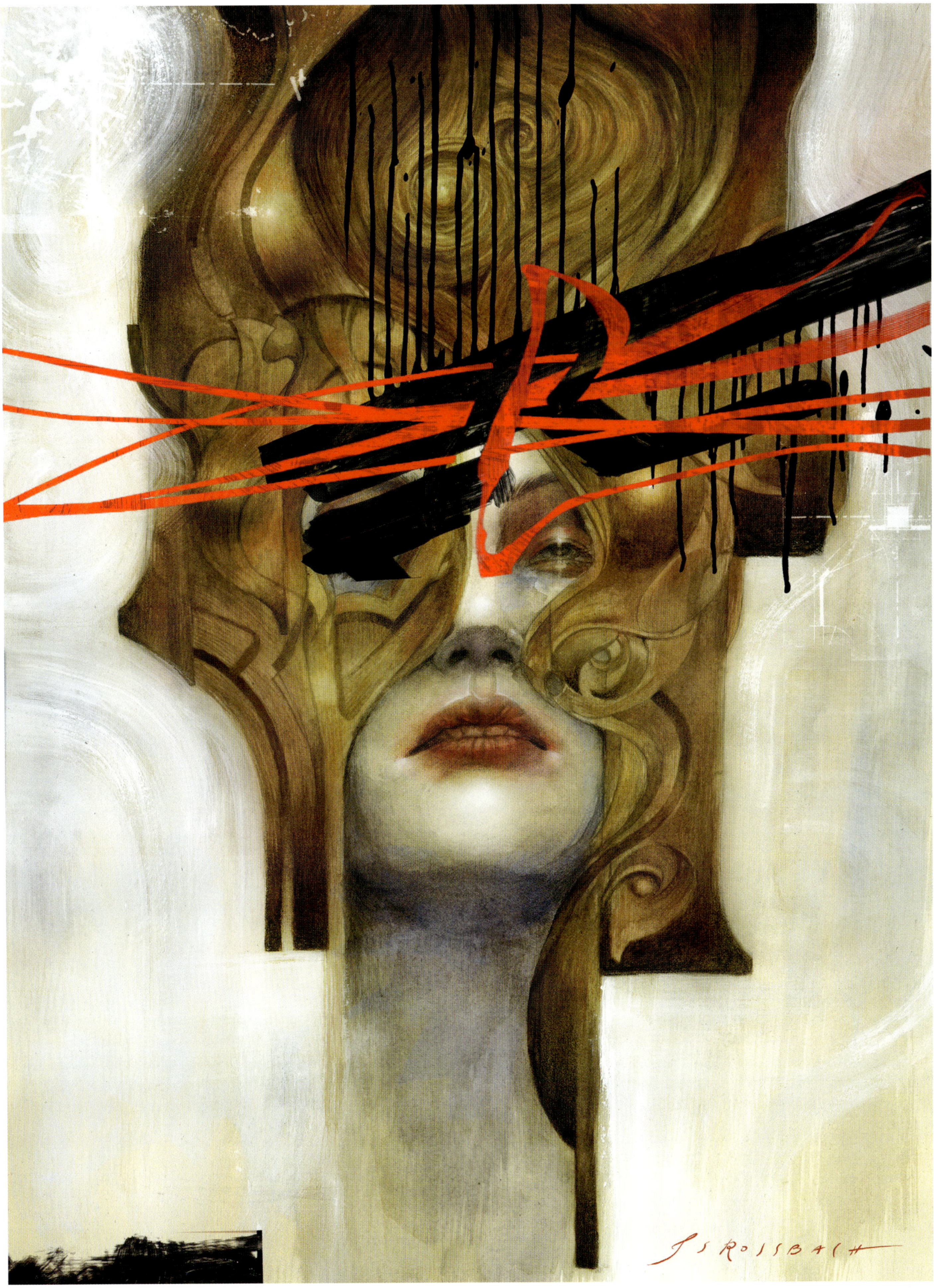

PALLAS | TRAVAIL PERSONNEL | 2011

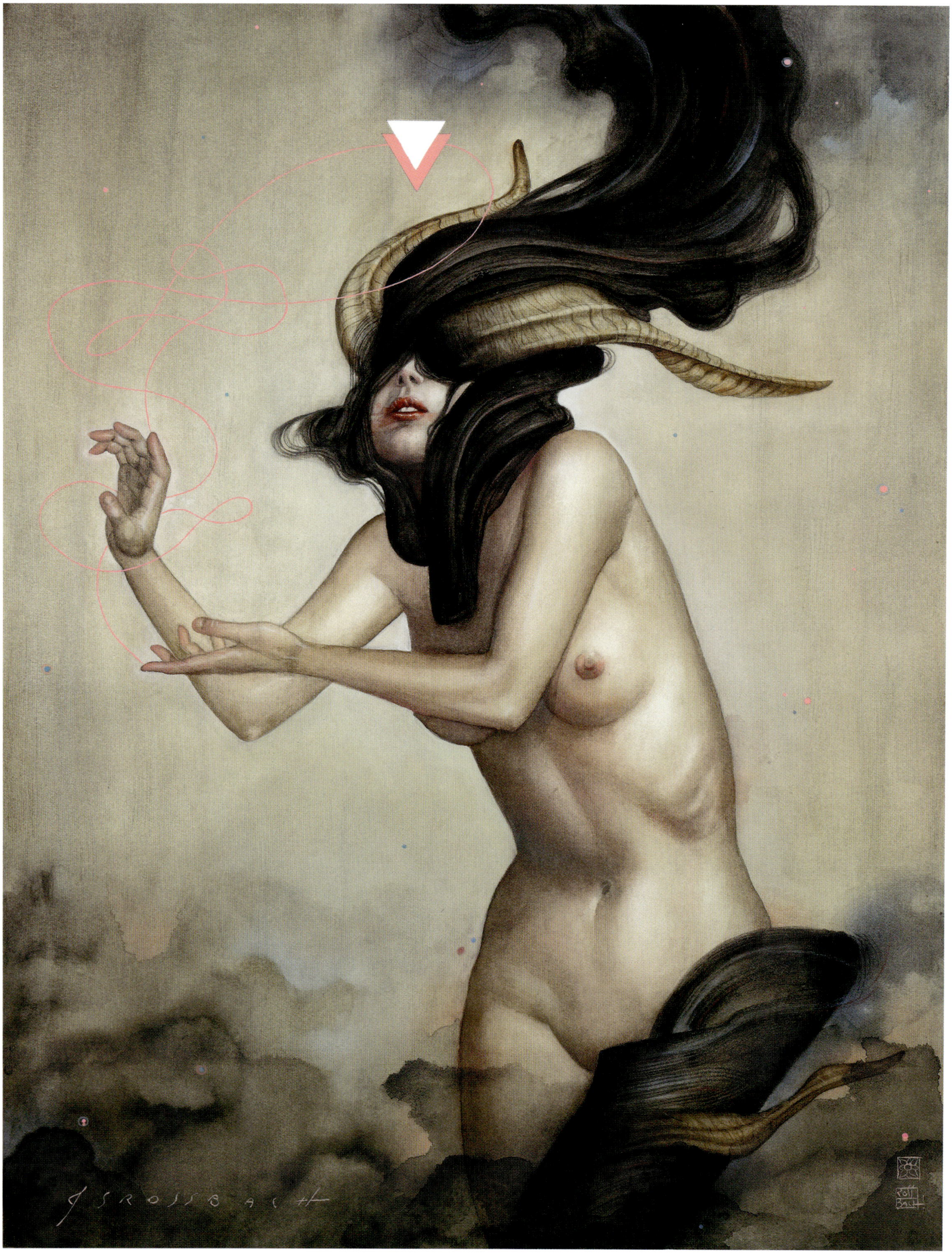

SFUMATO | TRAVAIL PERSONNEL | 2011

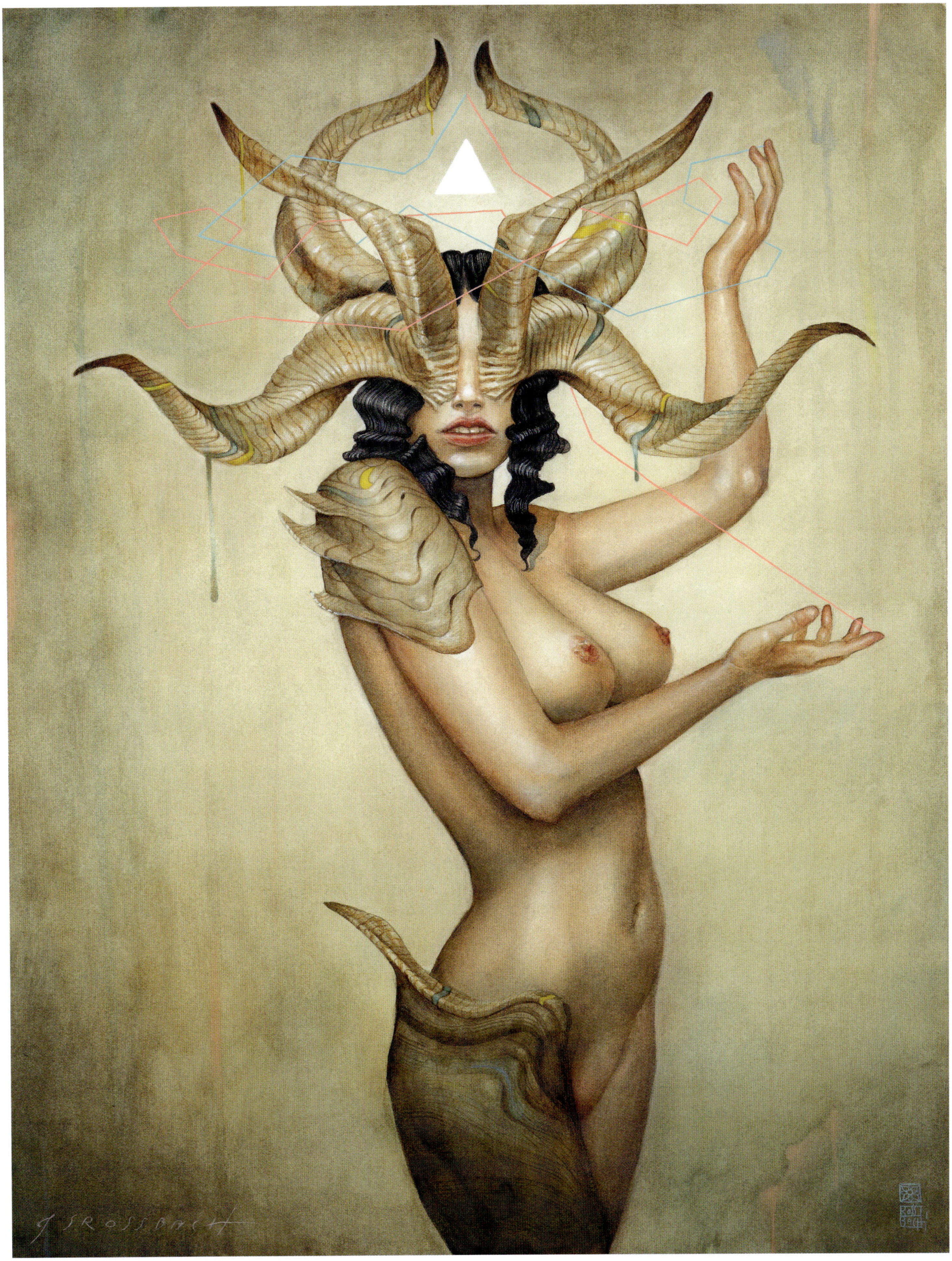

RINATO | TRAVAIL PERSONNEL | 2011

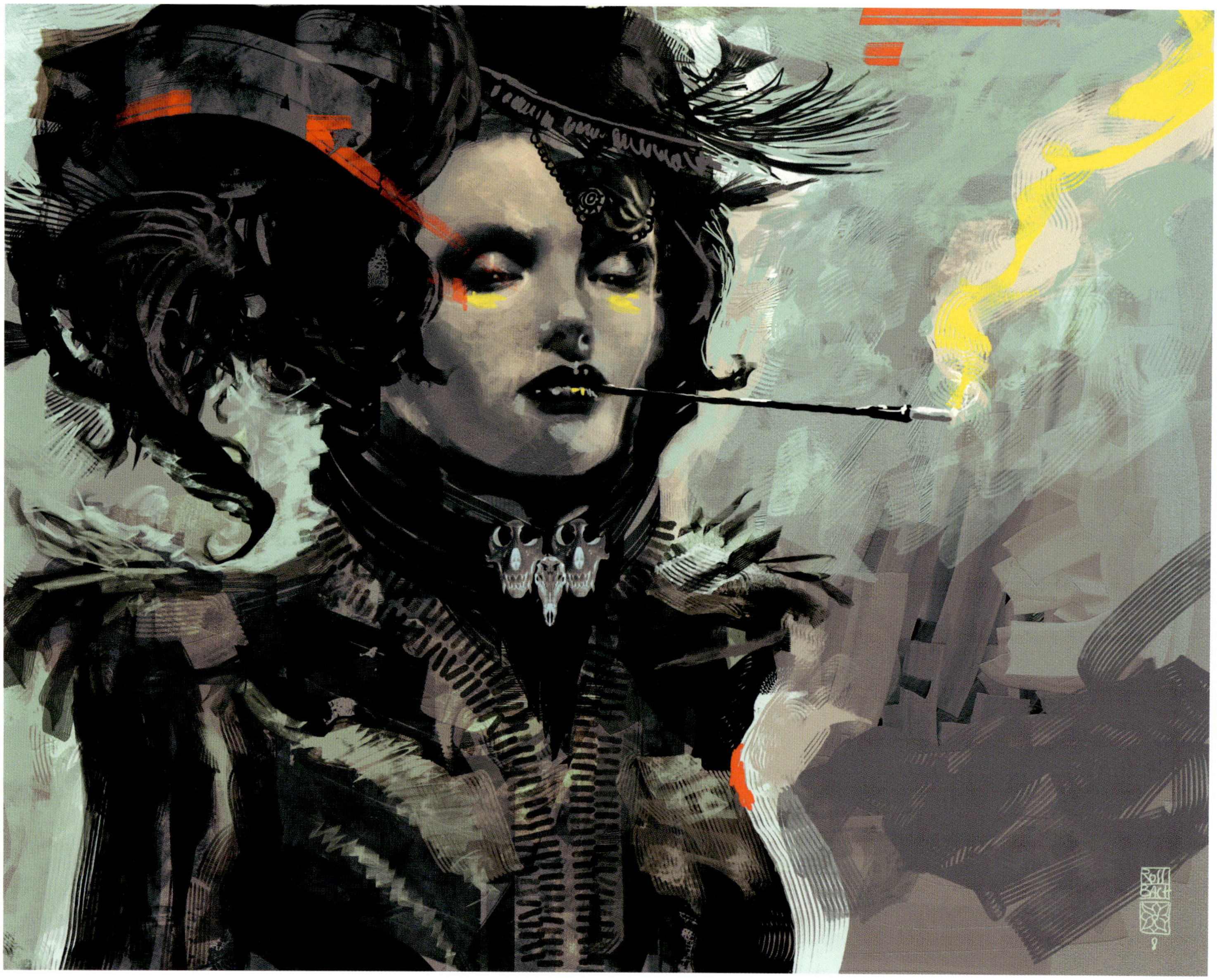

SPEED PAINTING | TRAVAIL PERSONNEL | 2008

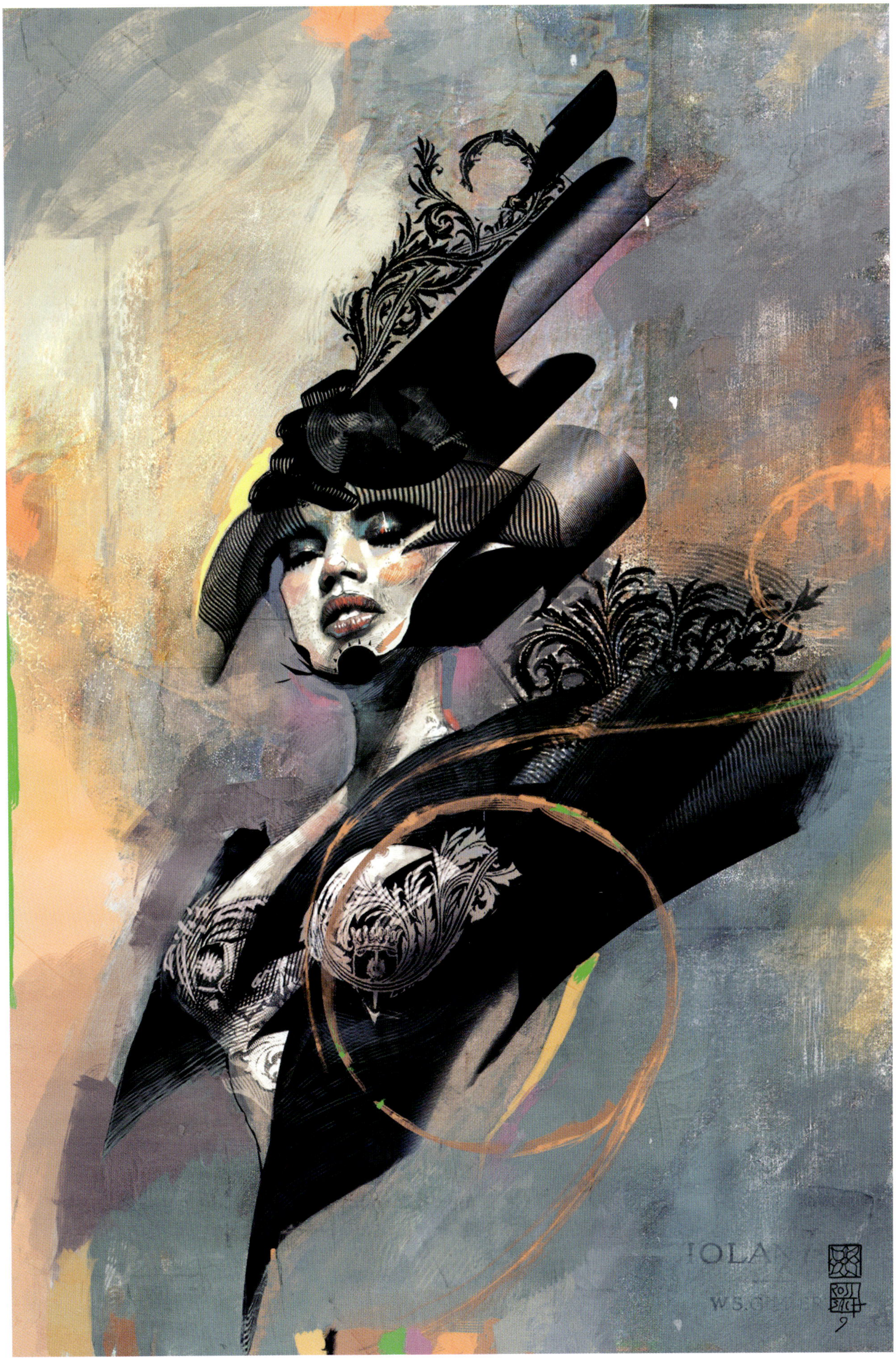

IOLANTHE | TRAVAIL PERSONNEL | 2008

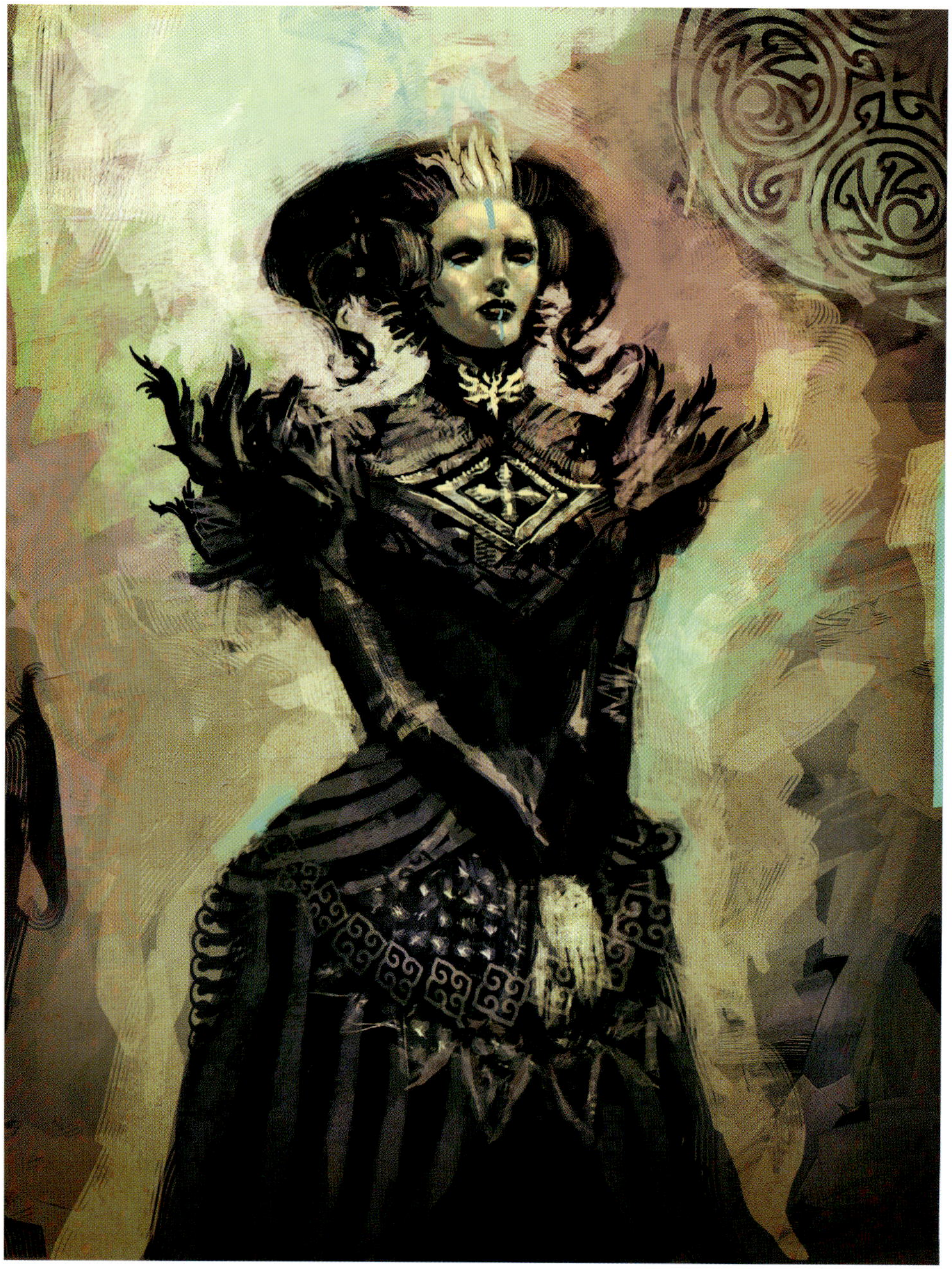

SPEED PAINTING | TRAVAIL PERSONNEL | 2008

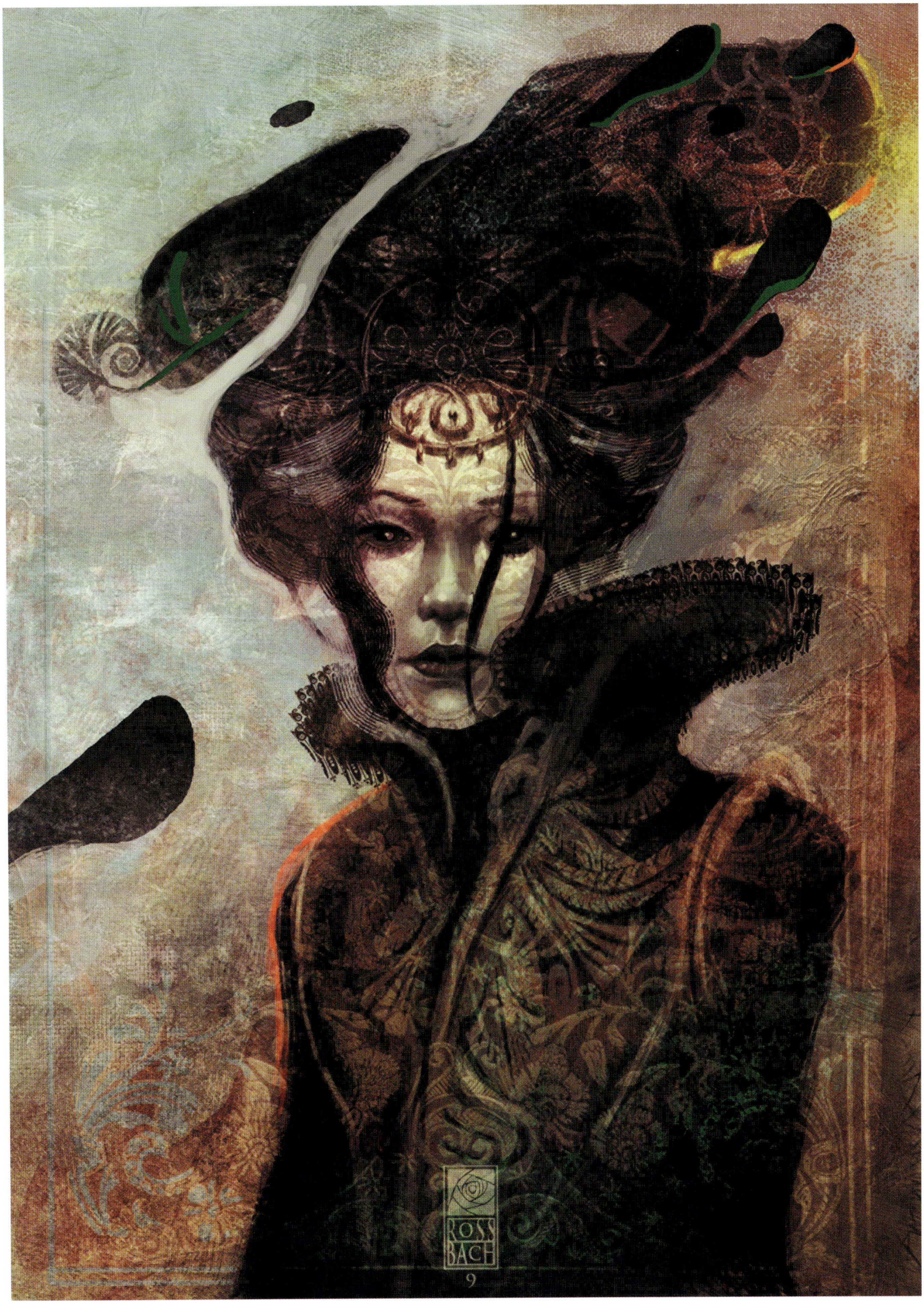

TEMPUS FUGIT | TRAVAIL PERSONNEL | 2009

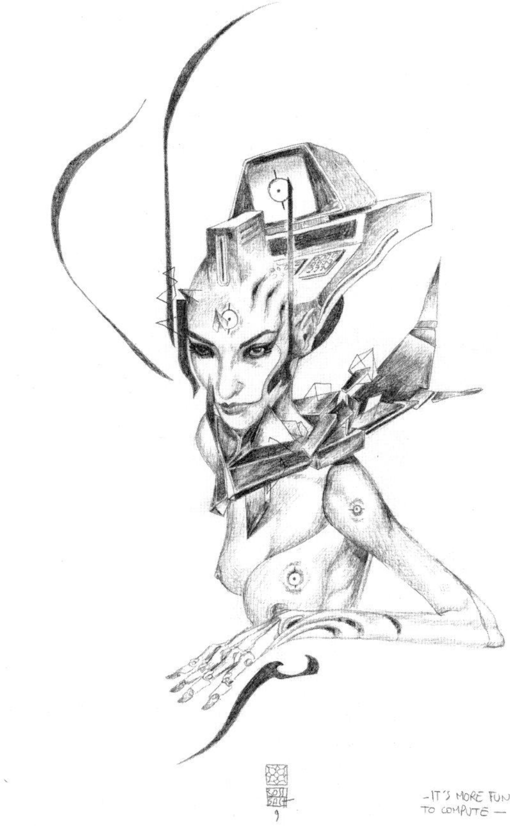

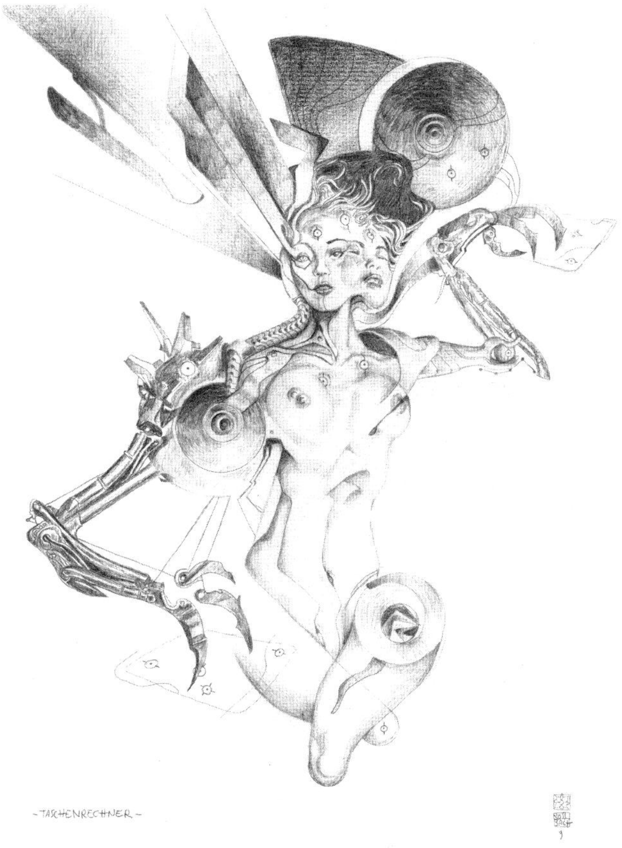

TASCHENRECHNER (CROQUIS PRÉPARATOIRES) | TRAVAIL PERSONNEL | 2009

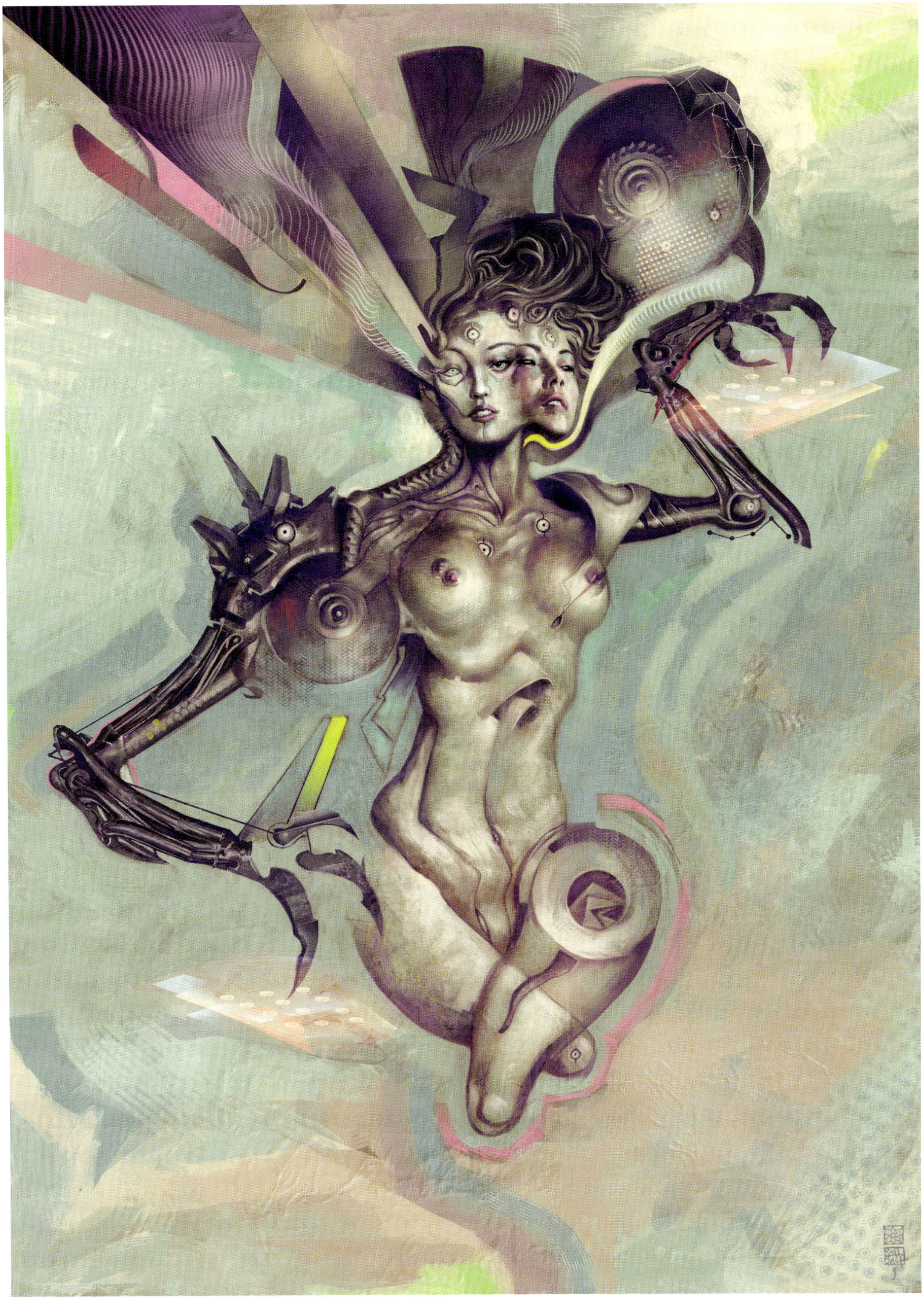

TASCHENRECHNER | TRAVAIL PERSONNEL | 2009

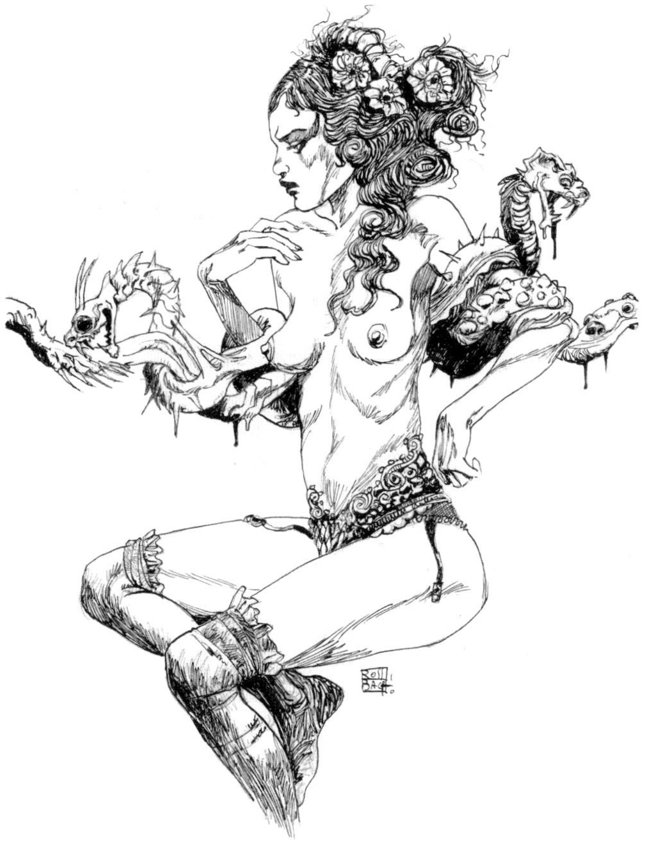

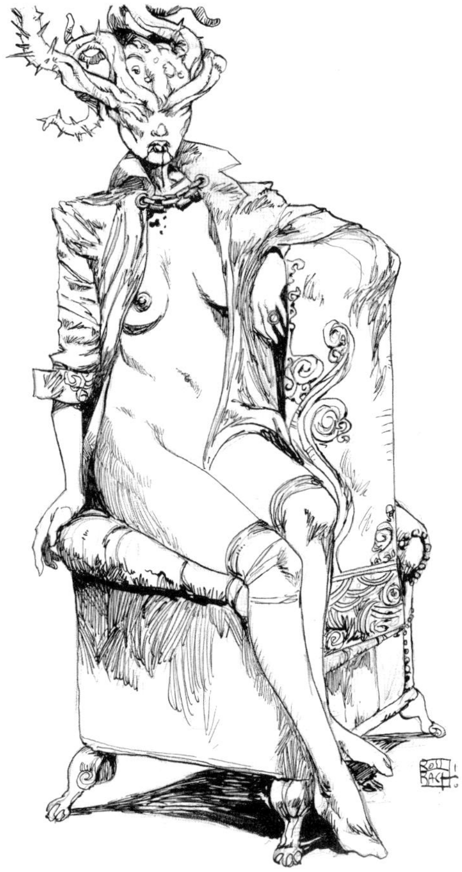

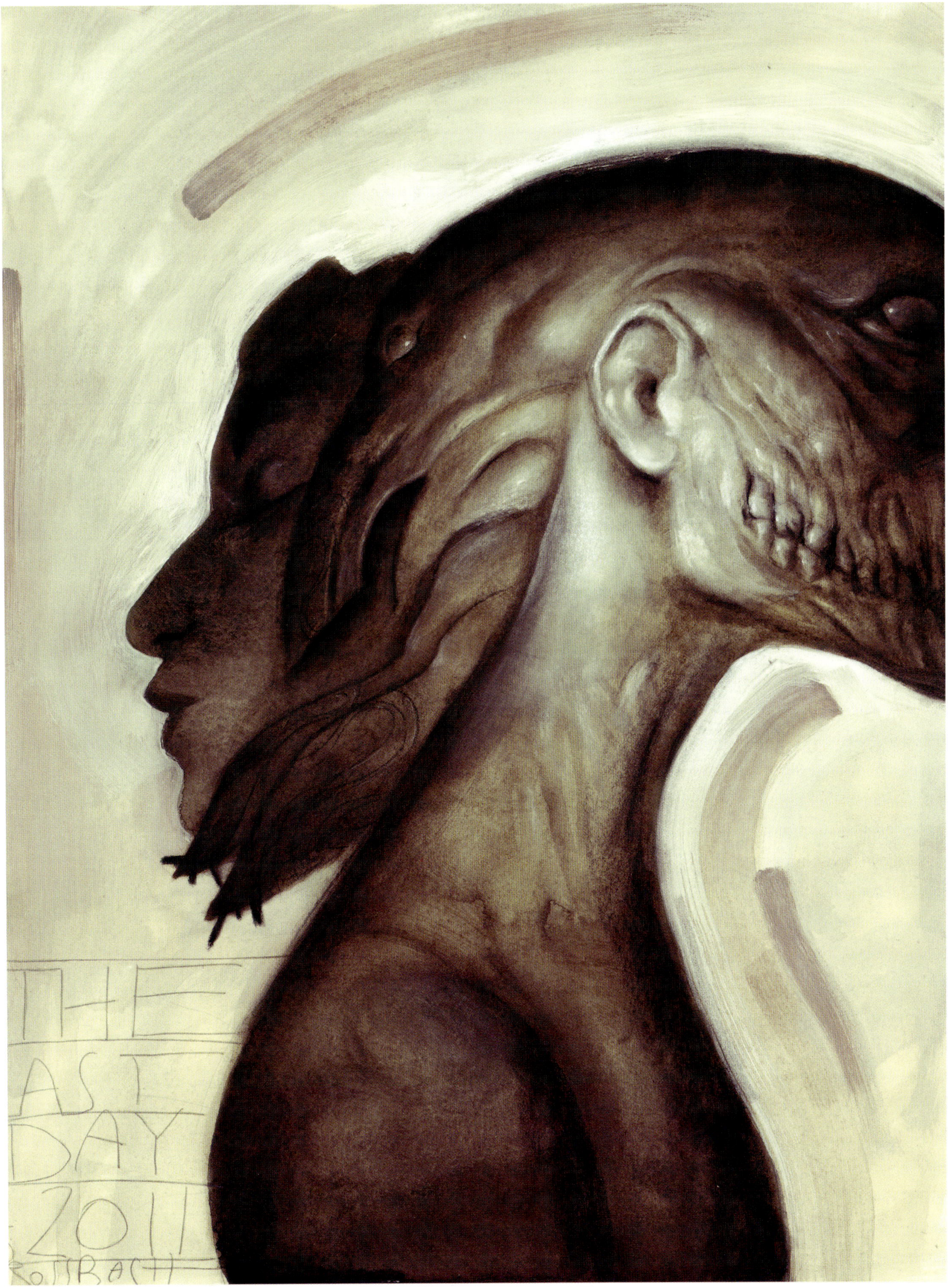

THE LAST DAY OF 2011 | TRAVAIL PERSONNEL | 2011

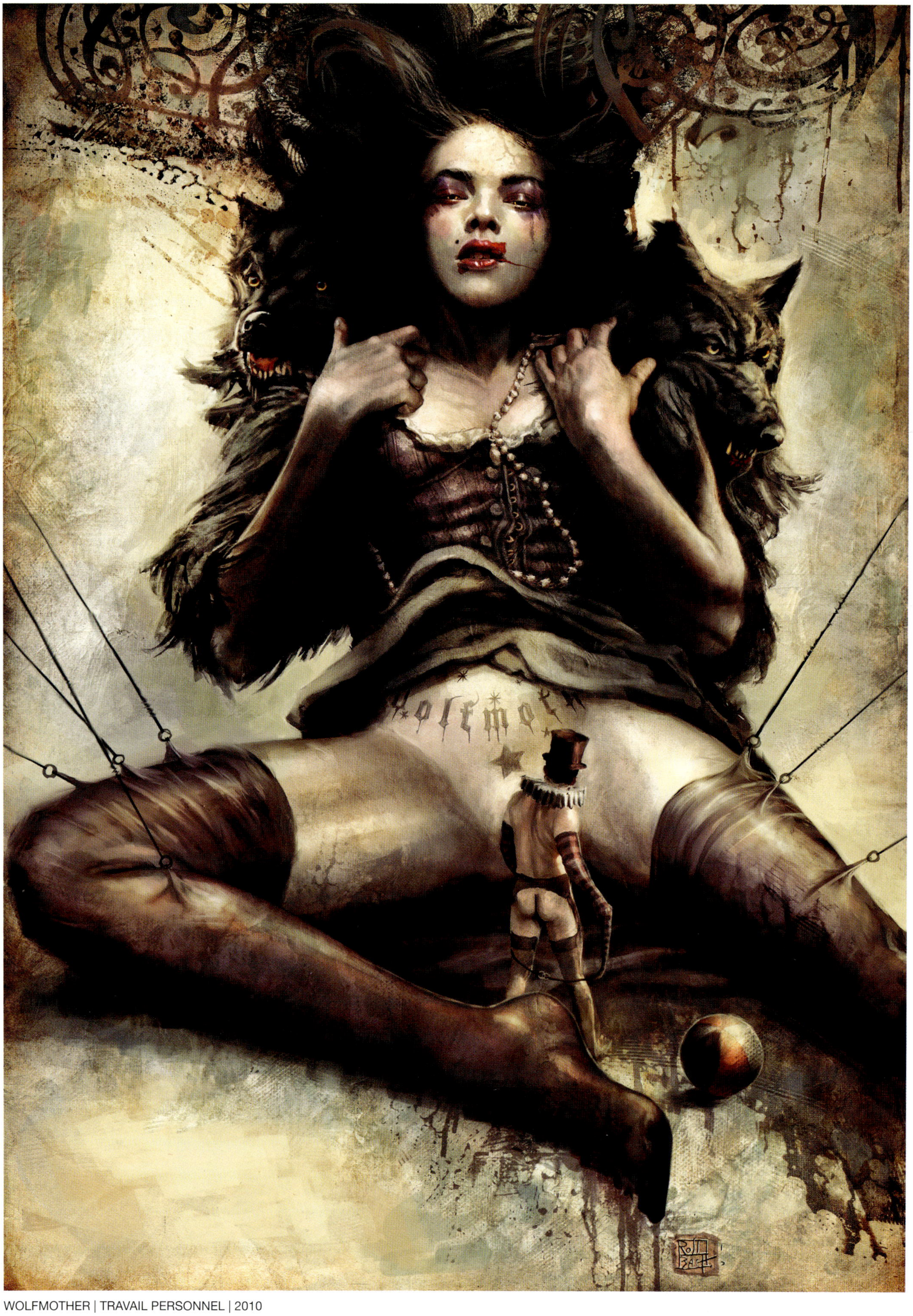

WOLFMOTHER | TRAVAIL PERSONNEL | 2010

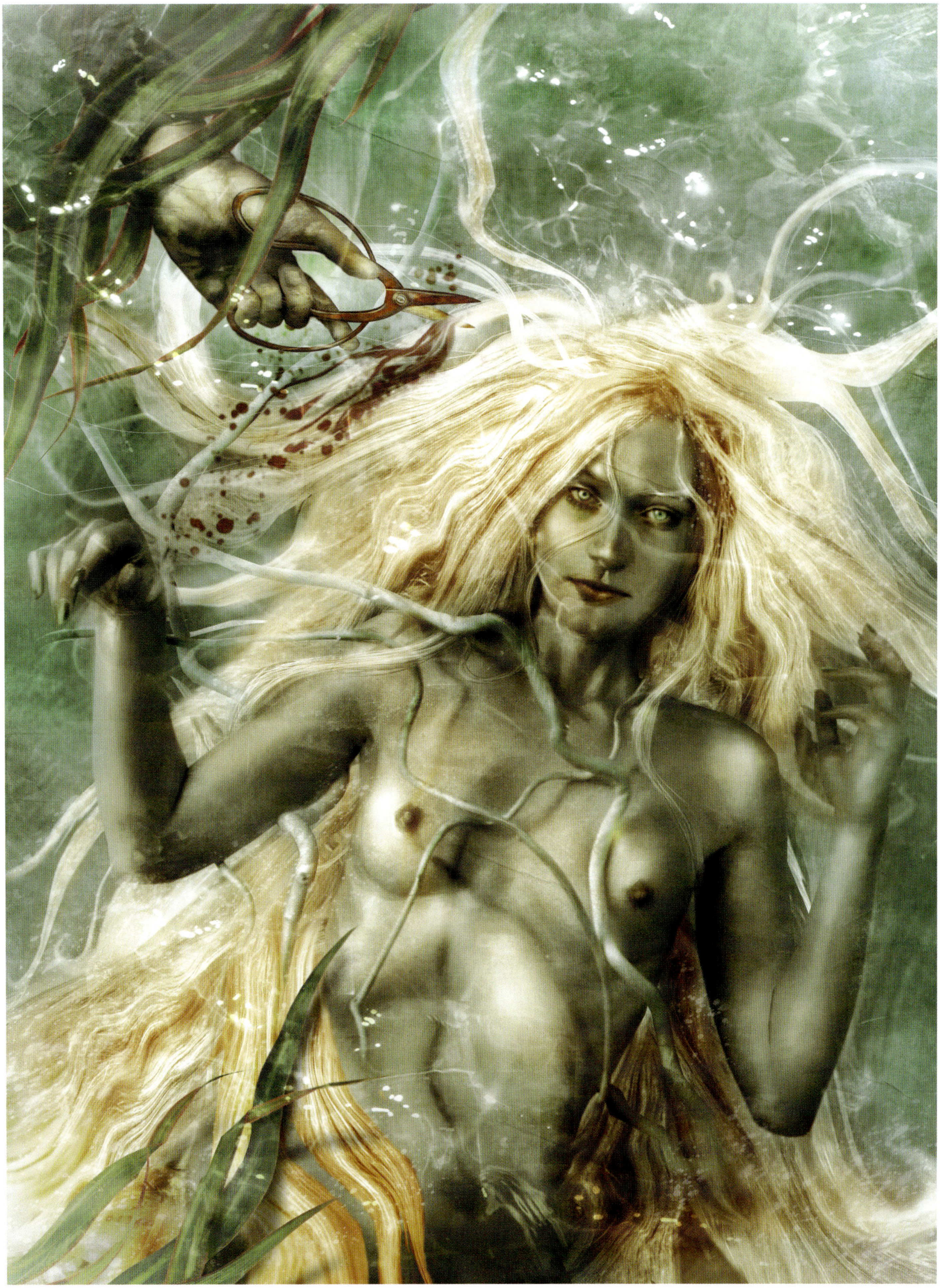

LA TISSEUSE | CLIENT : OXYMORE | ART DIRECTOR : LÉA SILHOL | 2004

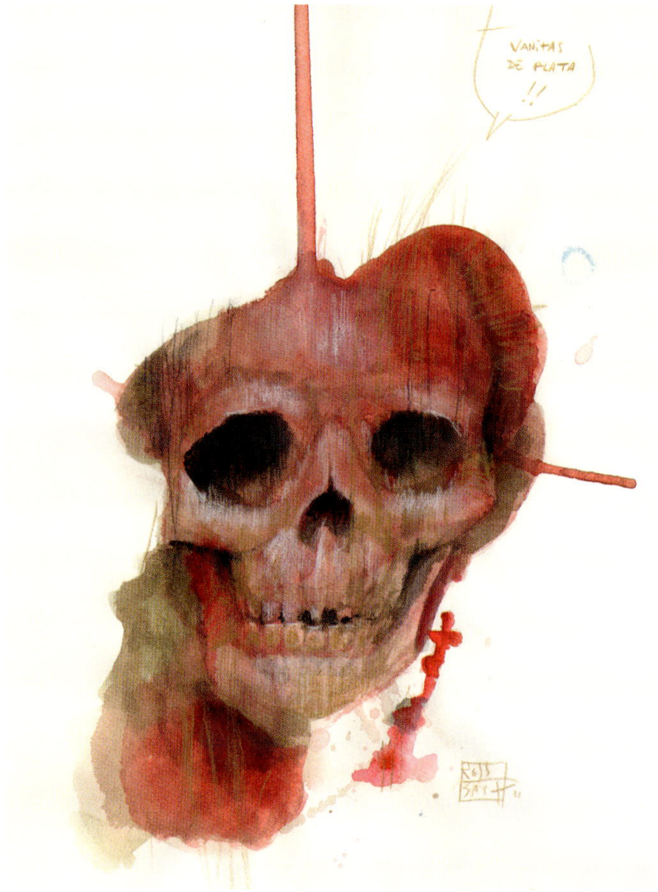
VANITAS
DE PLATA
!!

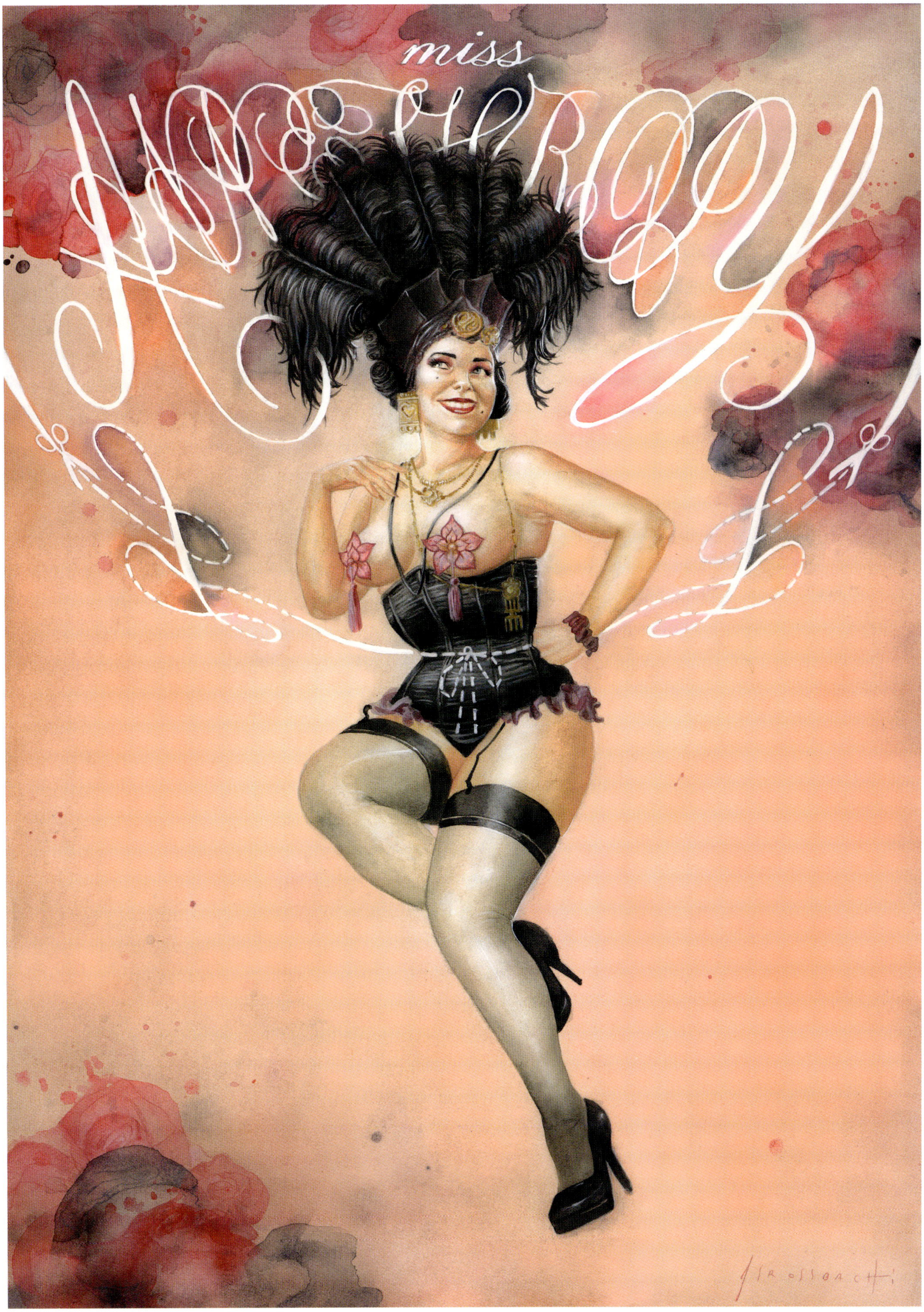

MISS ANNE THROPY | TRAVAIL PERSONNEL | 2011

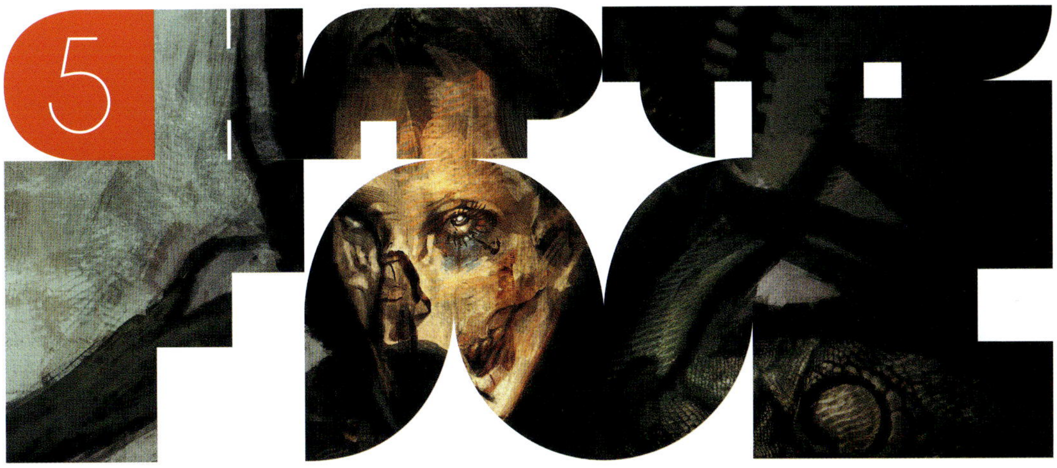

ALLIGATOR

JE SAIS QUE
VOUS AVEZ
LA BEAUTÉ
DESTRUCTIVE
ET LE
SOURIRE
VAINQUEUR

ALLIGATOR 427 | HUBERT-FÉLIX THIÉFAINE

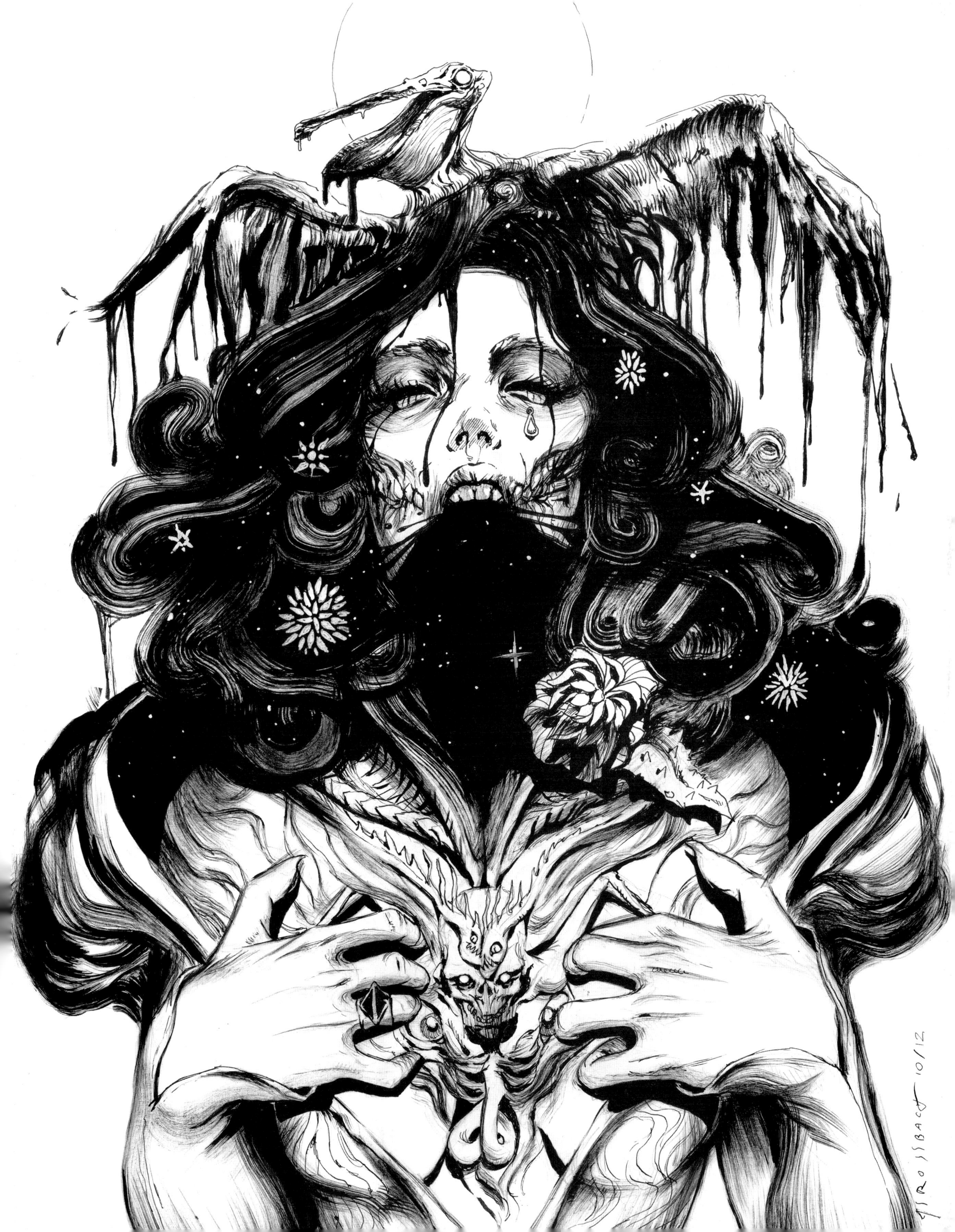
J. ROSSBACH 10/12

La série Alligator occupe une place spéciale dans mon cœur. Les peintures qui en sont tirées sont une réponse pulsionnelle à l'écœurement qui m'étreint face au désastre écologique relayé quotidiennement dans les médias, et dont l'imminence n'est maintenant, hélas, plus à mettre en doute.
Les premières images de la série datent du naufrage de l'Erika sur les côtes bretonnes. Alors que je restais choqué devant ma télévision, me sont revenues les paroles prophétiques de la chanson Alligator 427 de Hubert-Félix Thiéfaine. Je me souviens avoir écouté cette chanson en boucle pendant des jours, assis là à peindre, à déverser à mon tour, de façon cathartique, cette marée noire que j'ingurgitais par le tube cathodique.
Ma première Alligator porte le numéro 428, la seconde 429 etc. par dévotion pour le Grand Monsieur, et je continue à en peindre régulièrement.

The Alligator series has a special place in my heart. The paintings in it are an impulsive reaction to the disgust I feel when faced with the ecological disasters reported daily in the media, the imminence of which is, sadly, not subject to doubt anymore.
The first pictures in the series date back to the wrecking of the Erika on the shores of Brittany. While I stood aghast in front of my television, I remembered the prophetic lyrics of Hubert-Félix Thiéfaine's song Alligator 427. I remember listening to this song again and again for days, sitting there painting, pouring back, in a cathartic way, the oil spill I was swallowing through the tube.
My first Alligator bears the number 428, the second 429 etc. out of devotion to the "Grand Monsieur", and I still paint them regularly.

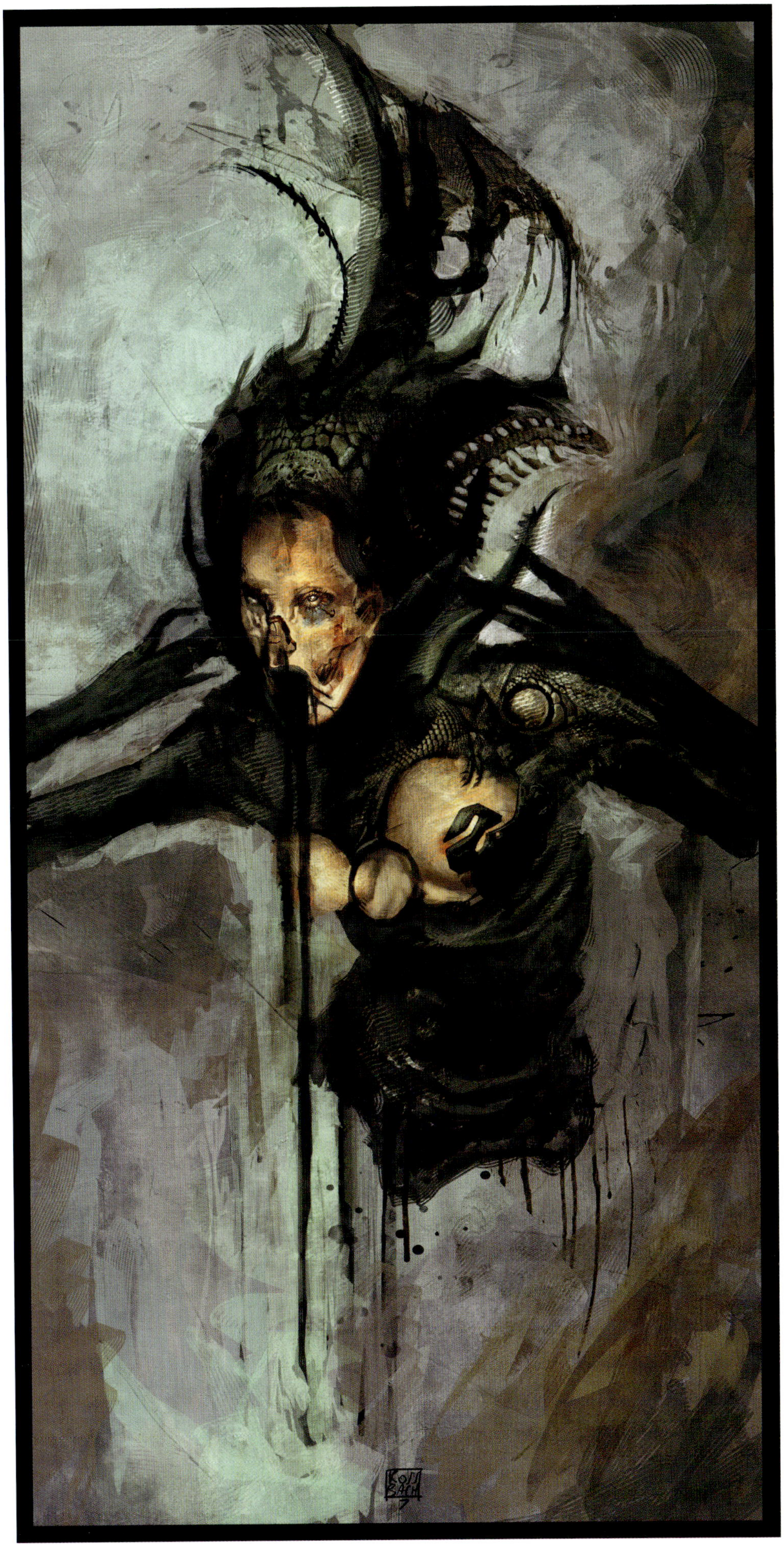

ALLIGATOR 430 | TRAVAIL PERSONNEL | 2008

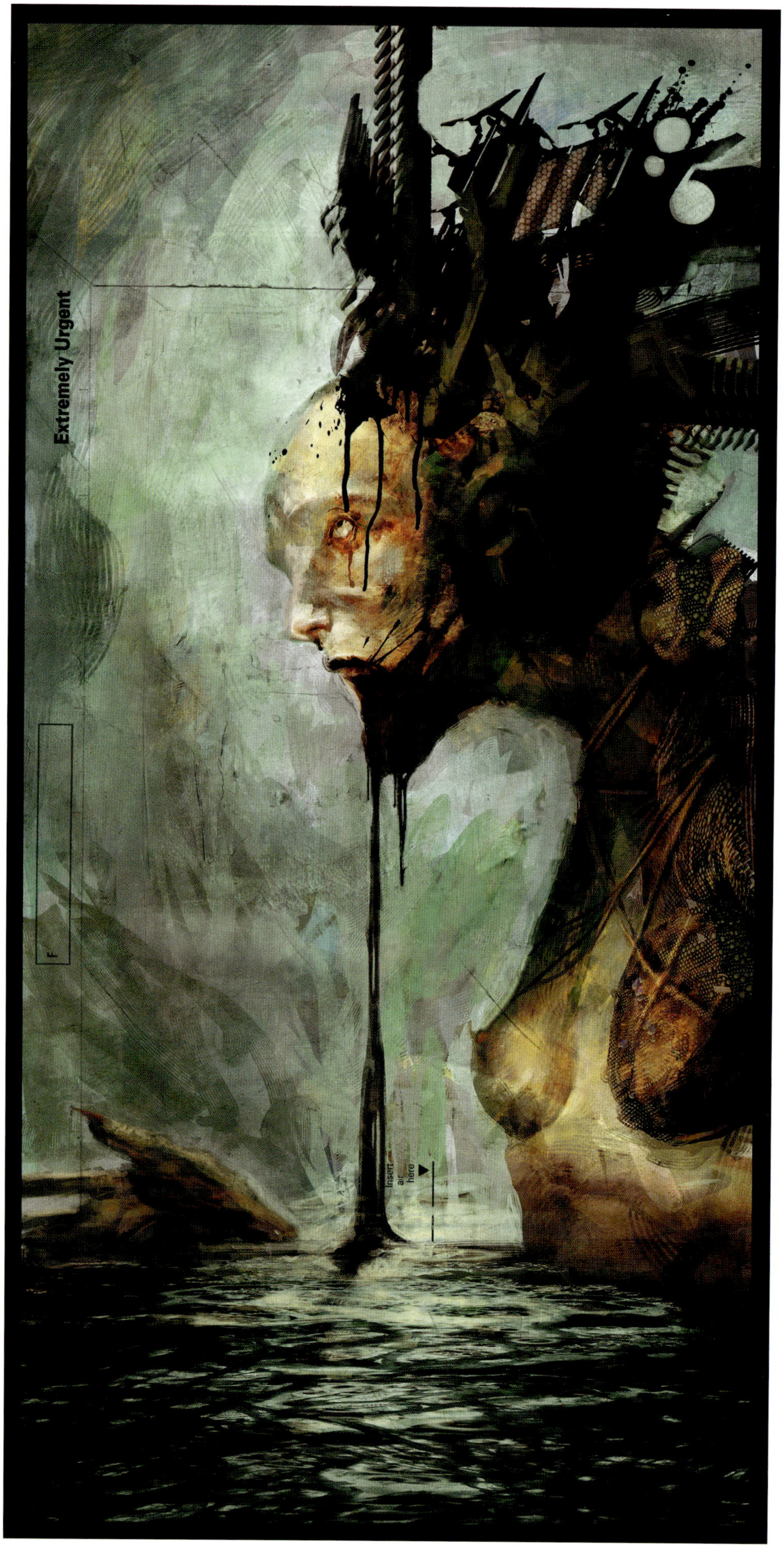

ALLIGATOR 431 | TRAVAIL PERSONNEL | 2008

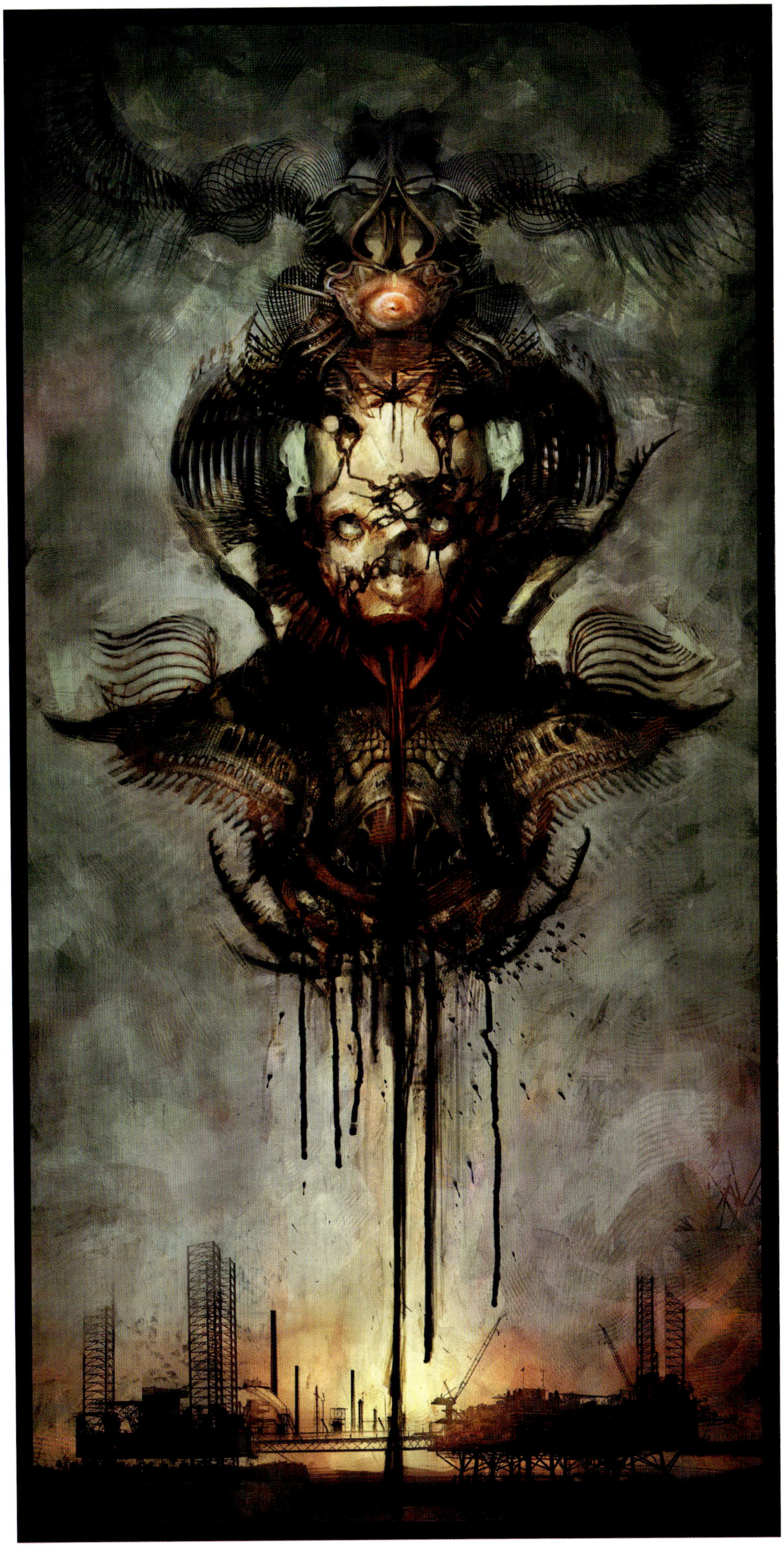

ALLIGATOR 429 | TRAVAIL PERSONNEL | 2008

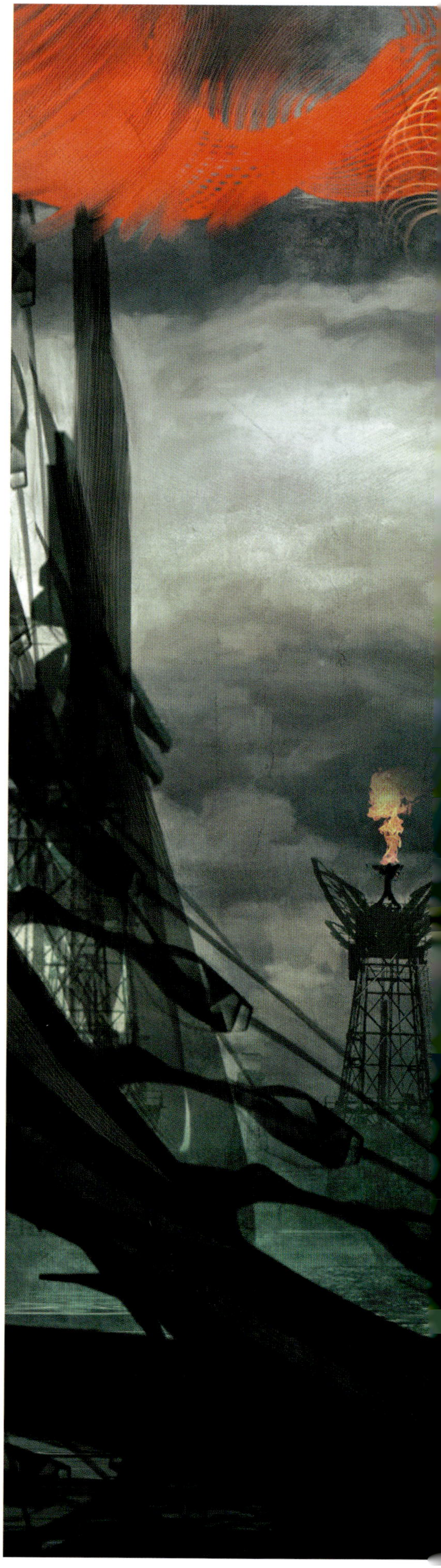

ALLIGATOR 428 | TRAVAIL PERSONNEL | 2008

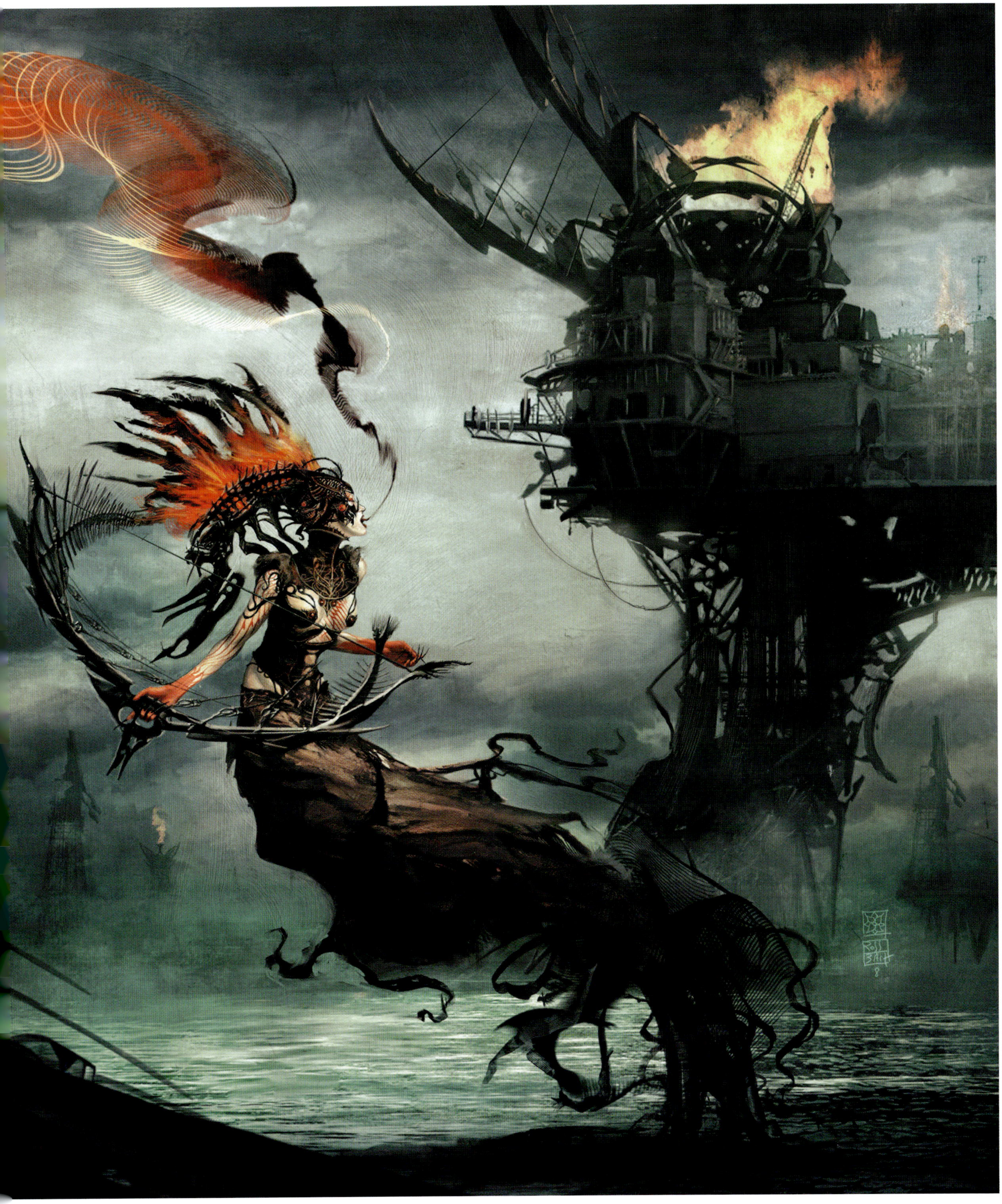

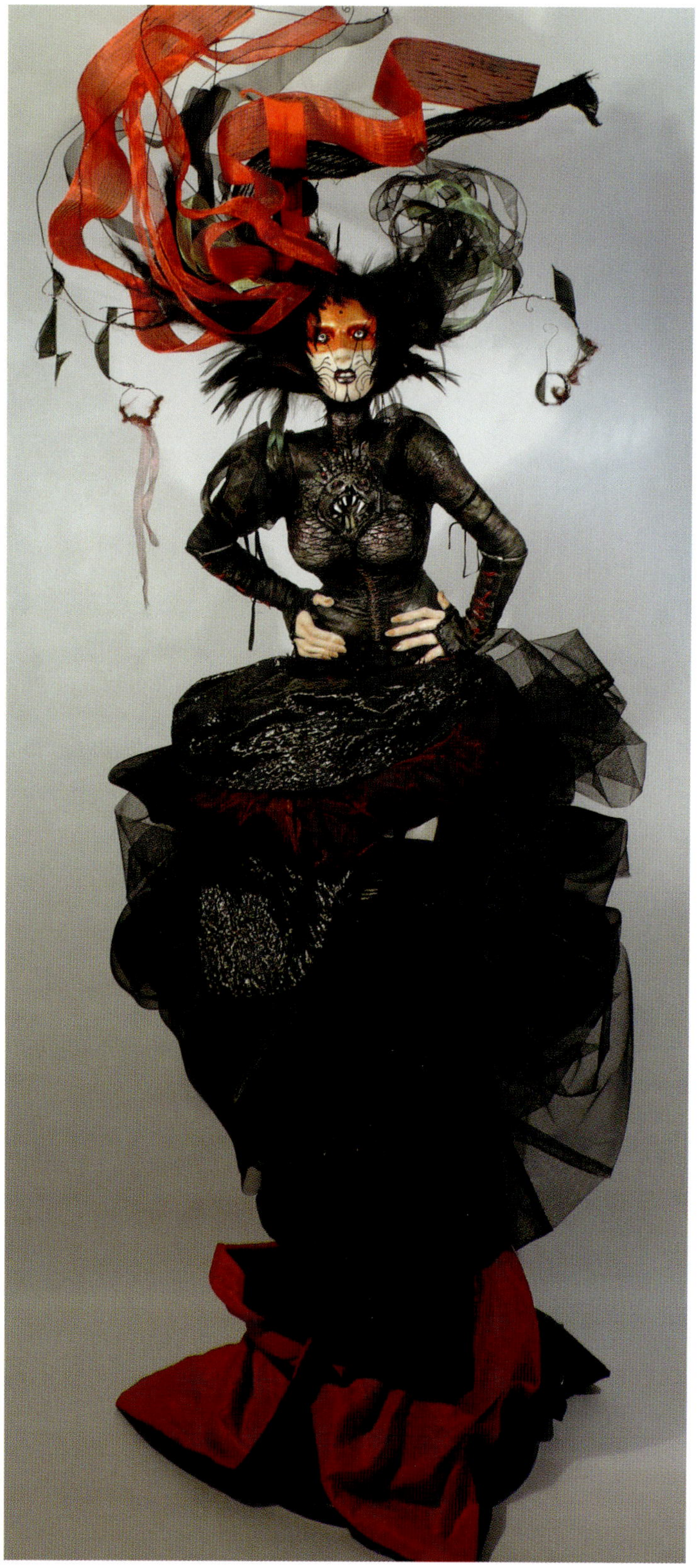

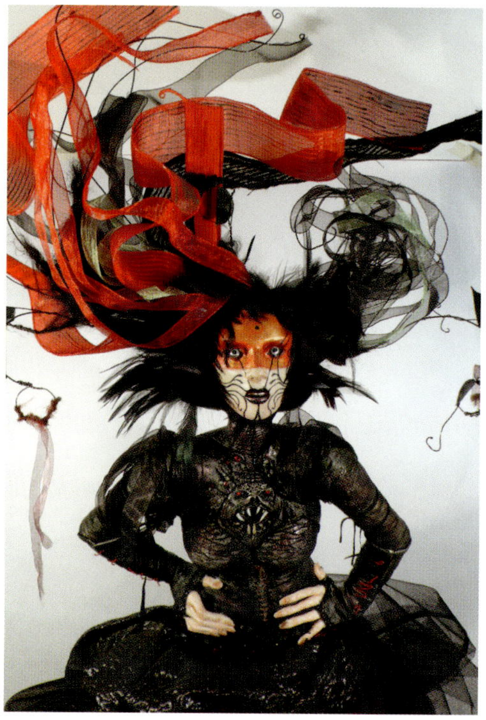

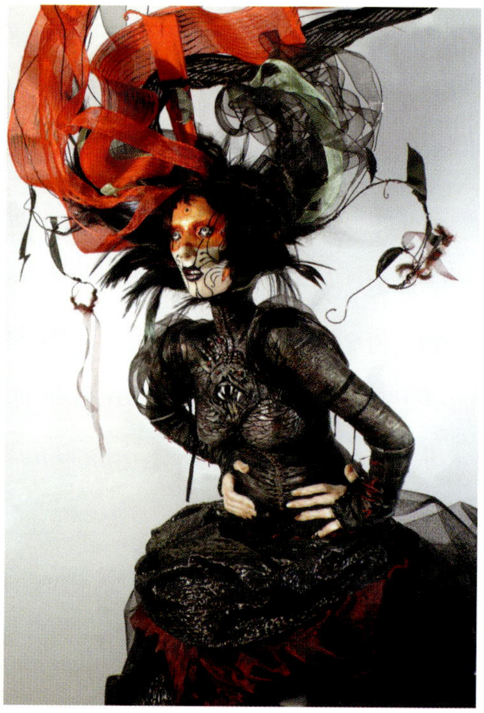

D'APRÈS ALLIGATOR 432 | SCULPTURE DE VIRGINIE ROPARS | 2009

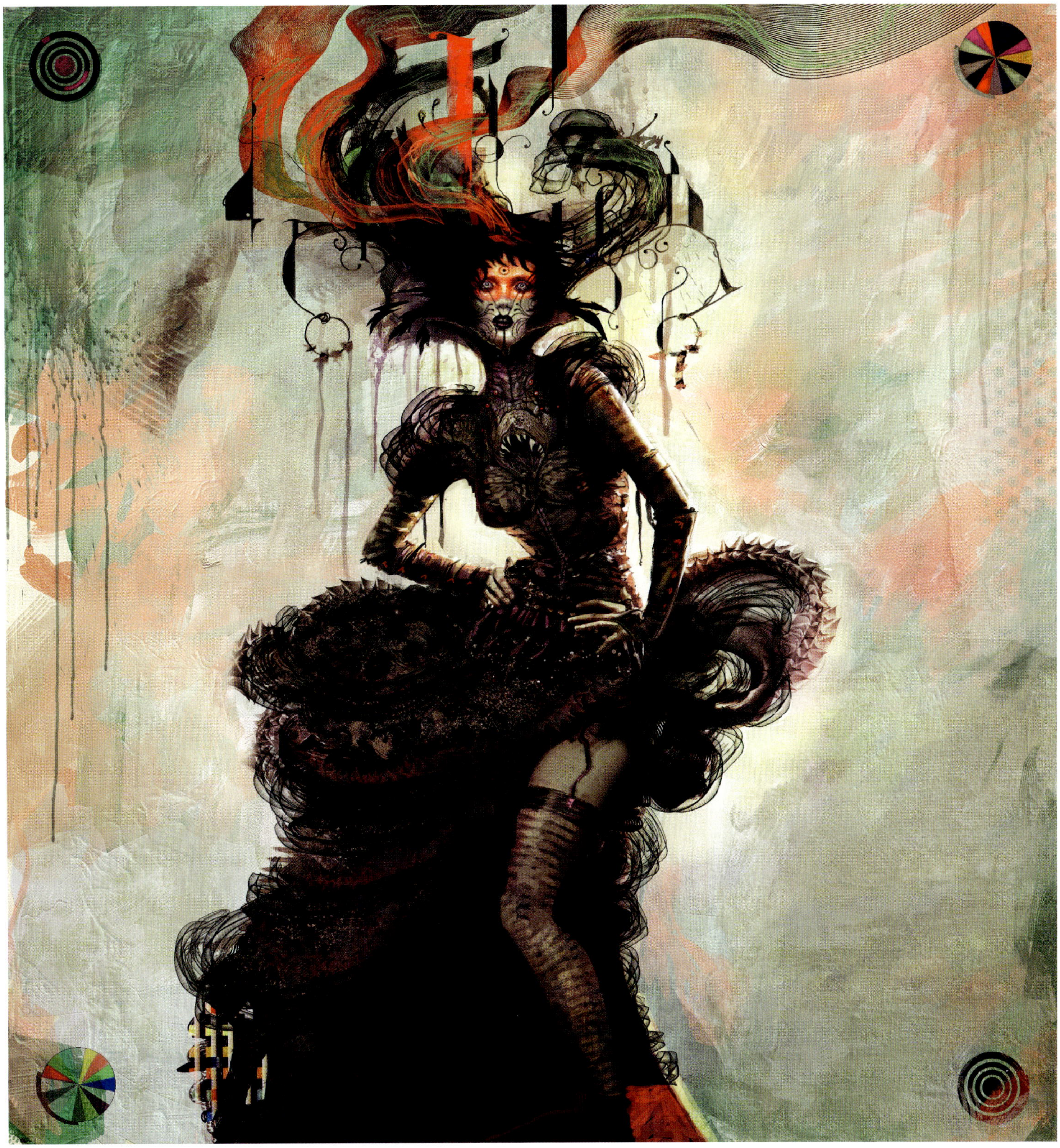

ALLIGATOR 432 | TRAVAIL PERSONNEL | 2009

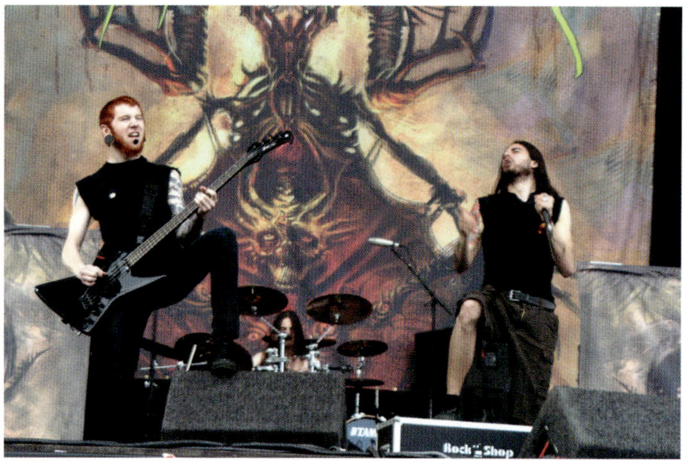

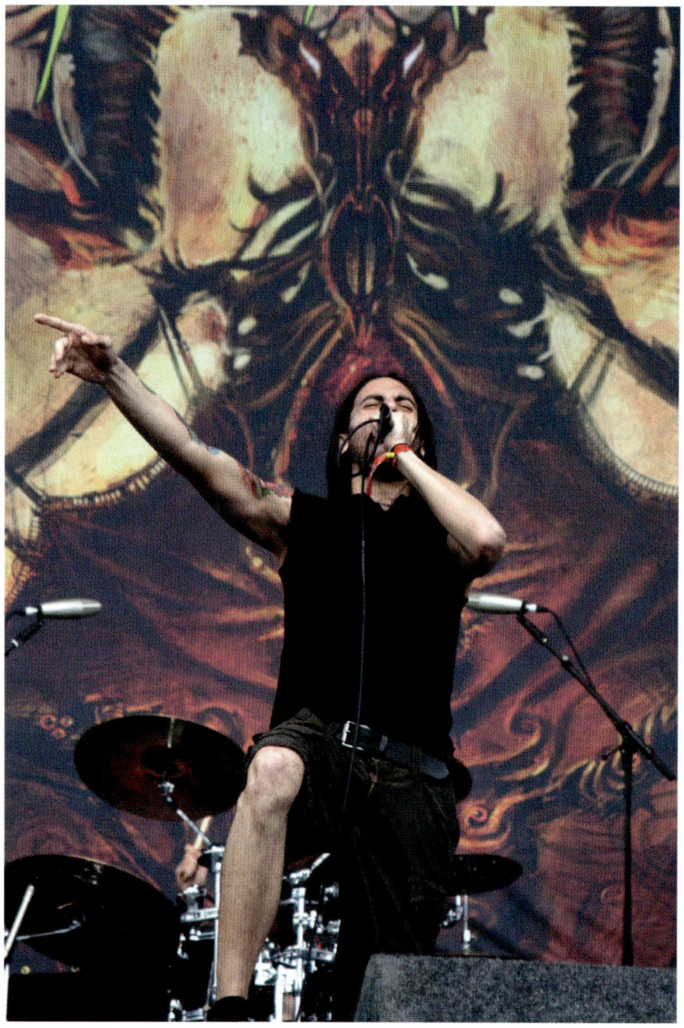

JOB FOR A COWBOY ON STAGE (GIGANTOUR 2008)
CRÉDIT PHOTO : LUKE SEAGRAVE | EFESTIVALS.CO.UK

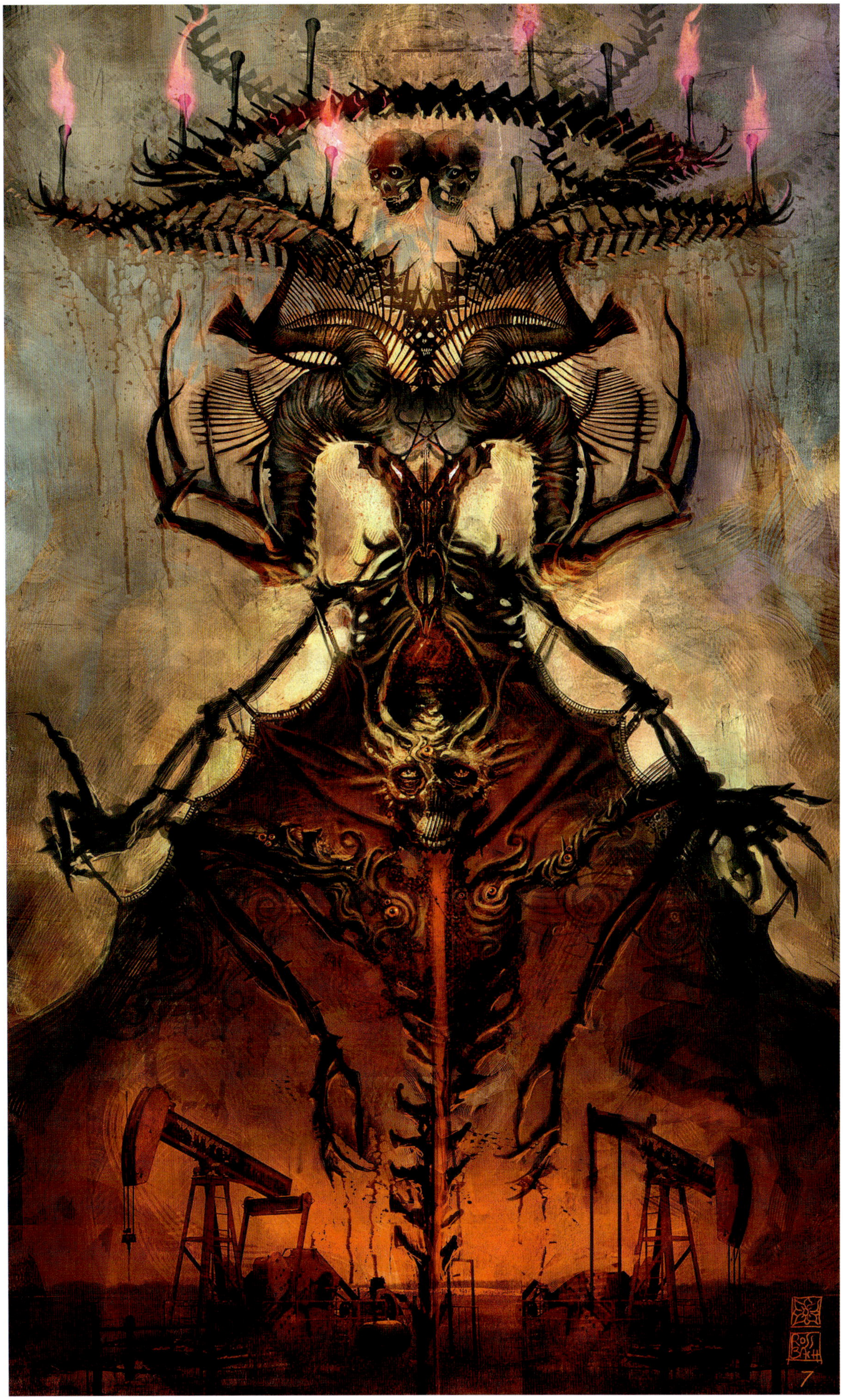

JOB FOR A COWBOY | CLIENT : FERRET MUSIC | ART DIRECTOR : MIKE EATON | 2007

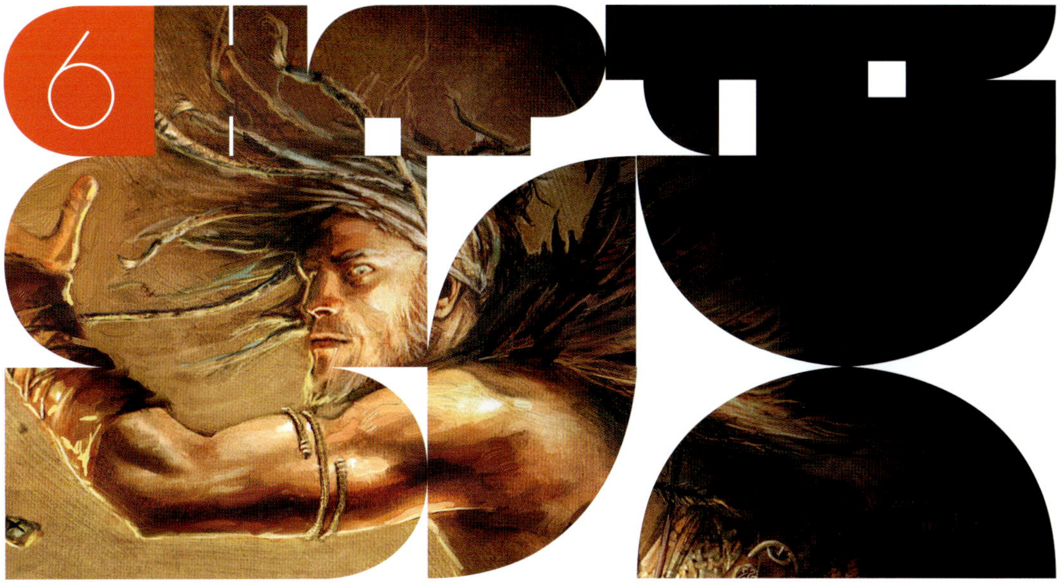

6

WIND OF KELTIA

YOU ARE A
FOREST OF
FACES OF
CHILDREN
BORN ON TH
EARTH AND
WEANED ON
THE SEA

THE WIND OF KELTIA | ALAN STIVELL

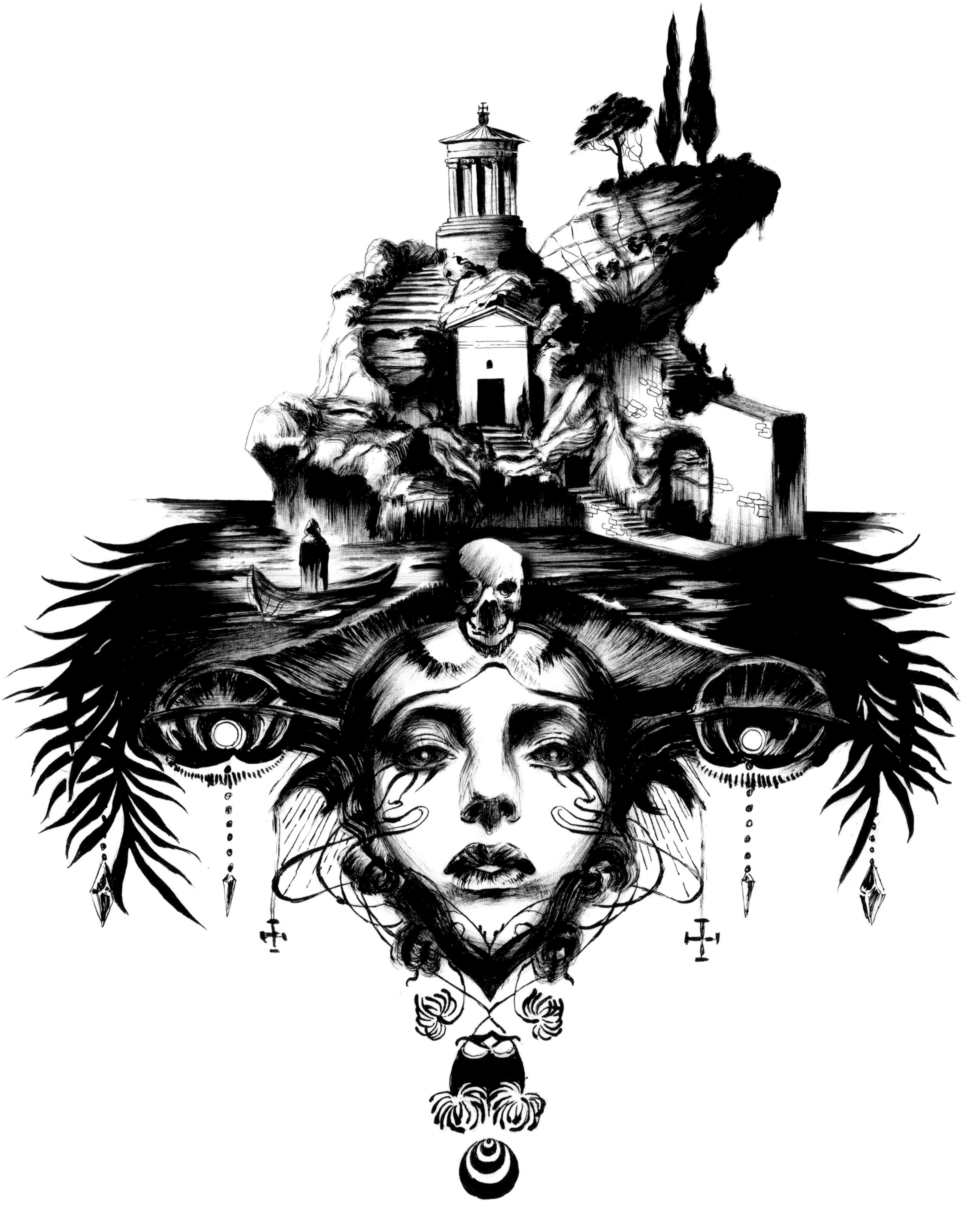

Comme beaucoup de choses dans ma vie d'artiste, Brocéliande est revenue me visiter alors que je ne l'attendais plus.
Bien qu'étant normand d'origine, J'ai été littéralement happé par la culture celte à la fin de mes études. Je traînais à Rennes, je dévorais les romans de Zimmer Bradley, et j'écoutais Alan Stivell. La forêt de Brocéliande et le château de Comper opéraient une attraction magnétique sur moi et j'aurais rêvé trouver un job dans le coin. J'attendais que la forêt me kidnappe, mais elle ne l'a jamais fait.
Flash forward sur Paris. Des années ont passé quand on me propose de travailler sur ce livre, Merlin. Au début, cela ne m'emballe pas plus que ça, et puis très vite le projet se met en place. Les premières illustrations tombent, la connexion mentale avec la forêt se fait à nouveau, et sans même m'en rendre compte je me retrouve en Brocéliande, mais cette fois à dédicacer des livres à Comper, au château, grâce aux passionnés devenus amis du Centre de l'Imaginaire Arthurien. Magique. Merci Merlin !

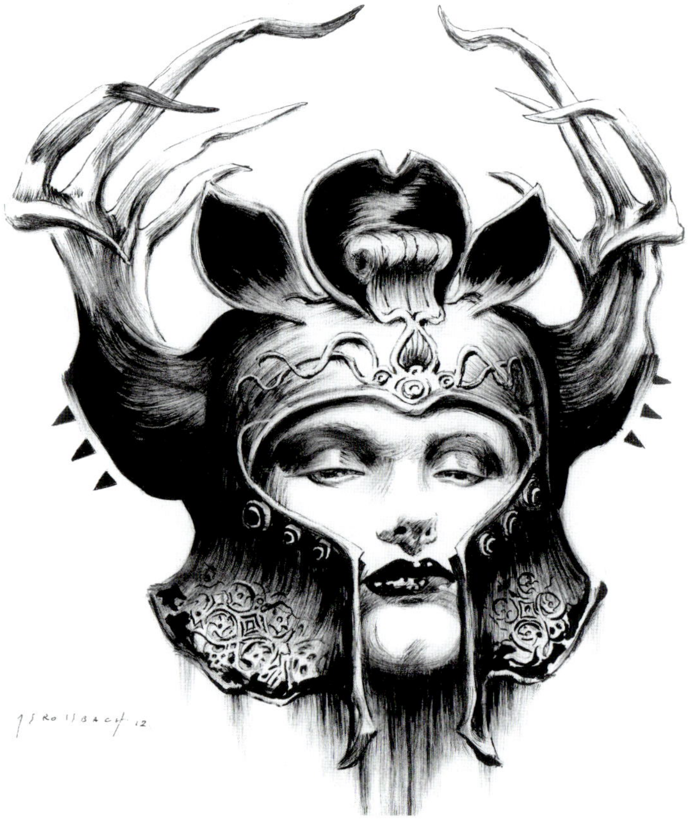

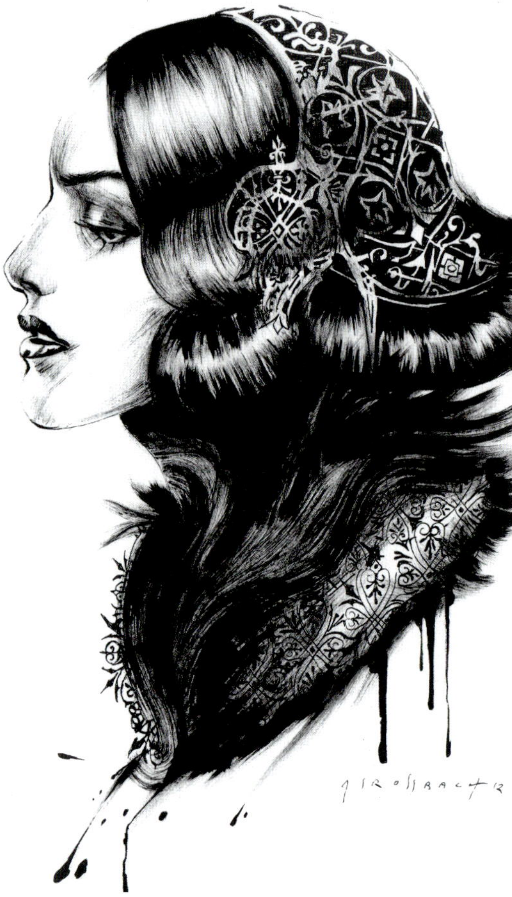

Like many things in my life as an artist, Brocéliande came back to visit me when I no longer expected it.
Despite being a Norman by birth, I was literally snatched by Celtic culture at the end of my student life. I hung out in Rennes, I devoured Zimmer Bradley's books, and I listened to Alan Stivell. The forest of Brocéliande and the castle of Comper exerted a magnetic attraction on me and I dreamt of finding a job in the area. I was waiting for the forest to kidnap me, but it never did. Flash forward to Paris. Years had passed by when I was offered to work on a book titled Merlin. In the beginning, it didn't particularly excite me, but very quickly the project picked up a pace. The first illustrations were finished, the mental link with the forest was established again, and without realising it I was in Brocéliande again, but this time dedicating books in Comper, at the castle, thanks to fans who became friends of the Centre de l'Imaginaire Arthurien. A magical experience. Thanks Merlin!

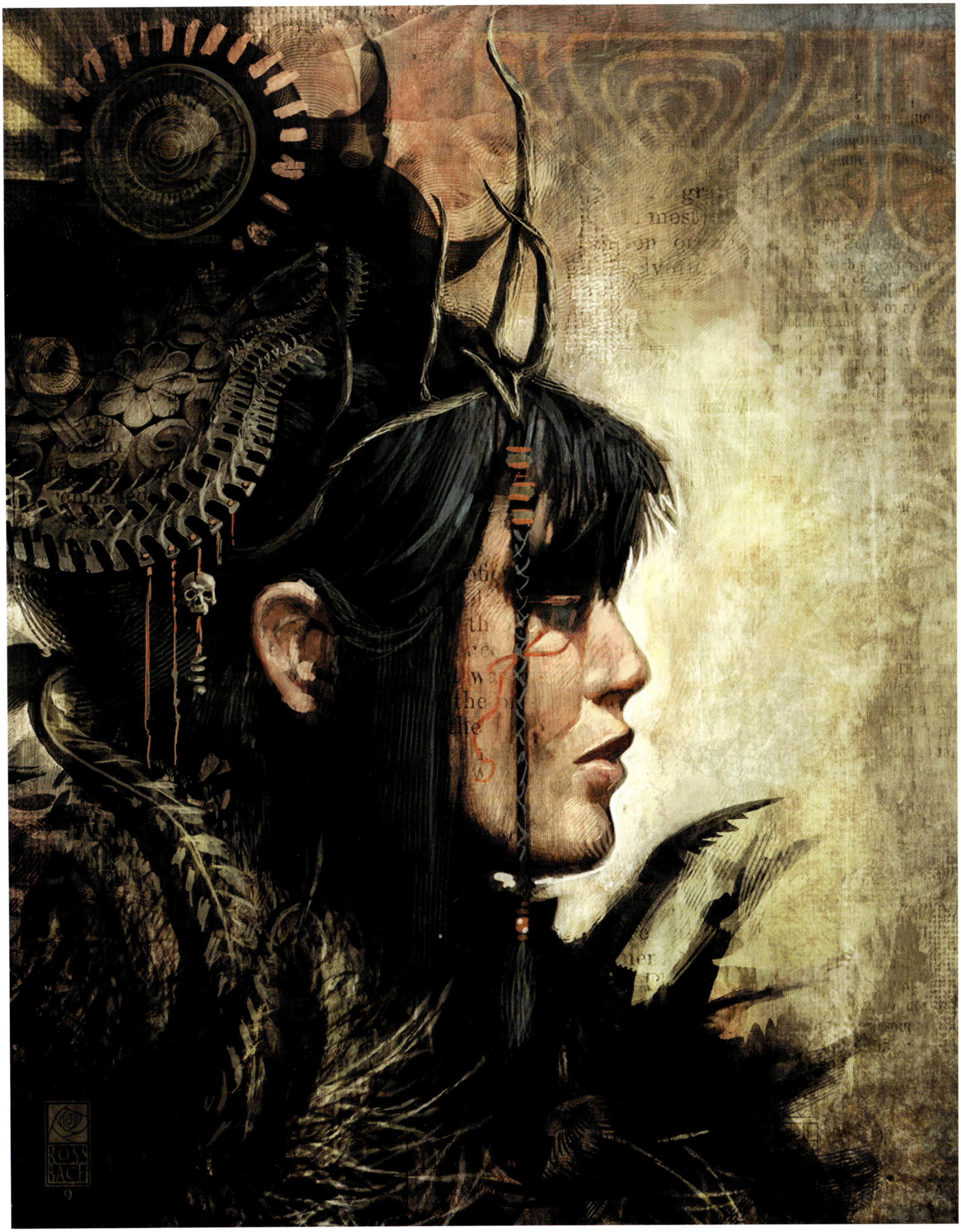

MEDB | TRAVAIL PERSONNEL | 2009

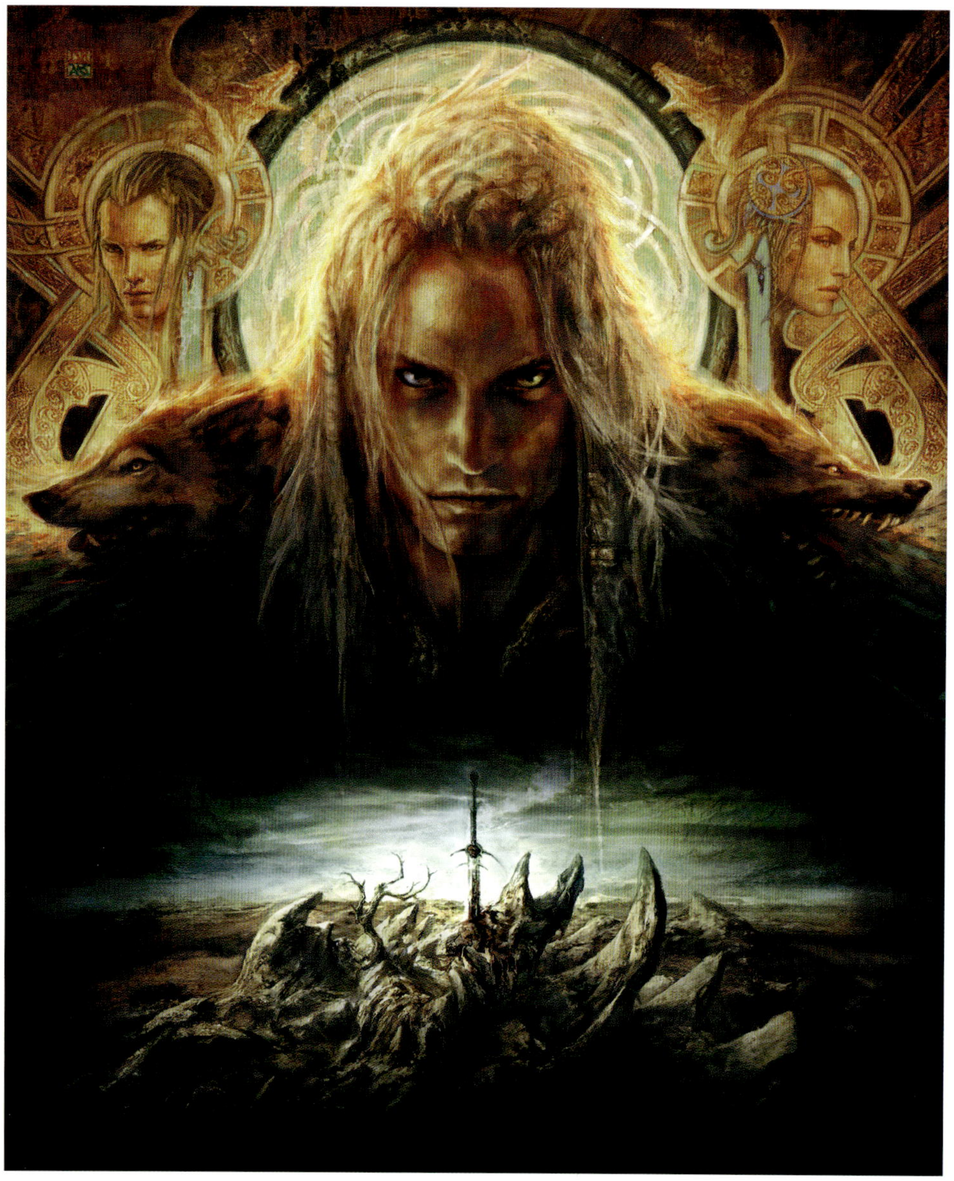

MERLIN (J.S. ROSSBACH & ALEKSI BRICLOT) | CLIENT : SOLEIL |
ART DIRECTOR : J.S. ROSSBACH & ALEKSI BRICLOT | 2009

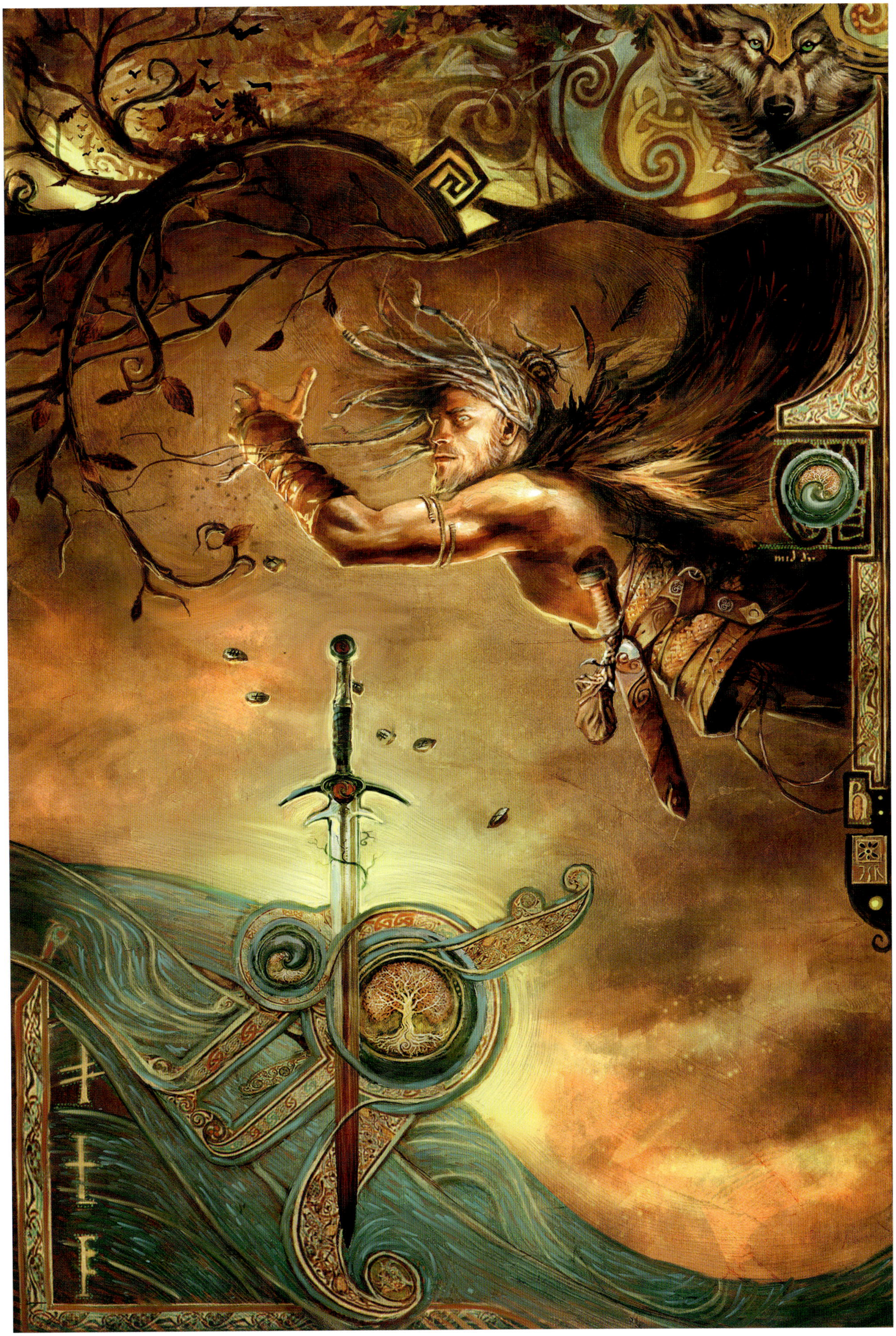

PORTRAIT DE MERLIN | CLIENT : SOLEIL | ART DIRECTOR : J.S. ROSSBACH & ALEKSI BRICLOT | 2009

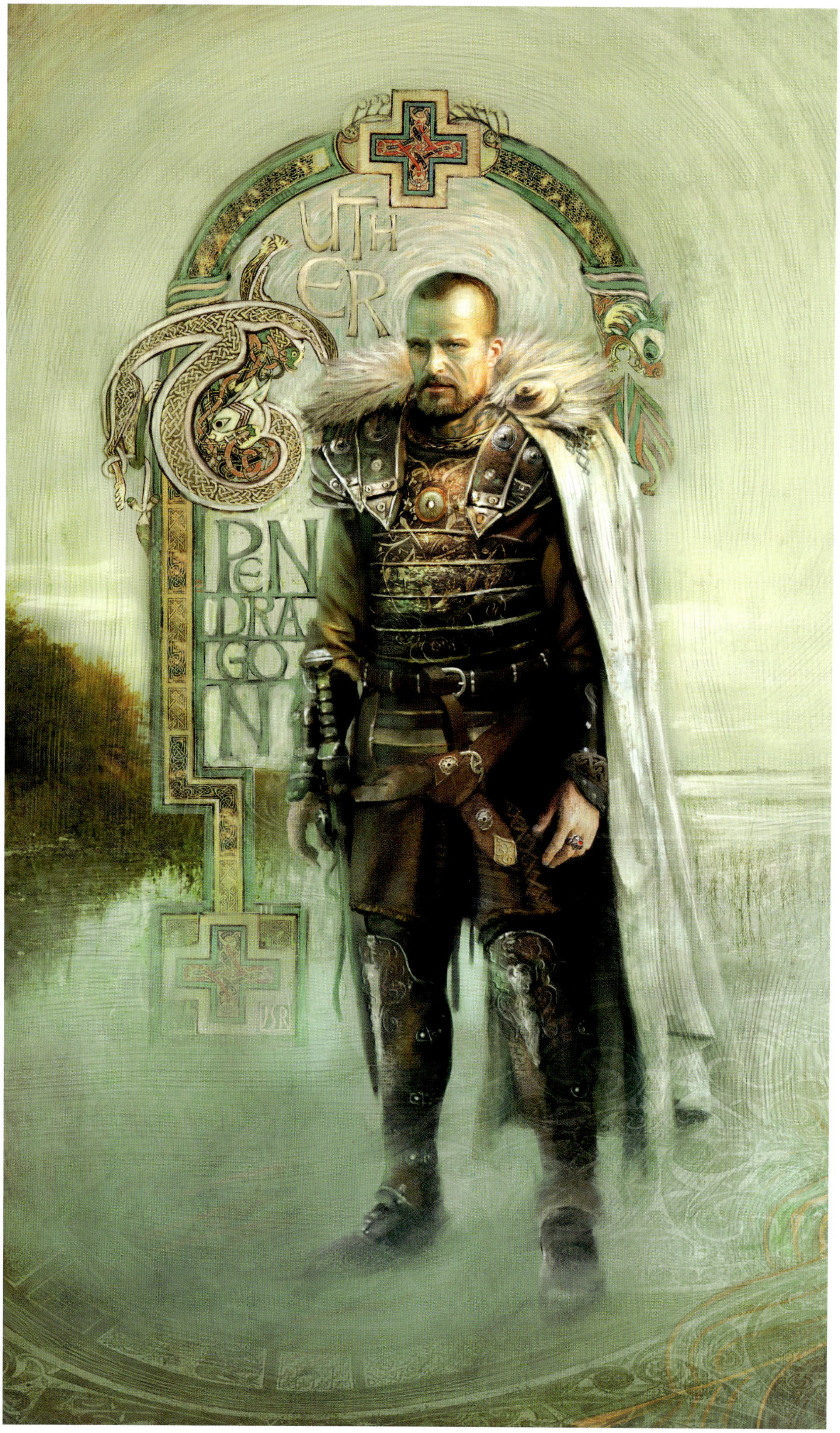

PORTRAIT DE UTHER PENDRAGON | CLIENT : SOLEIL | ART DIRECTOR : J.S. ROSSBACH & ALEKSI BRICLOT | 2008

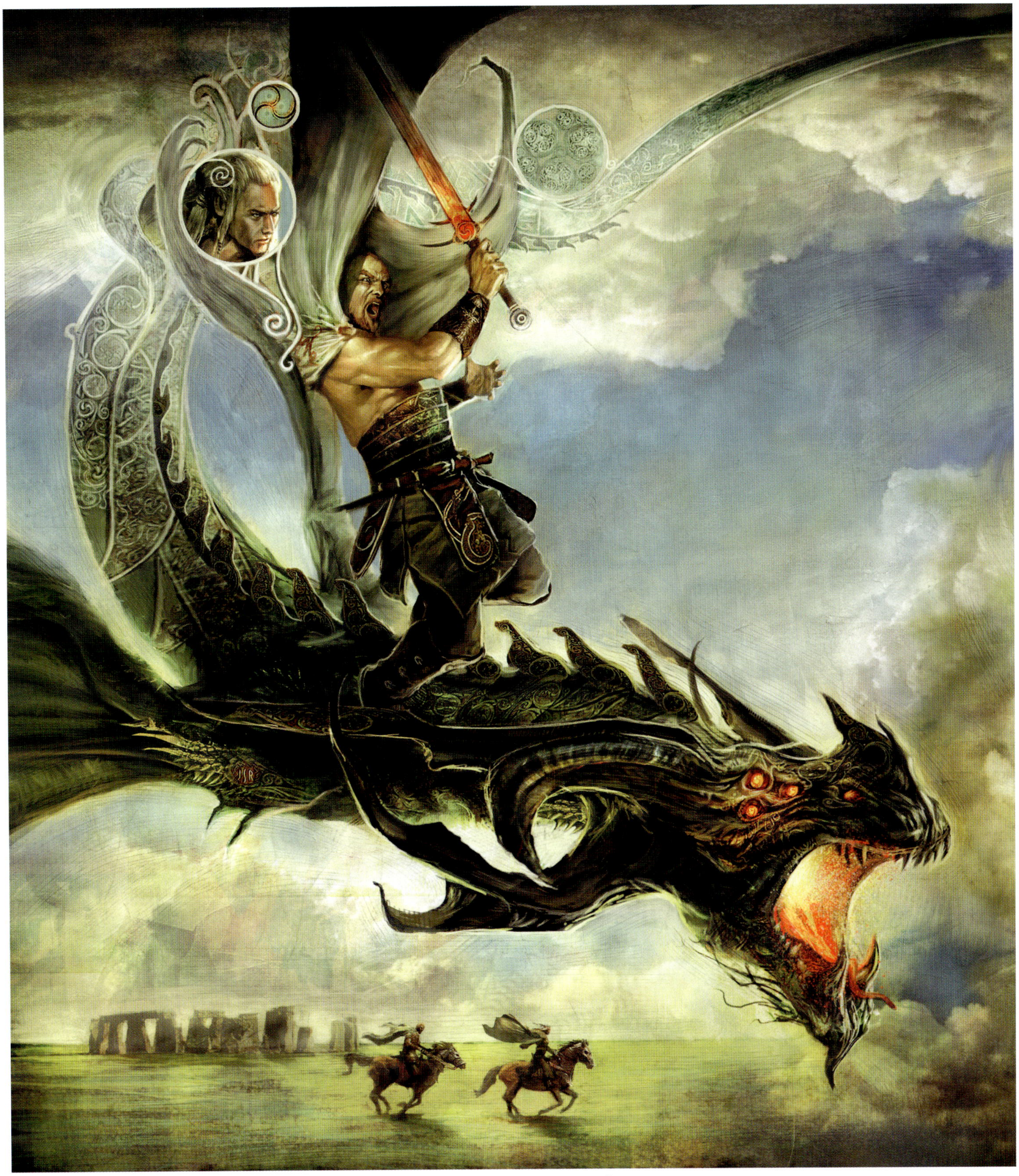

LE SOUFFLE DU DRAGON | CLIENT : SOLEIL | ART DIRECTOR : J.S. ROSSBACH & ALEKSI BRICLOT | 2008

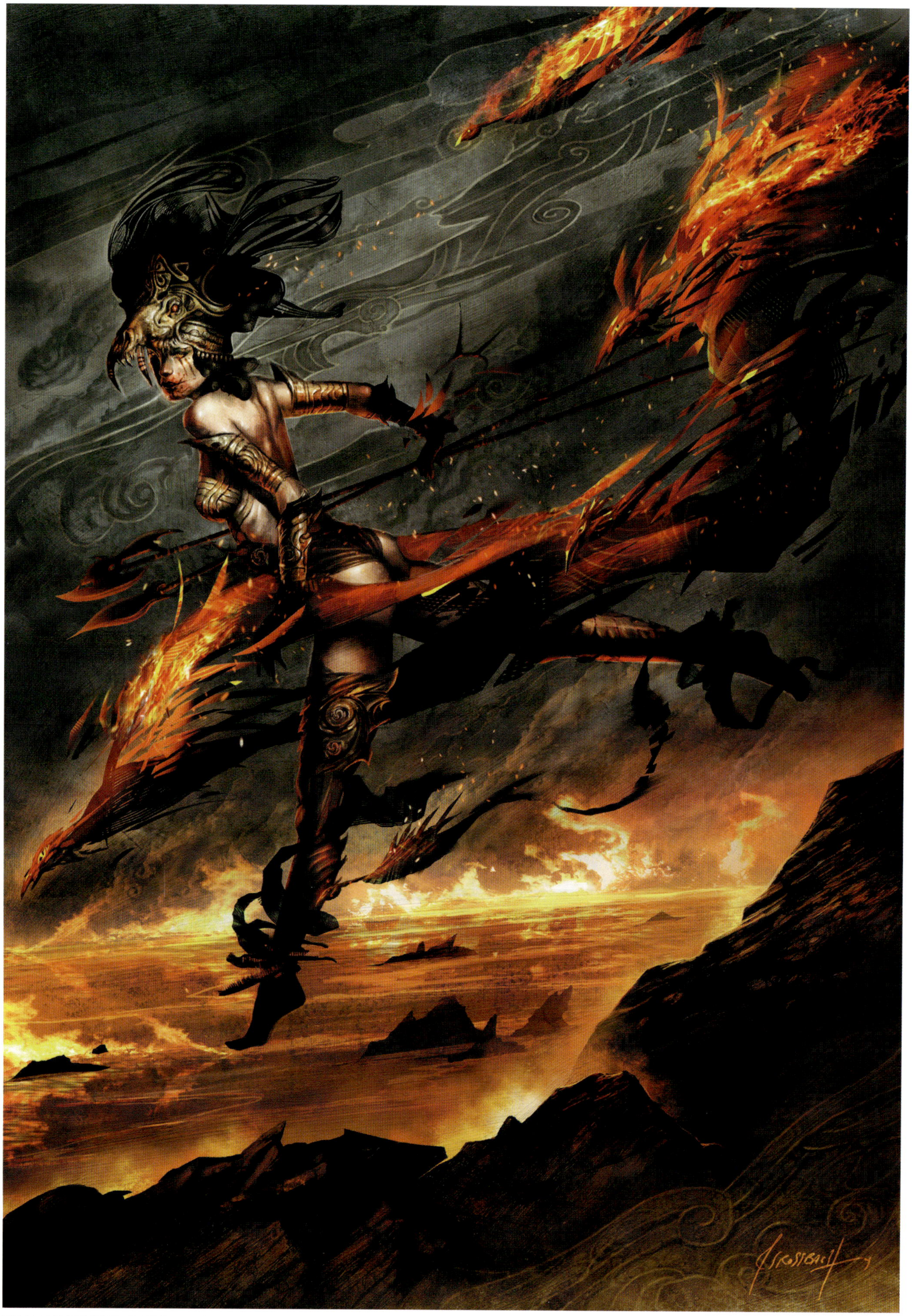

BELISAMA | TRAVAIL PERSONNEL | 2009

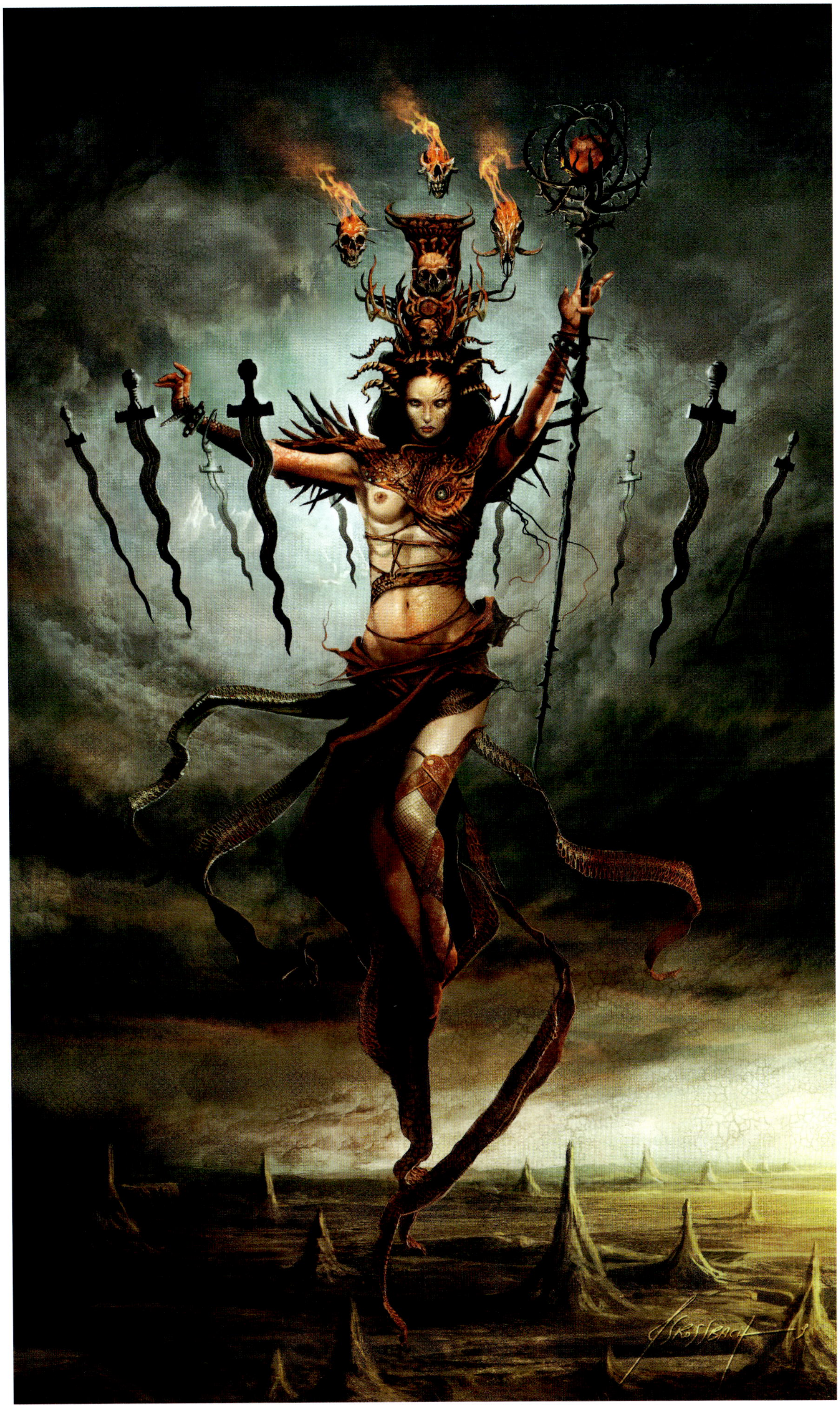

MORRIGU | TRAVAIL PERSONNEL | 2009

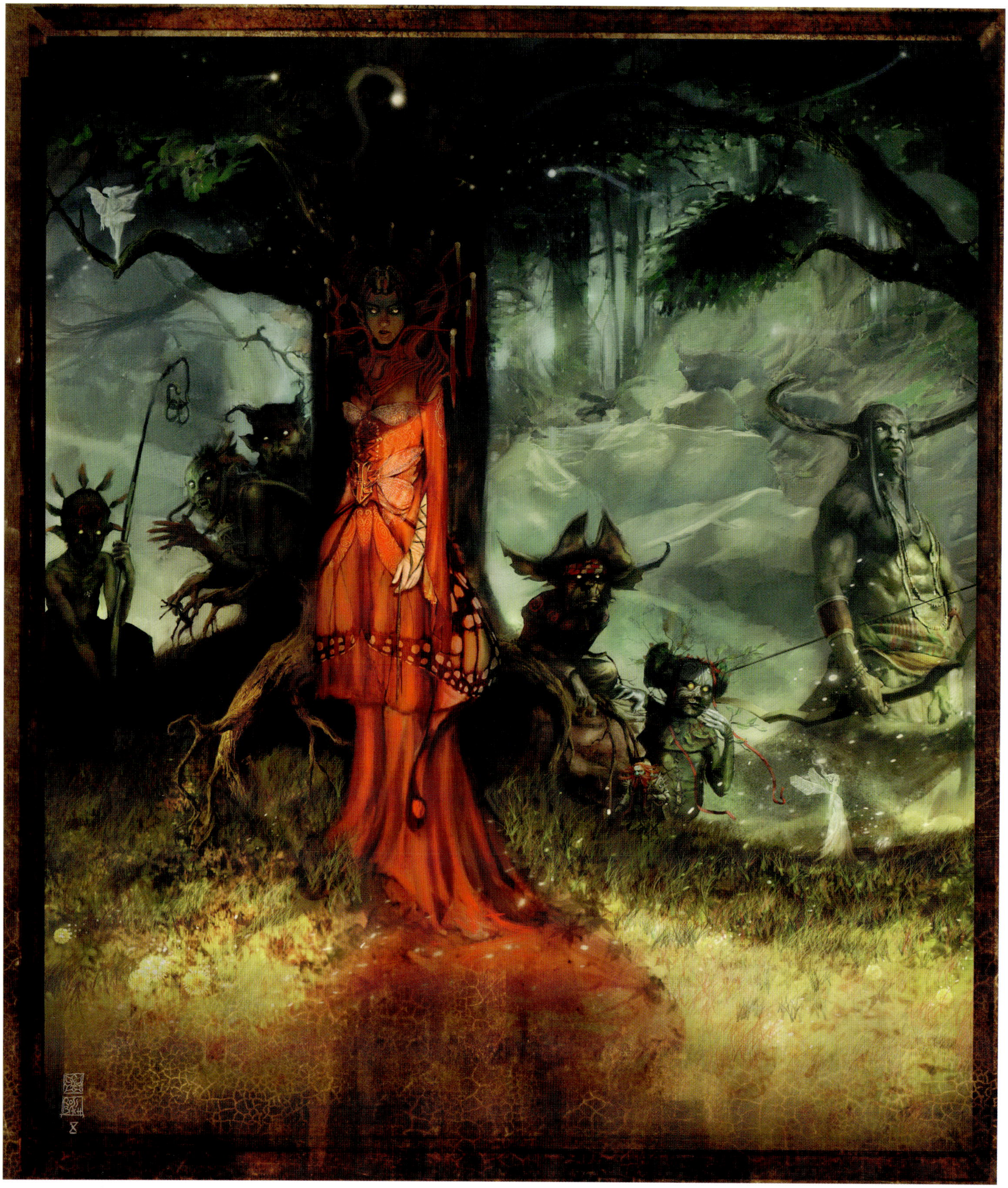

LA REINE DES FÉES | CLIENT : SOLEIL | ART DIRECTOR : J.S. ROSSBACH & ALEKSI BRICLOT | 2008

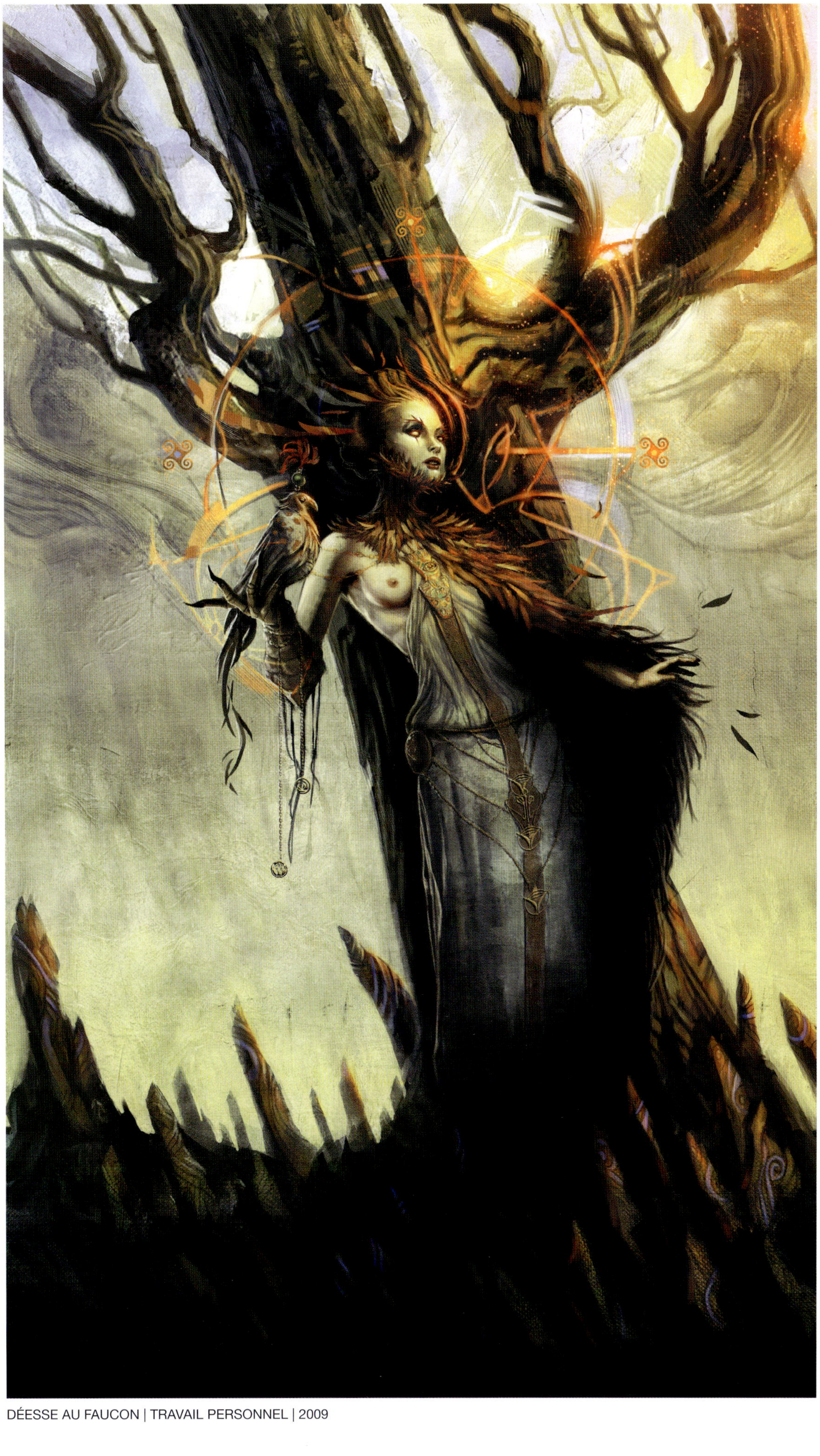

DÉESSE AU FAUCON | TRAVAIL PERSONNEL | 2009

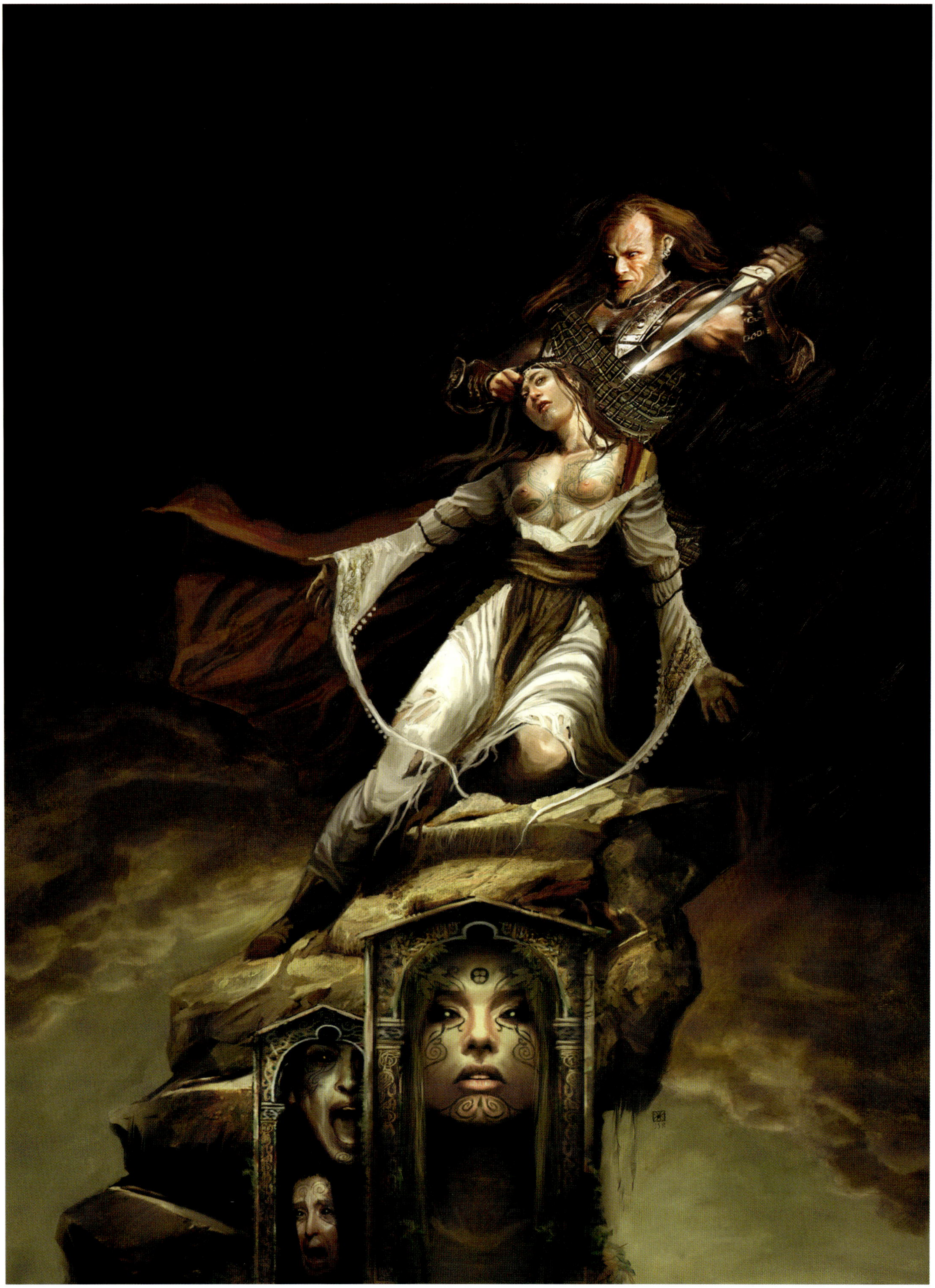

L'ASSASSINAT DES PRÊTRESSES D'AVALON | CLIENT : SOLEIL | ART DIRECTOR : J.S. ROSSBACH & ALEKSI BRICLOT | 2007

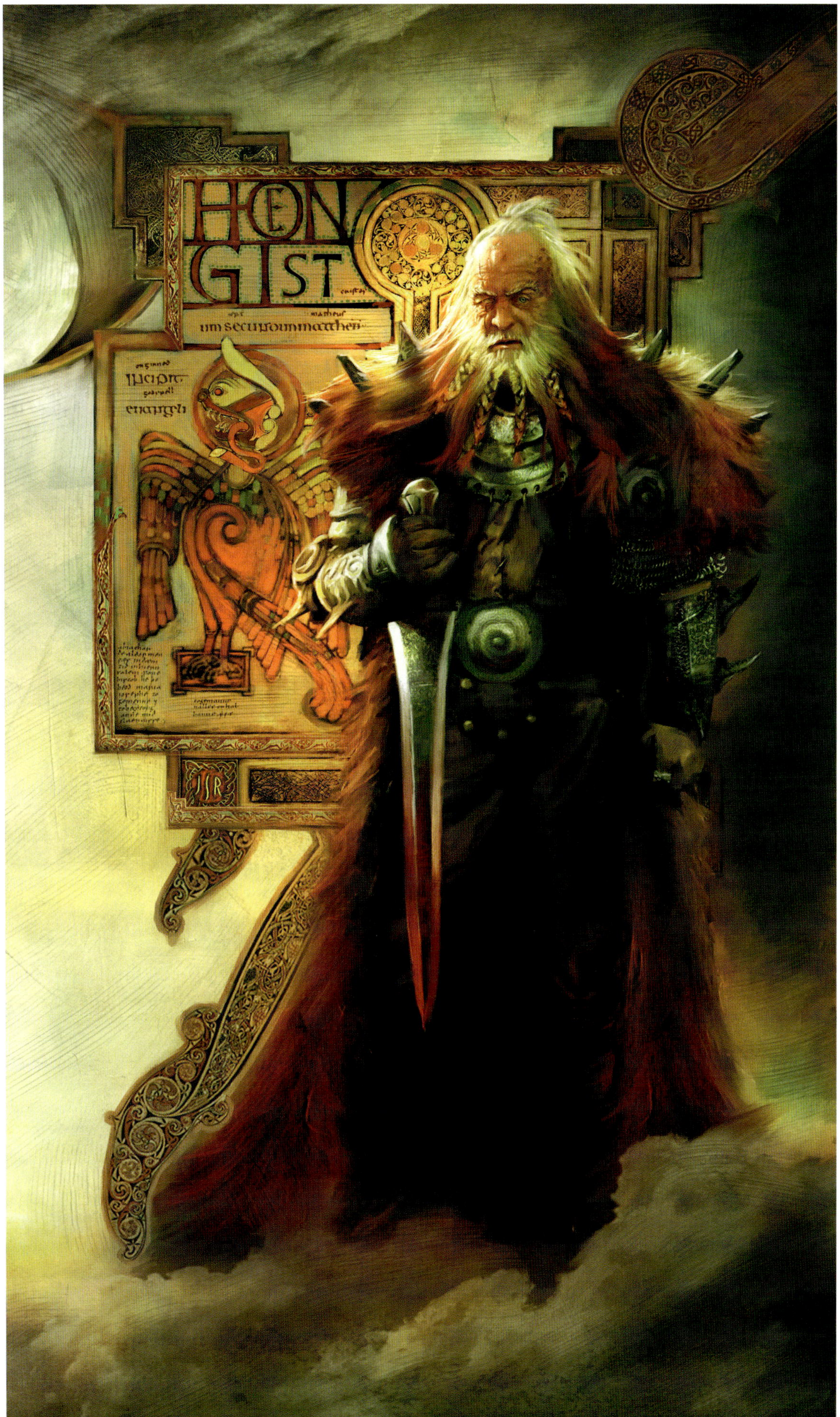

PORTRAIT DE HENGIST | CLIENT : SOLEIL | ART DIRECTOR : J.S. ROSSBACH & ALEKSI BRICLOT | 2008

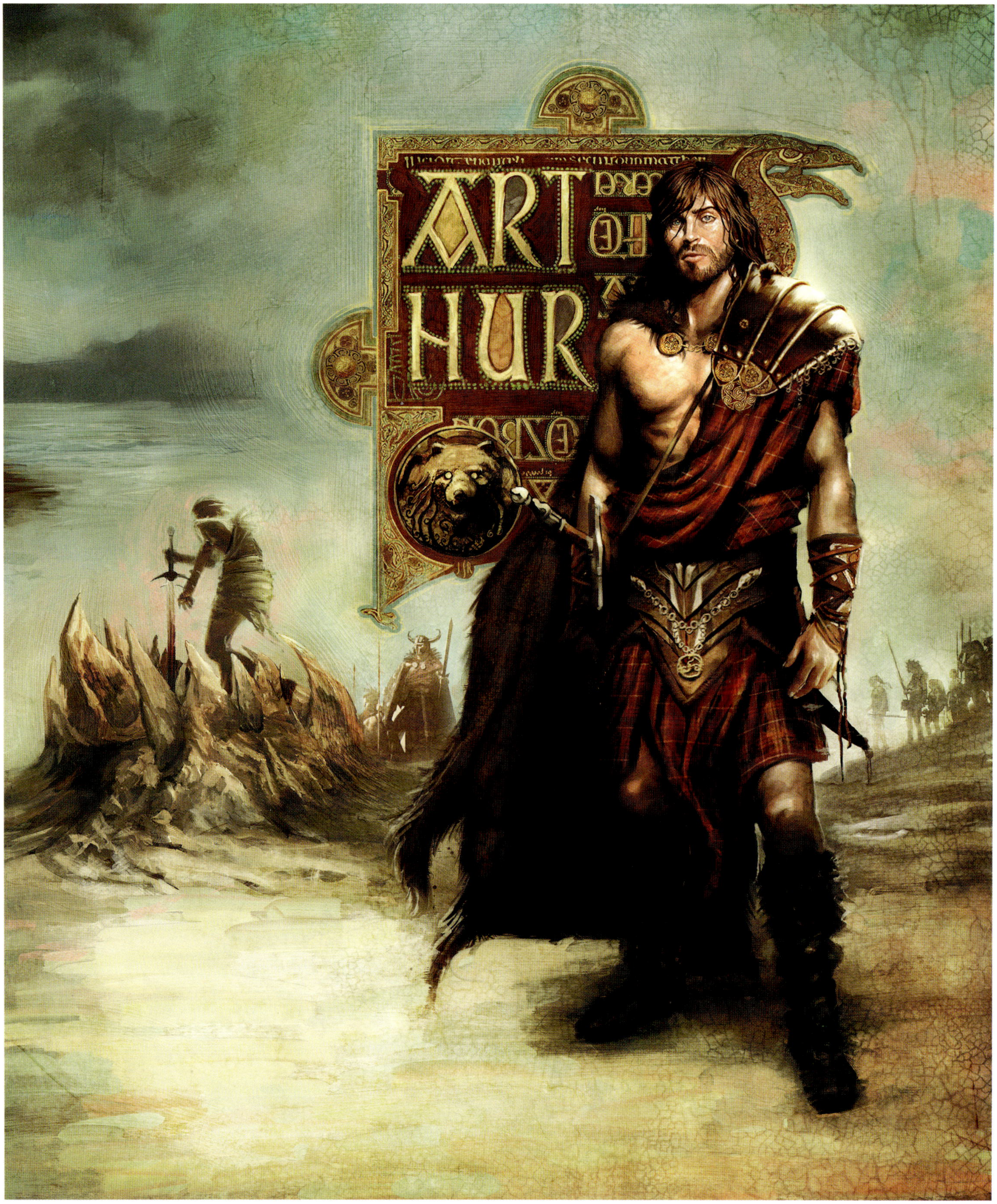

PORTRAIT D'ARTHUR | CLIENT : SOLEIL | ART DIRECTOR : J.S. ROSSBACH & ALEKSI BRICLOT | 2009

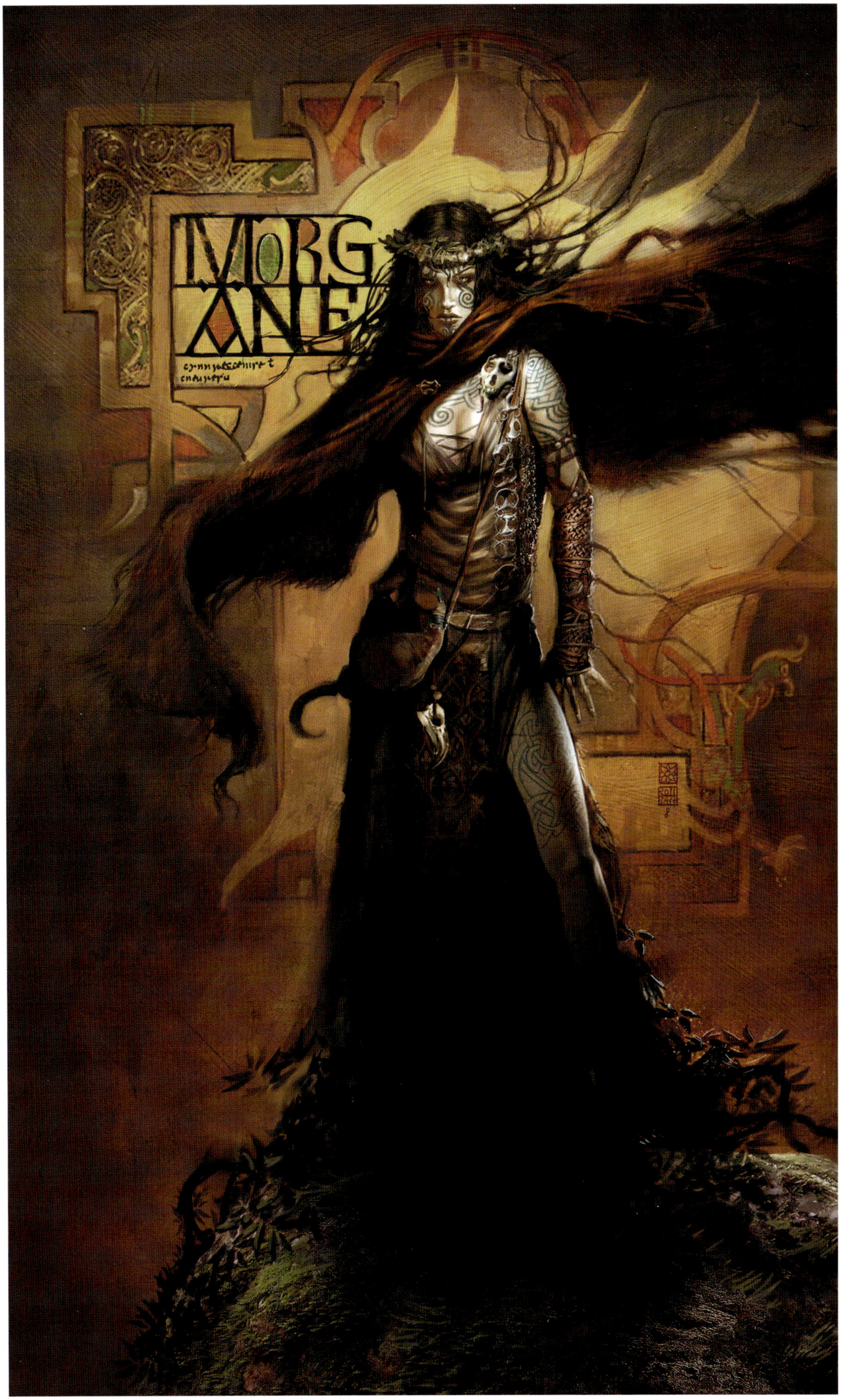

PORTRAIT DE MORGANE | CLIENT : SOLEIL | ART DIRECTOR : J.S. ROSSBACH & ALEKSI BRICLOT | 2008

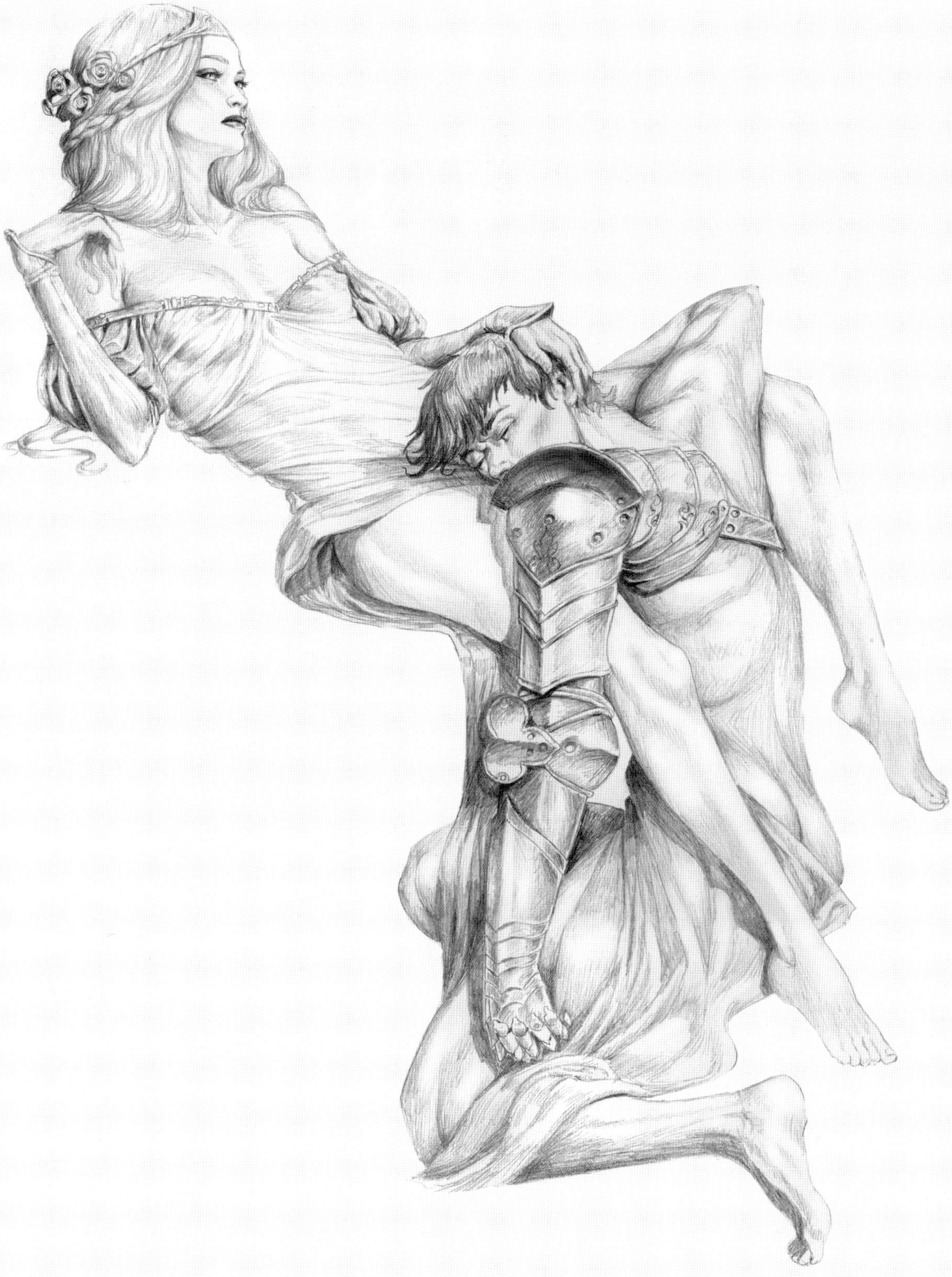

LANVAL (CROQUIS PRÉPARATOIRE) | TRAVAIL PERSONNEL | 2010

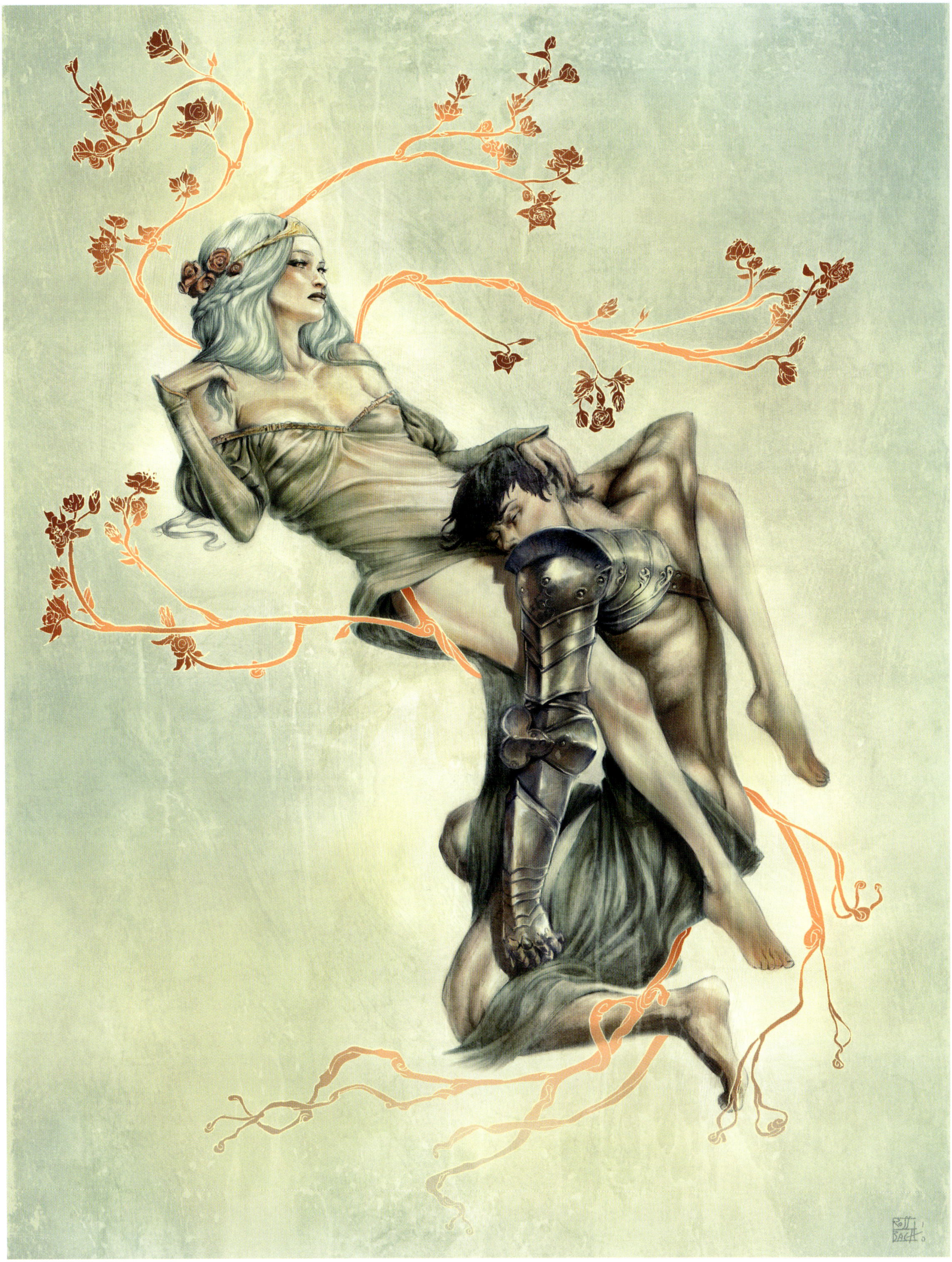

LANVAL | TRAVAIL PERSONNEL | 2010

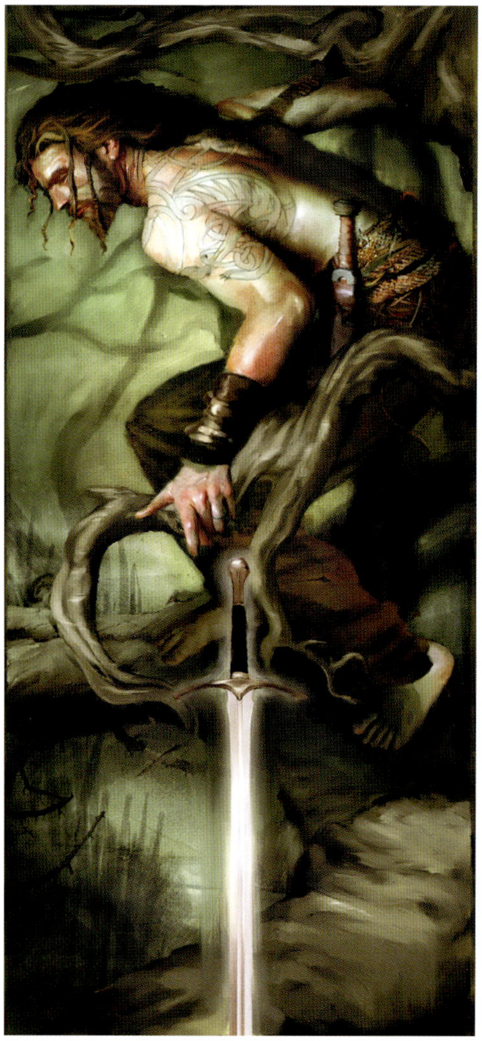

MERLIN (RECHERCHE PRÉLIMINAIRE) | CLIENT : SOLEIL |
ART DIRECTOR : J.S. ROSSBACH & ALEKSI BRICLOT | 2007

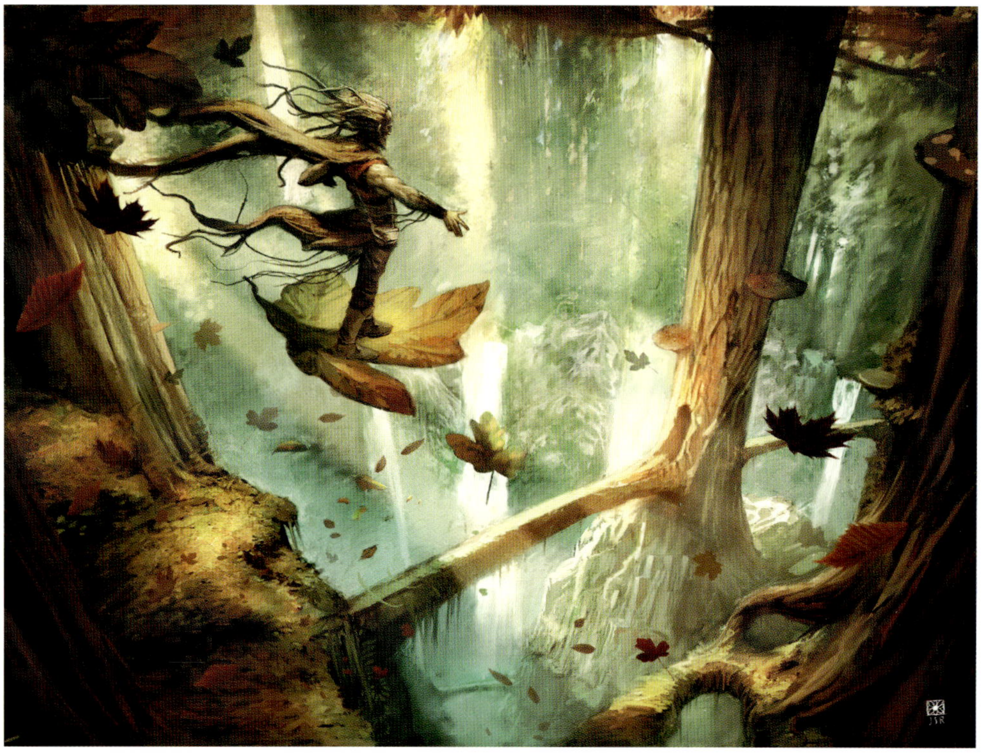

MAGIC : THE GATHERING - EDGE OF AUTUMN | CLIENT: WIZARDS OF THE COAST |
ART DIRECTOR: JEREMY JARVIS | 2007

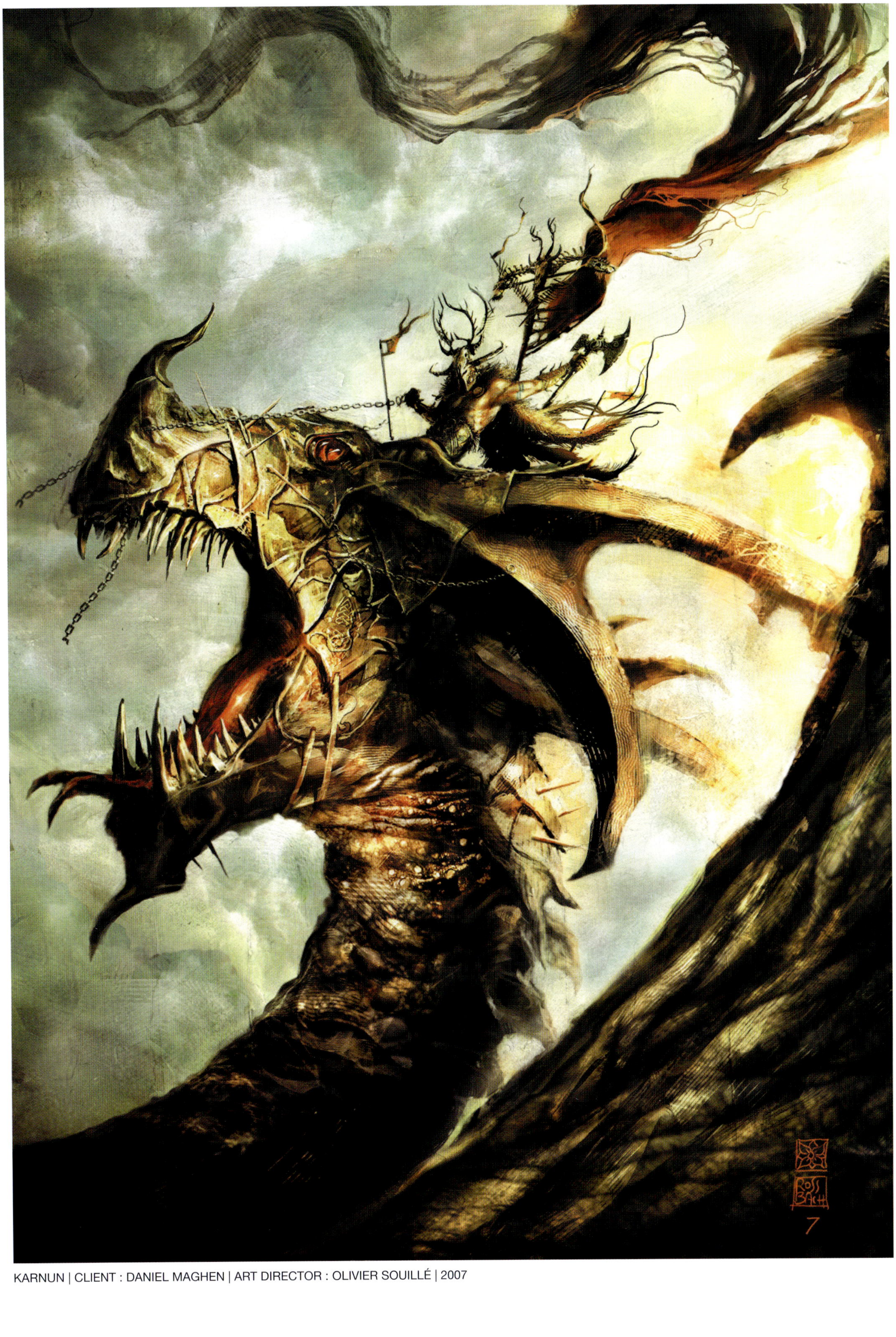

KARNUN | CLIENT : DANIEL MAGHEN | ART DIRECTOR : OLIVIER SOUILLÉ | 2007

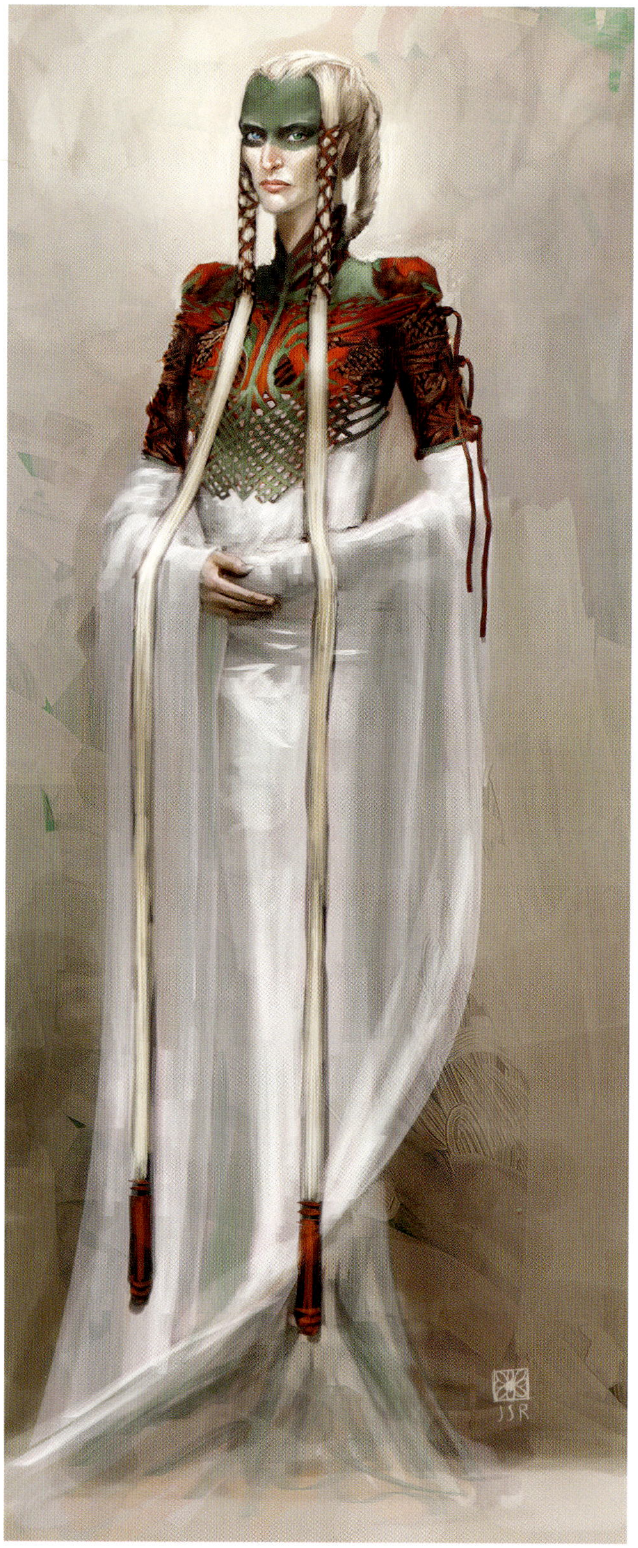

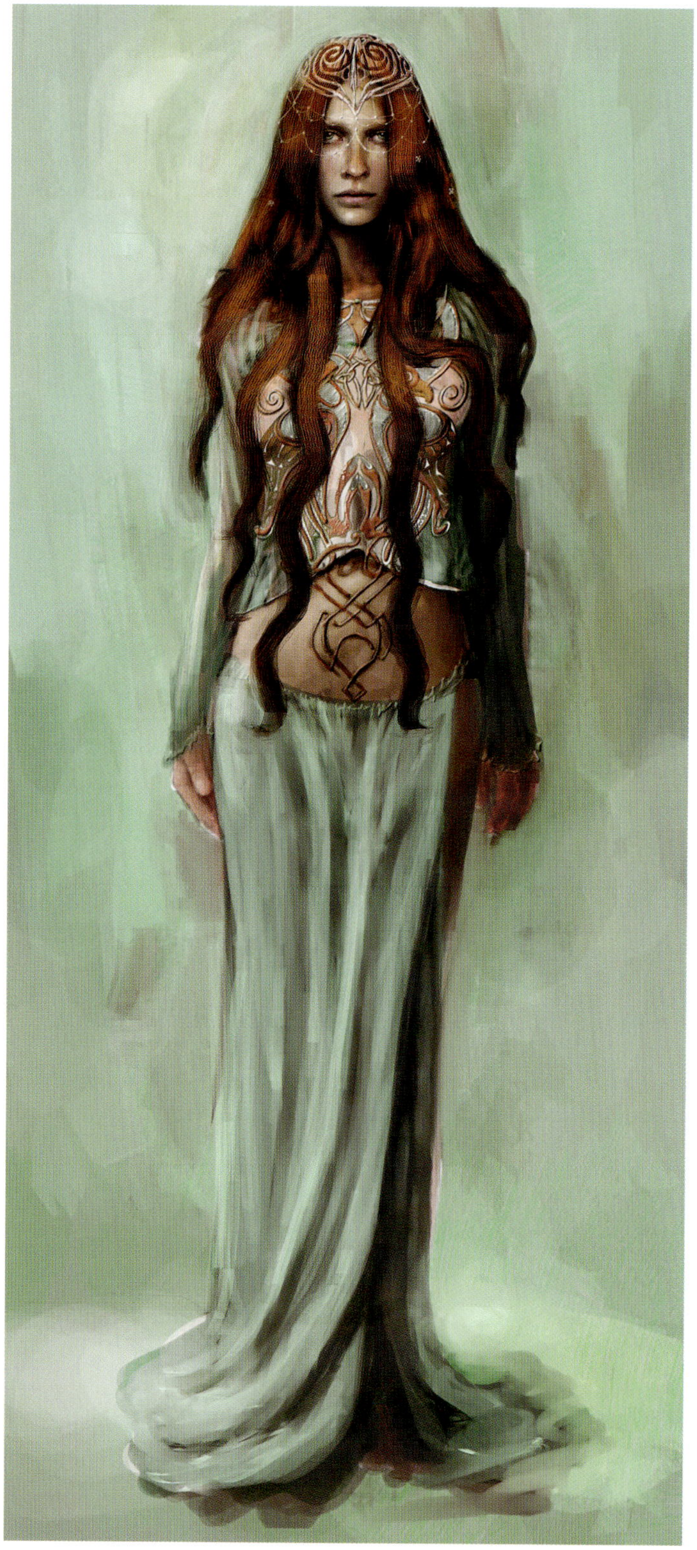

PRÊTRESSES D'AVALON (CHARACTER DESIGNS) | CLIENT : SOLEIL |
ART DIRECTOR : J.S. ROSSBACH & ALEKSI BRICLOT | 2008

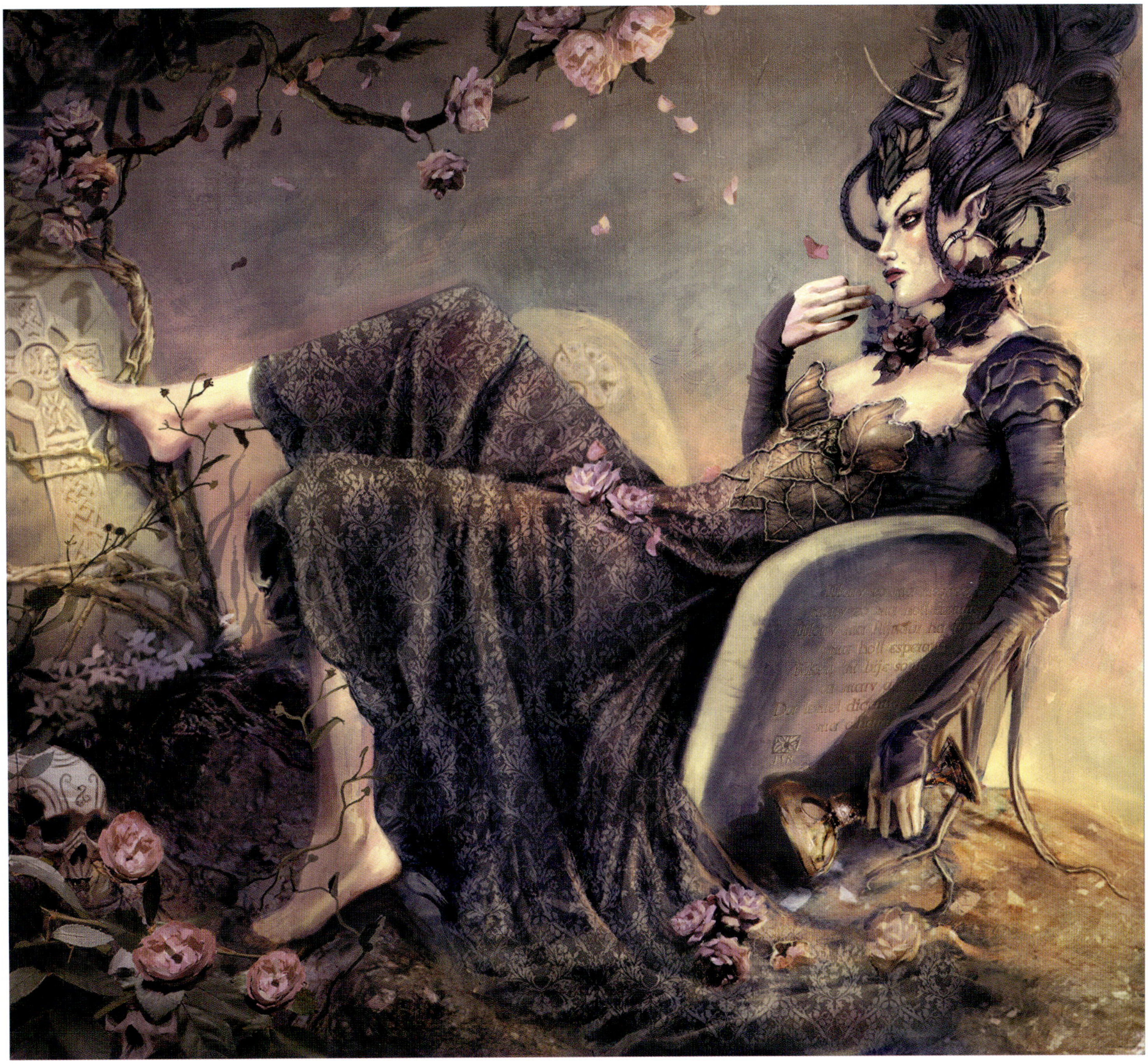

AUTUMN FAERIE | TRAVAIL PERSONNEL | 2008

7

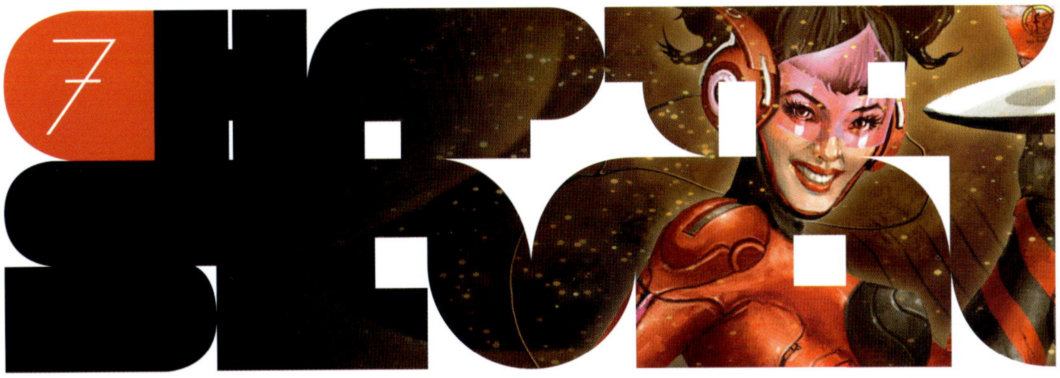

CHEREE

CHEREE, CHEREE
MY COMIC
BOOK FANTASY
OH, I LOVE
YOU
OH, BABY

CHEREE | SUICIDE

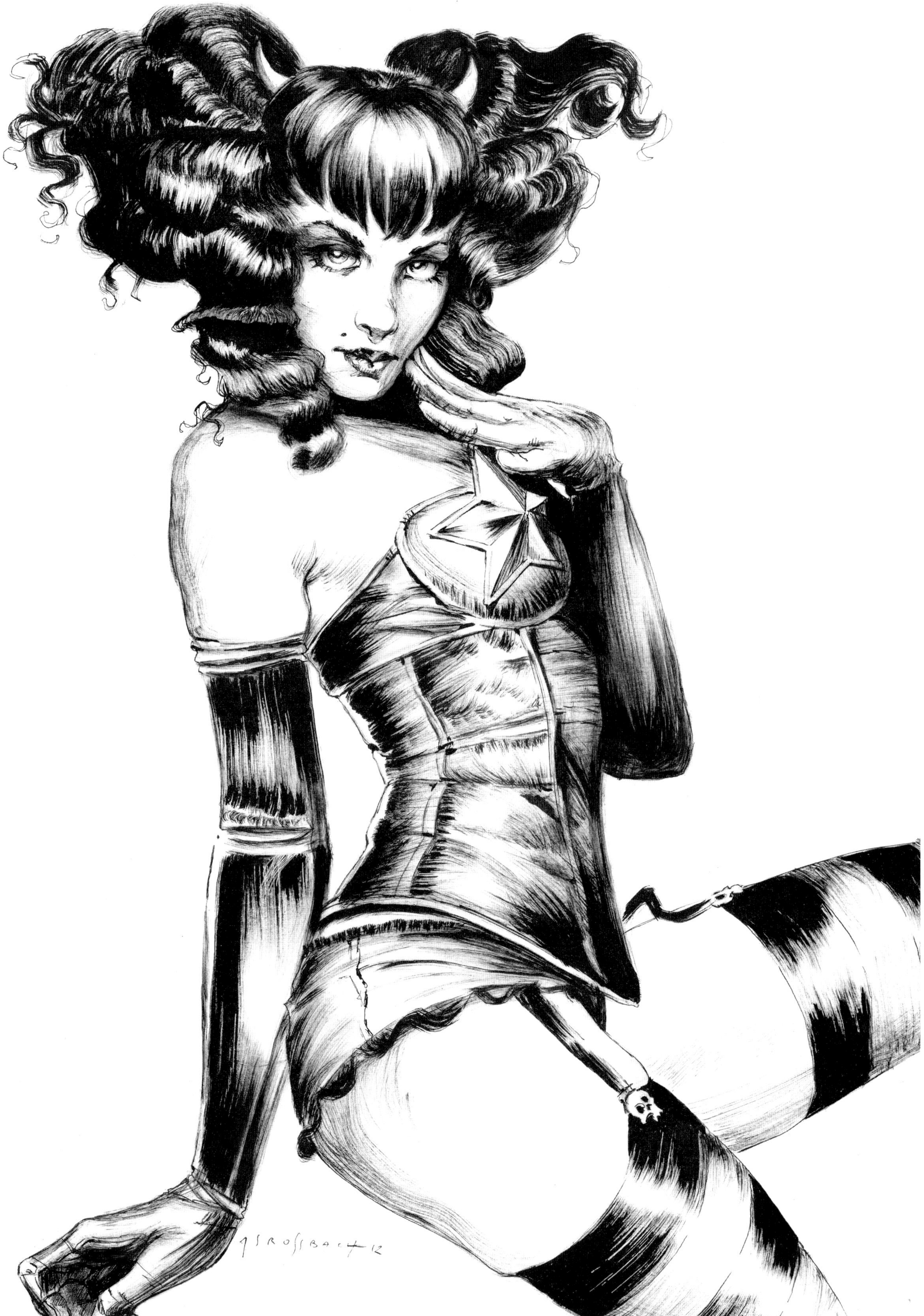

Cheree Furiosa est un personnage que j'ai créé avec mon ami Pascal HV. Elle est l'incarnation visuelle et sexy du bar culturel Les Furieux, haut lieu parisien des rencontres artistiques, où se croisent dessinateurs, musiciens, performers, tatoueurs, journalistes… C'est un peu ze place to be du rock underground à Paris, une institution en somme !
Il paraît que Pascal est le père de Cheree et que je suis sa mère ! Ça me va, je n'ai pas de problème particulier avec ma part de féminité. Notre bébé, donc, est un hommage à Bettie Page et aux pin-ups de Gil Elvgren. Là encore, le rock and roll n'est pas loin puisque son prénom, Cheree, est directement tiré d'un titre de Suicide. Mais elle est d'abord et surtout la personnification du lien qui me lie à mon vieil ami.

Cheree Furiosa is a character I created with my friend Pascal HV. She is the sexy visual incarnation of the cultural bar Les Furieux, a Parisian hub for artists to meet, which gathers illustrators, musicians, performers, tattoo artists, journalists… In a way, it's "The" place to be of underground rock in Paris, and to sum it up, it's an institution! It is said that Pascal is Cheree's father, and that I'm the mother! It's alright with me, as I have no problem being in touch with my feminine side. So, our baby is a tribute to Bettie Page and to Gil Elvgren's Pin-up girls. Once again, rock&roll is just around the corner because her name, Cheree, comes directly from a song by Suicide. Despite that, she is first and foremost the personification of the bond between me and my long-time friend.

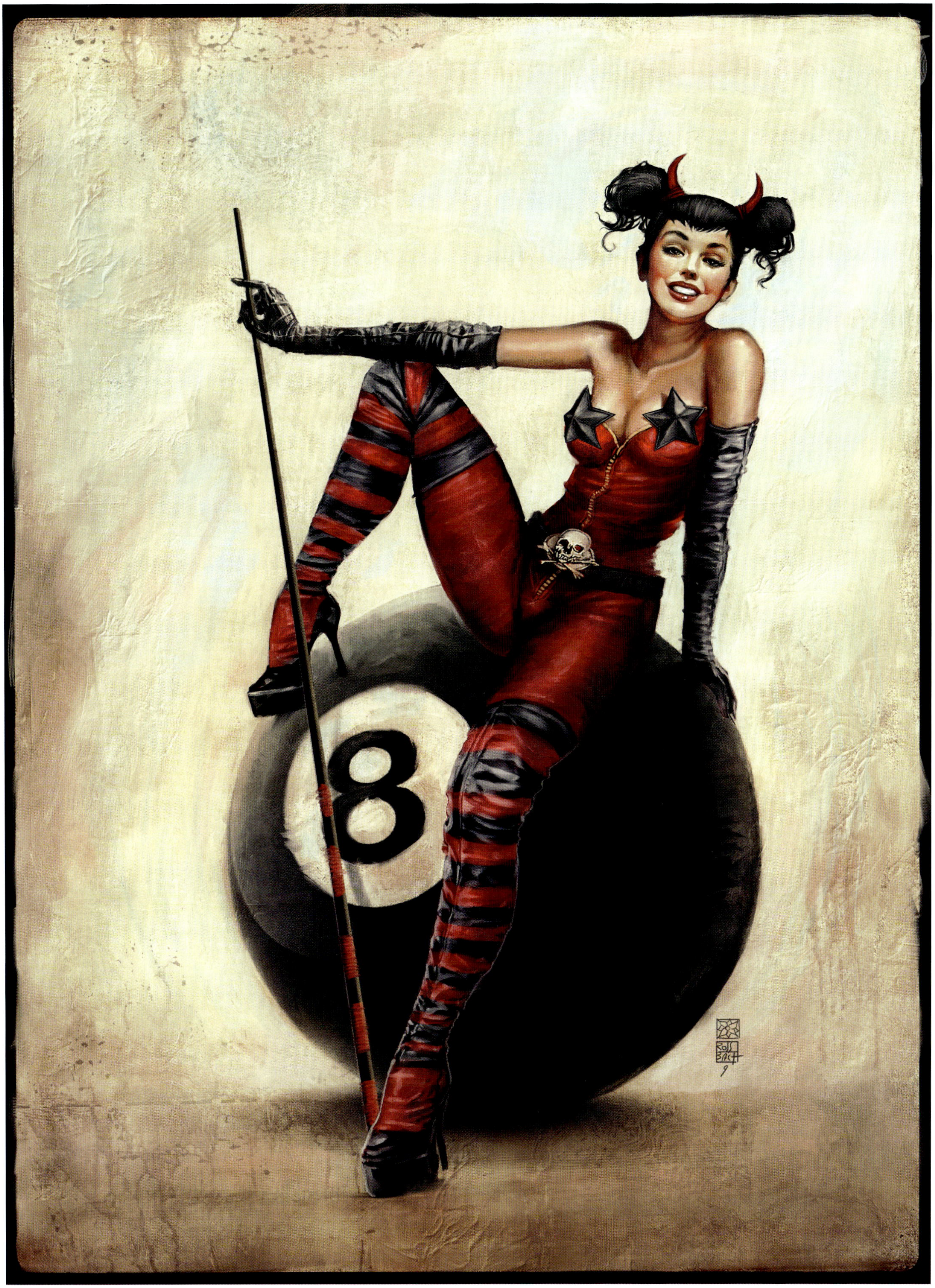

CHEREE 8 POOL | CLIENT : LES FURIEUX | ART DIRECTOR : J.S. ROSSBACH & PASCAL HV | 2009

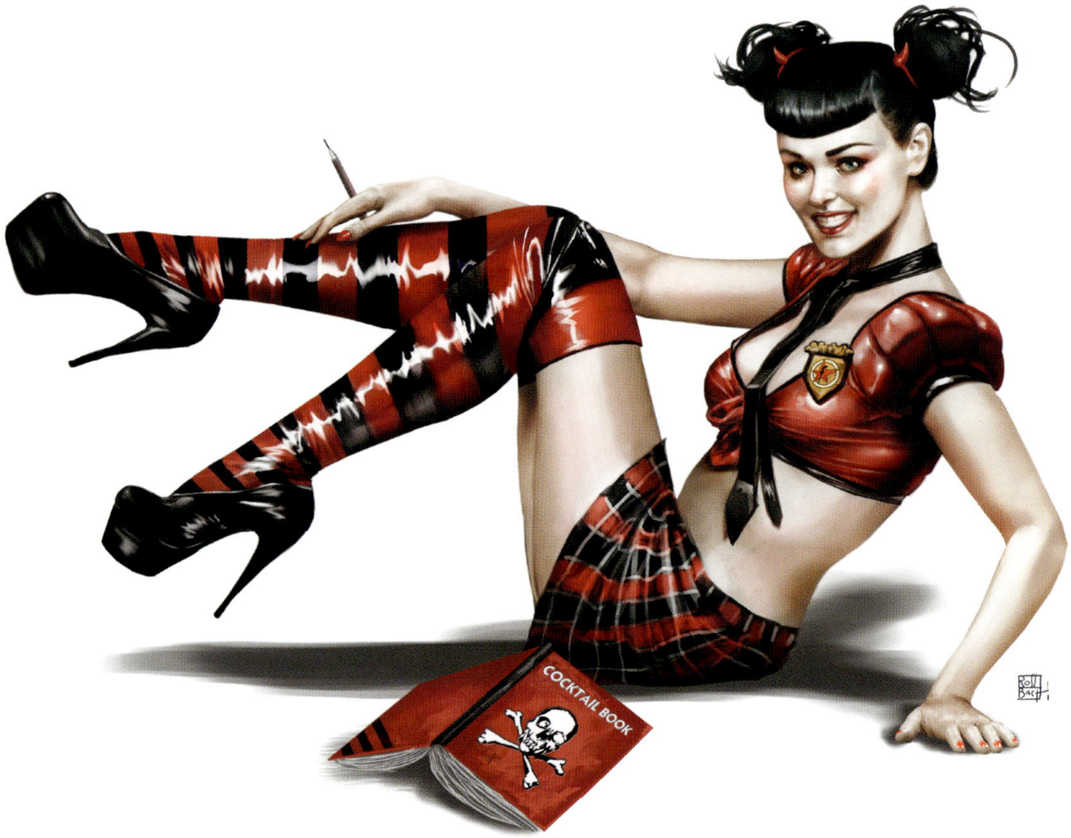

CHEREE SKULLGIRL | CLIENT : LES FURIEUX | ART DIRECTOR : J.S. ROSSBACH & PASCAL HV | 2011

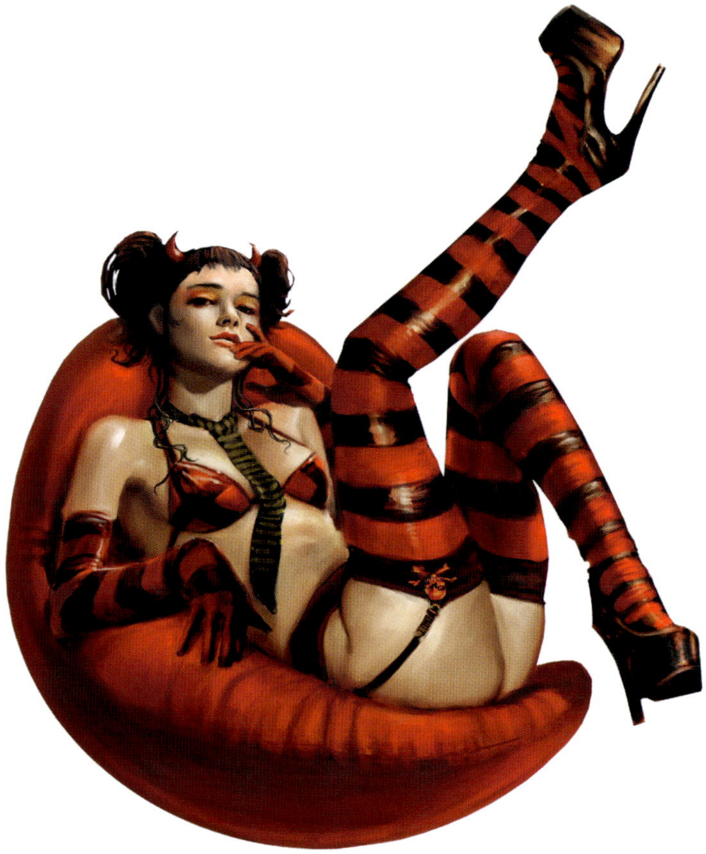

CHEREE | CLIENT : LES FURIEUX | ART DIRECTOR : J.S. ROSSBACH & PASCAL HV | 2005

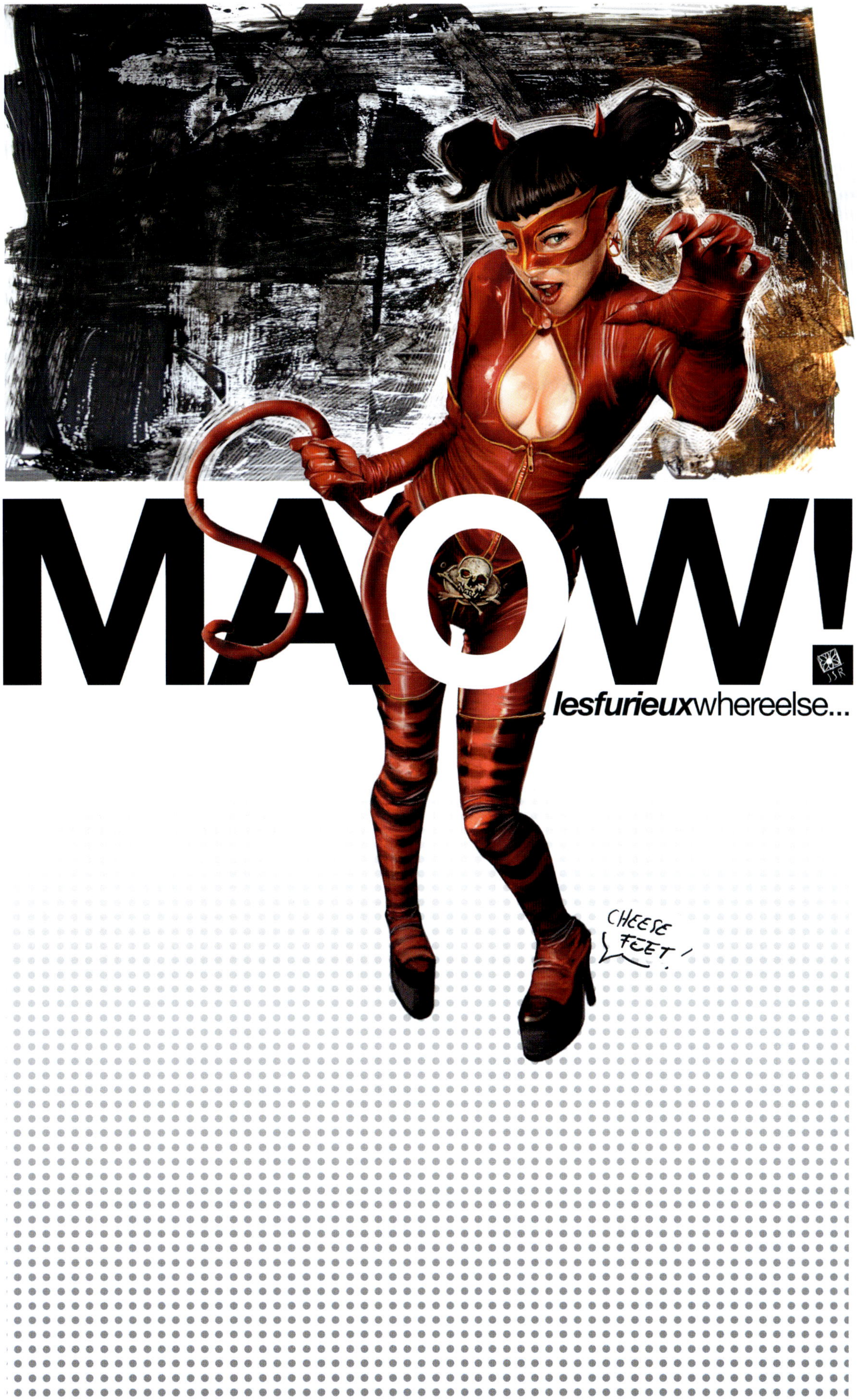

MAOW ! | CLIENT : LES FURIEUX | ART DIRECTOR : J.S. ROSSBACH & PASCAL HV | 2007

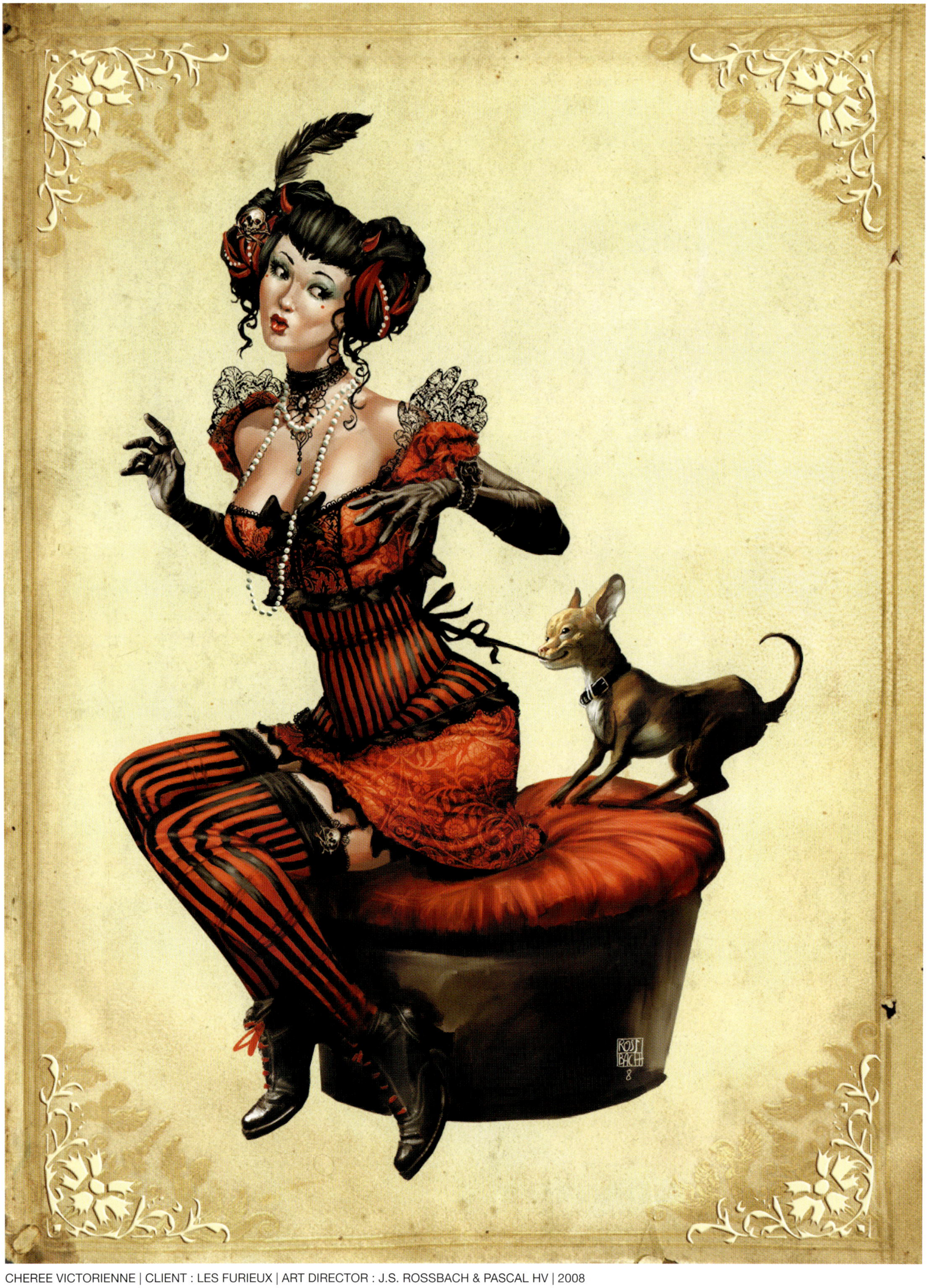

CHEREE VICTORIENNE | CLIENT : LES FURIEUX | ART DIRECTOR : J.S. ROSSBACH & PASCAL HV | 2008

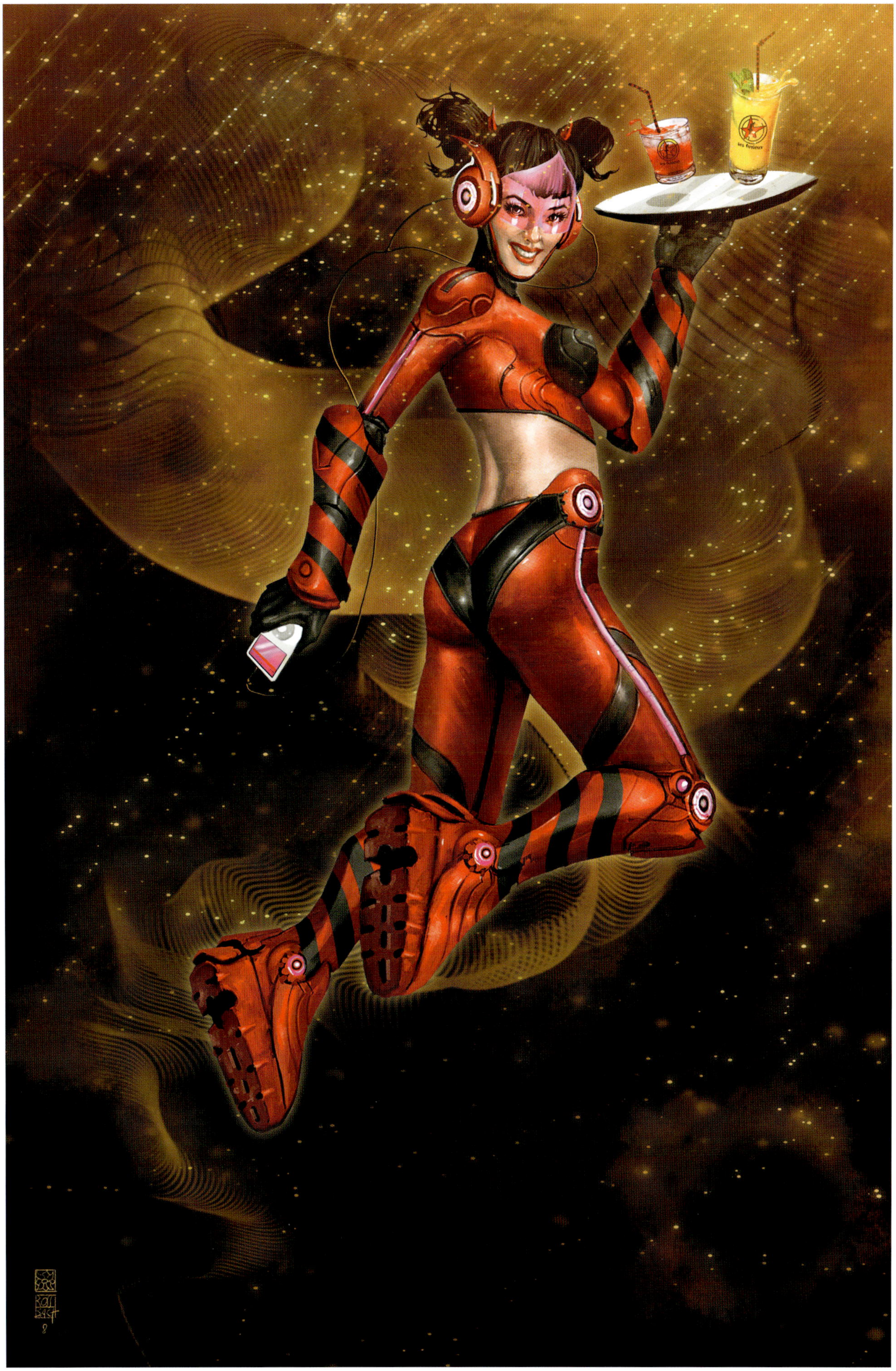

SPACE CHEREE | CLIENT : LES FURIEUX | ART DIRECTOR : J.S. ROSSBACH & PASCAL HV | 2009

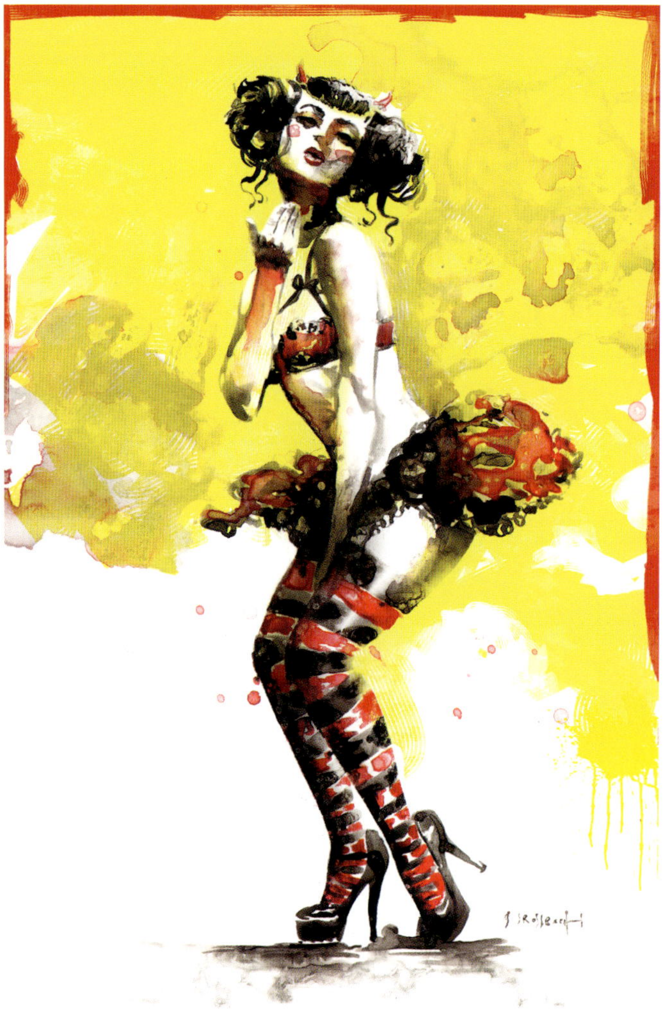

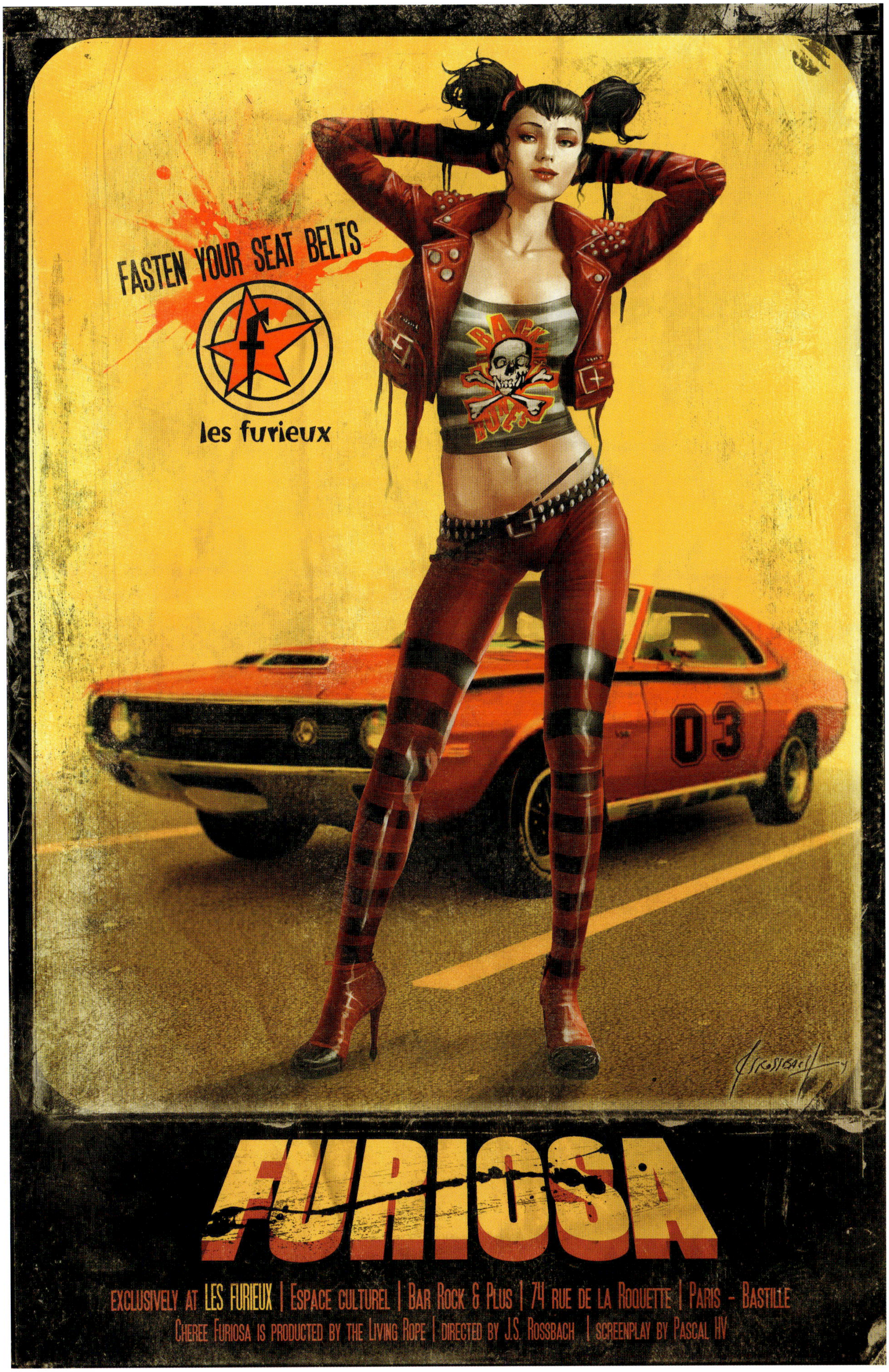

FURIOSA | CLIENT : LES FURIEUX | ART DIRECTOR : J.S. ROSSBACH & PASCAL HV | 2009

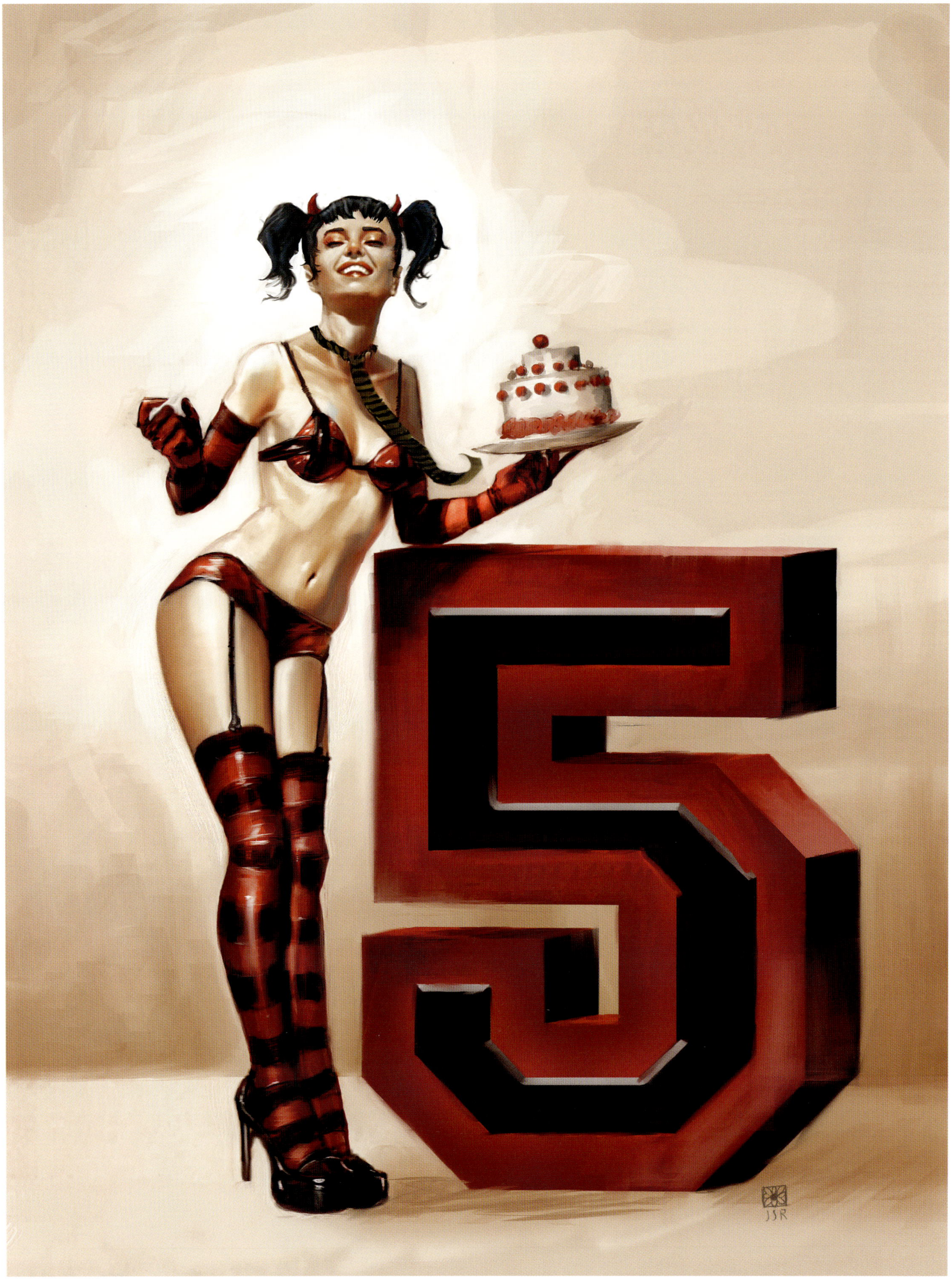

CHEREE 5TH ANNIVERSARY | CLIENT : LES FURIEUX | ART DIRECTOR : J.S. ROSSBACH & PASCAL HV | 2006

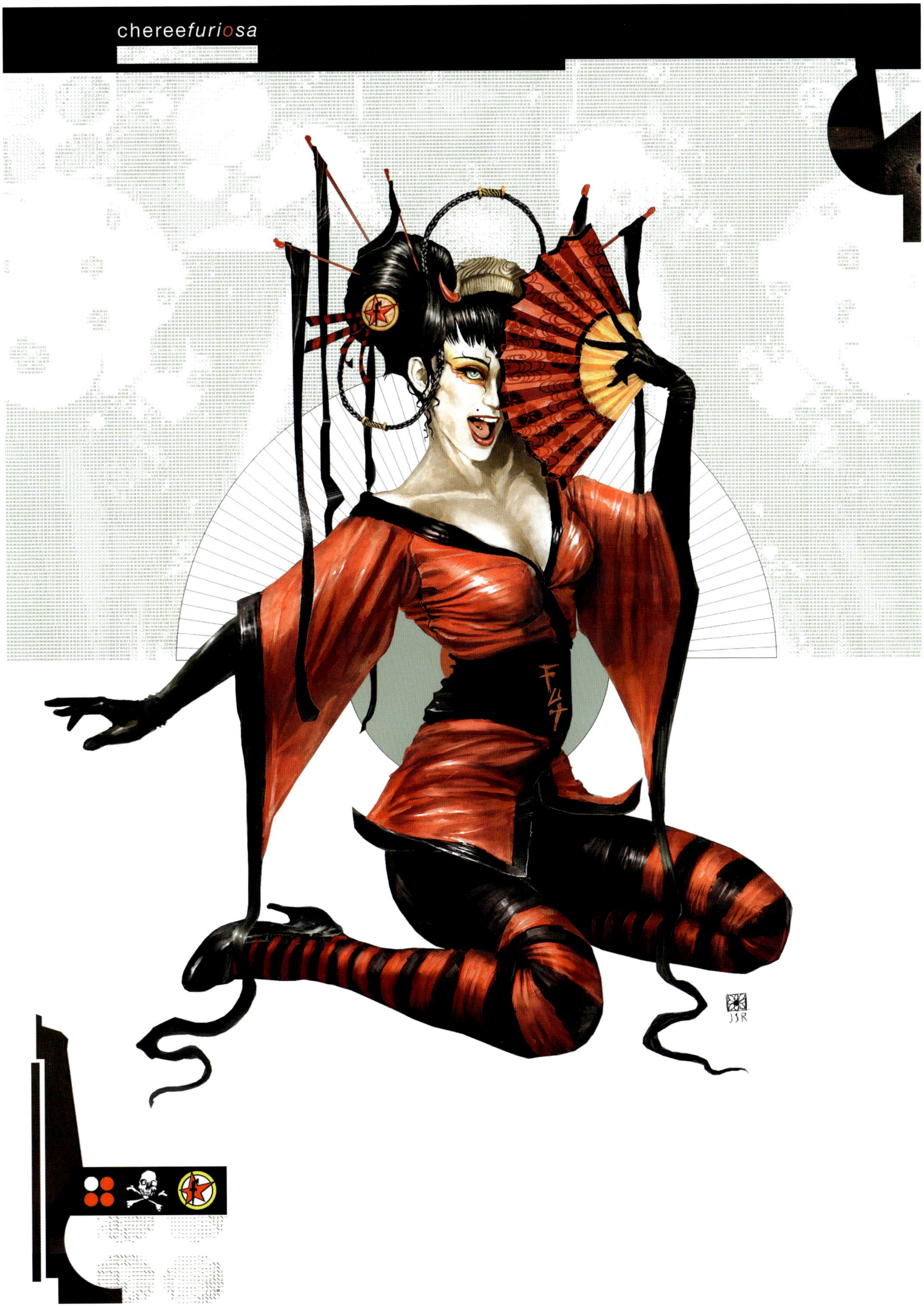

CHEREE GEISHA | CLIENT : LES FURIEUX | ART DIRECTOR : J.S. ROSSBACH & PASCAL HV | 2007

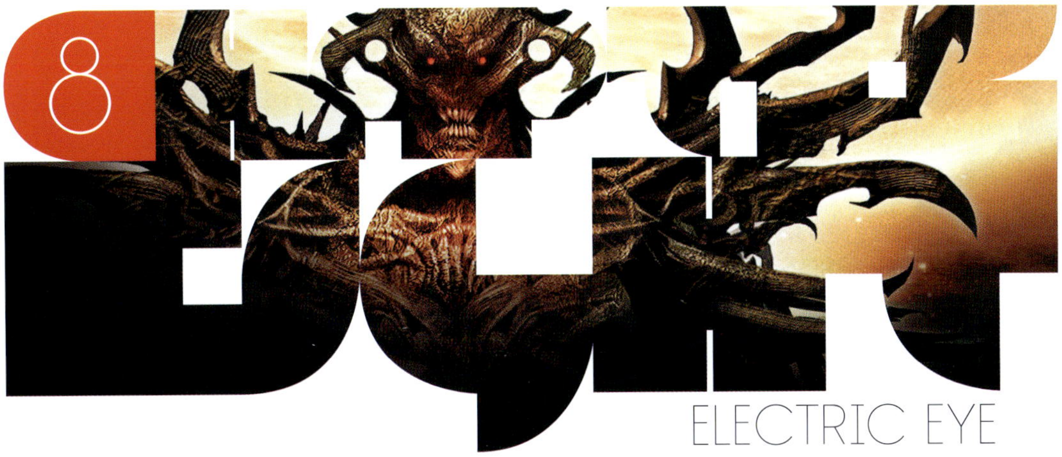

8 ELECTRIC EYE

UP HERE IN
SPACE
I'M LOOKING
DOWN ON YOU.
MY LASERS
TRACE
EVERYTHING
YOU DO.

ELECTRIC EYE | JUDAS PRIEST

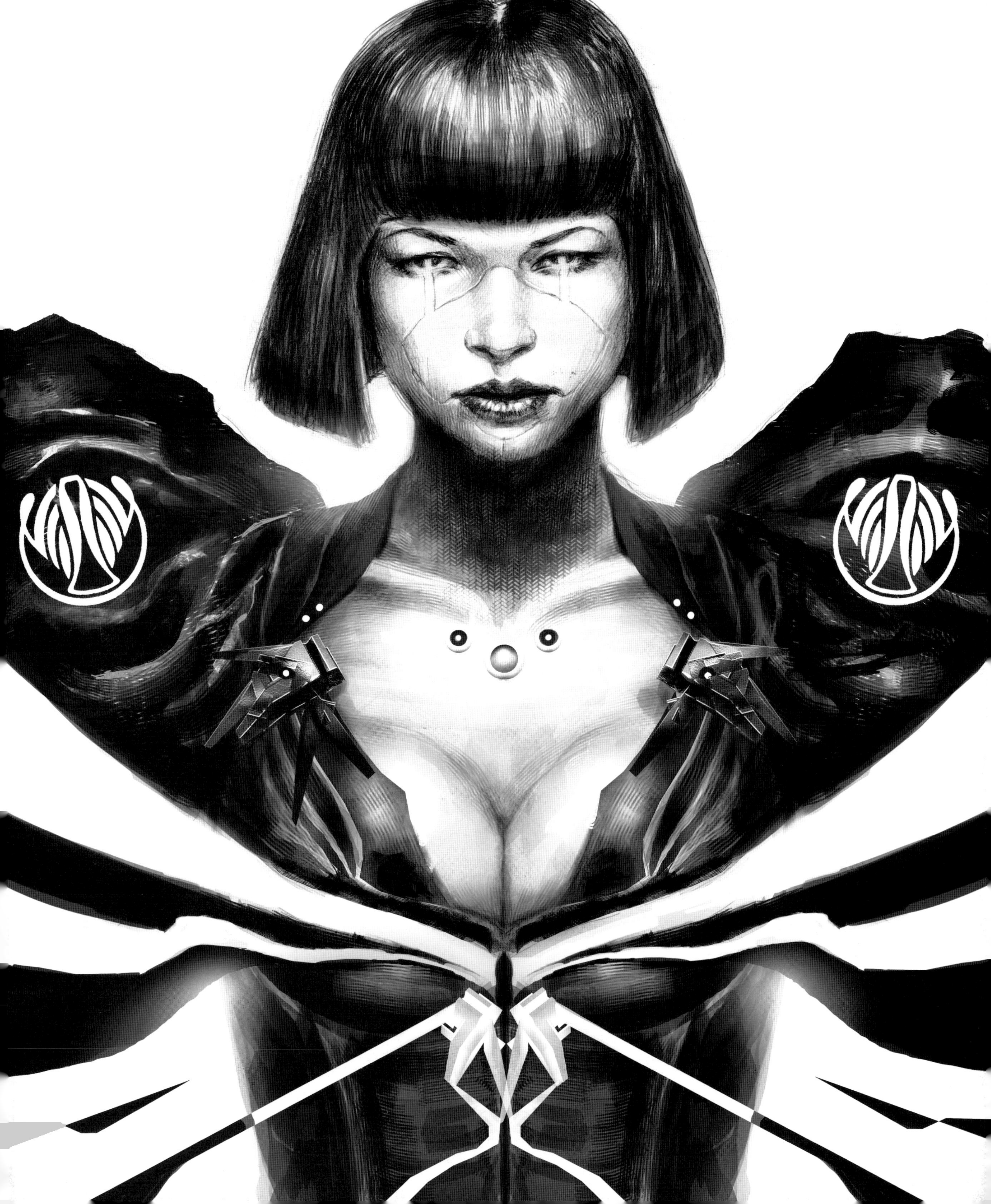

En matière de Science Fiction, mon livre de chevet reste sans conteste Dune de Frank Herbert. Je n'ai encore jamais pu l'illustrer et cela reste comme un vide dans ma "to do list". Cependant, j'ai eu le grand privilège d'illustrer l'autre blockbuster de la SF : Hyperion de Dan Simmons.
Cela peut paraître paradoxal, mais il est assez rare que j'aie le temps de lire les livres que j'illustre. Les éditeurs me rédigent des fiches contenant l'intrigue ainsi que la description physique et psychologique des personnages principaux, ou bien une scène clé du roman qu'ils voudraient que j'aborde.
Je n'avais jamais lu Hyperion, mais vu la horde de lecteurs que j'imaginais féroces et intolérants de cette série déjà mythique, il m'est vite apparu que j'avais intérêt à combler cette lacune si je ne voulais pas me retrouver avec des menaces de mort dans ma boîte aux lettres au motif que j'avais défiguré le Shrike, ou pour avoir dépeint un Yggdrasil un peu miteux. Grand bien m'en a pris, quelle série fabuleuse ! Et finalement j'ai fait à ma sauce quand même !

When it comes to science-fiction, my bedside book remains Dune by Frank Herbert, no contest. I have not been able to illustrate it yet, and this creates a void in my "to do list". But I have had the great privilege of working on the other blockbuster in science-fiction: Hyperion by Dan Simmons.
This may seem paradoxical, but I rarely have enough time to read the books I illustrate. The editors write me a note that contains the plot and physical and psychological descriptions of the main characters, or a key scene from the novel that they would like me to treat.
I had never read Hyperion, but seeing this already mythic series' horde of readers that I imagined ferocious and intolerant, it quickly occurred to me that I'd better fill in this gap if I didn't want to find death threats in my mailbox on the grounds that I had disfigured the Shrike, or for depicting a somewhat shabby Yggdrasil. A great idea indeed: what a fabulous series! But in the end I did things my own way anyway!

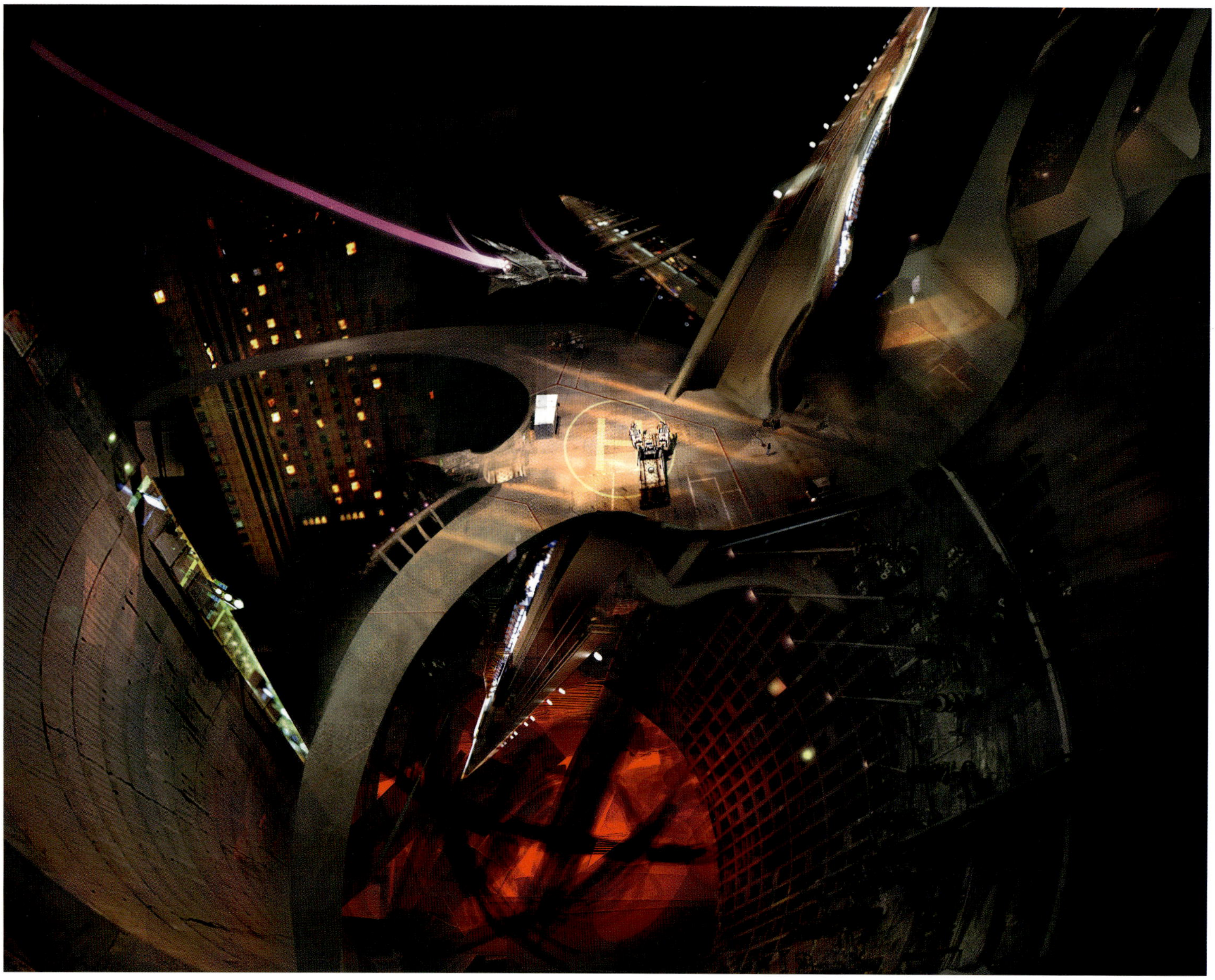

LUSUS | TRAVAIL PERSONNEL | 2010

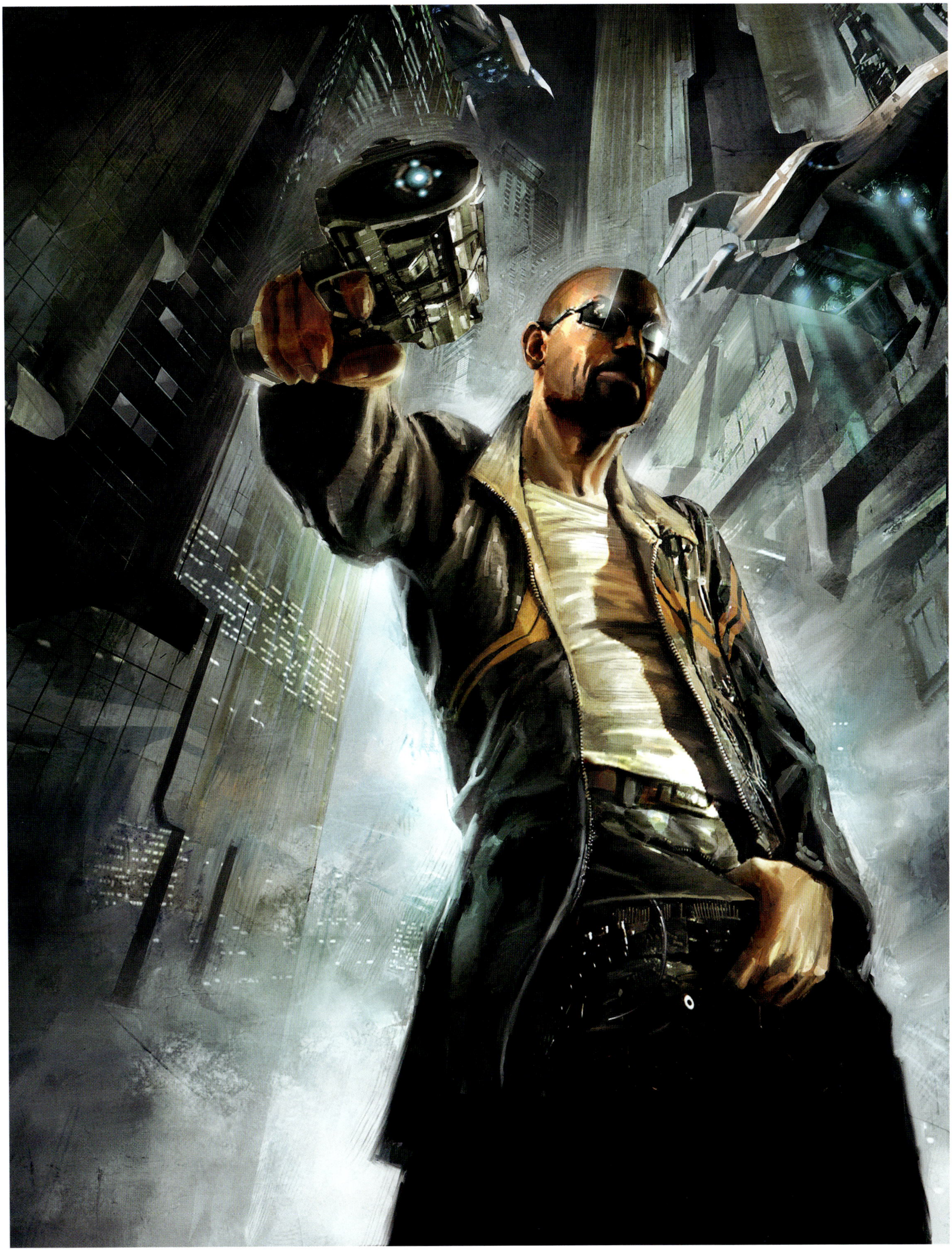

BLACK MAN | CLIENT : BRAGELONNE | ART DIRECTOR : DAVID OGHIA | 2008

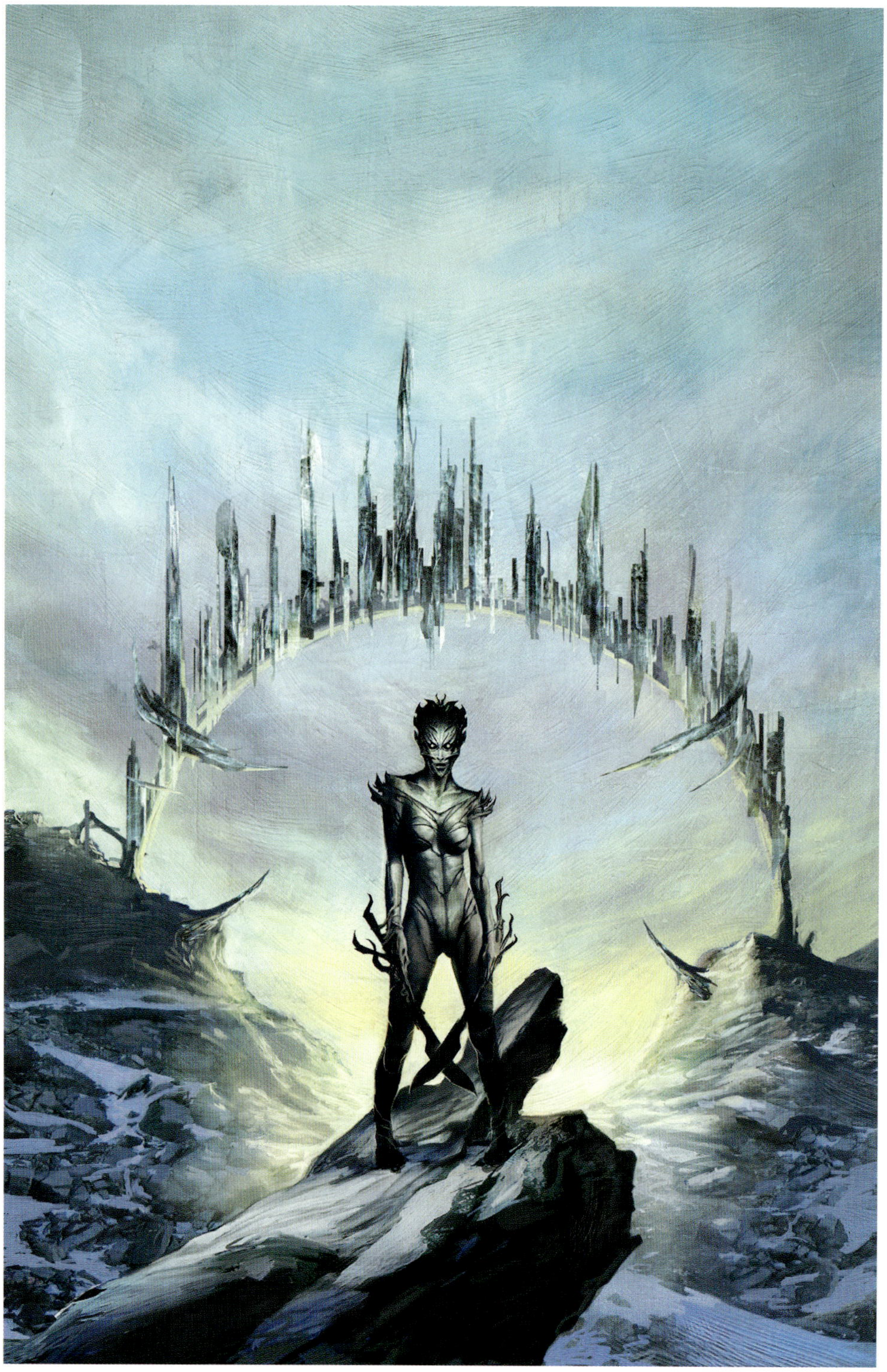

ENDYMION 2 | CLIENT : POCKET SF | ART DIRECTOR : BÉNÉDICTE LOMBARDO | 2007

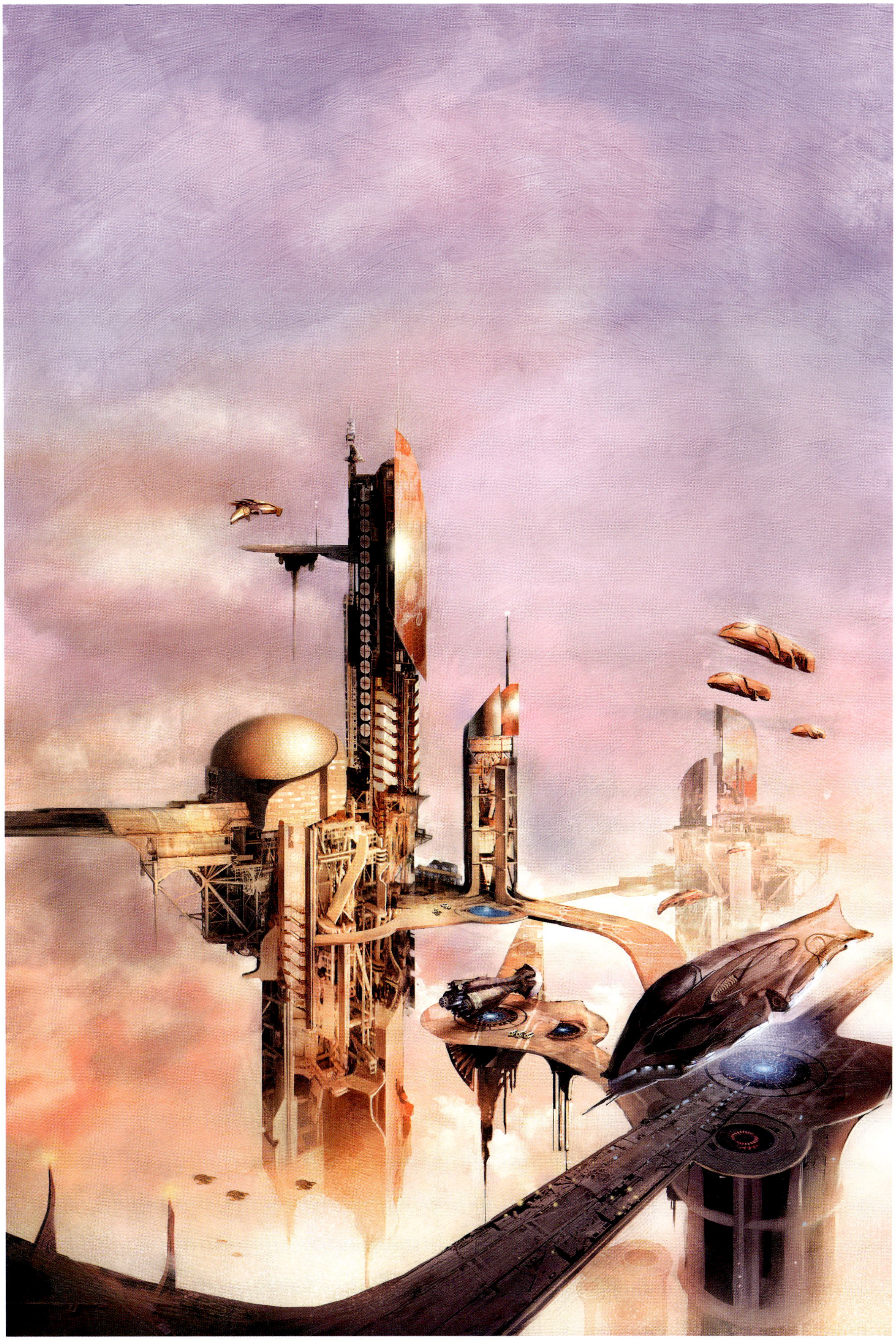

L'ÉVEIL D'ENDYMION | CLIENT : POCKET SF | ART DIRECTOR : BÉNÉDICTE LOMBARDO | 2007

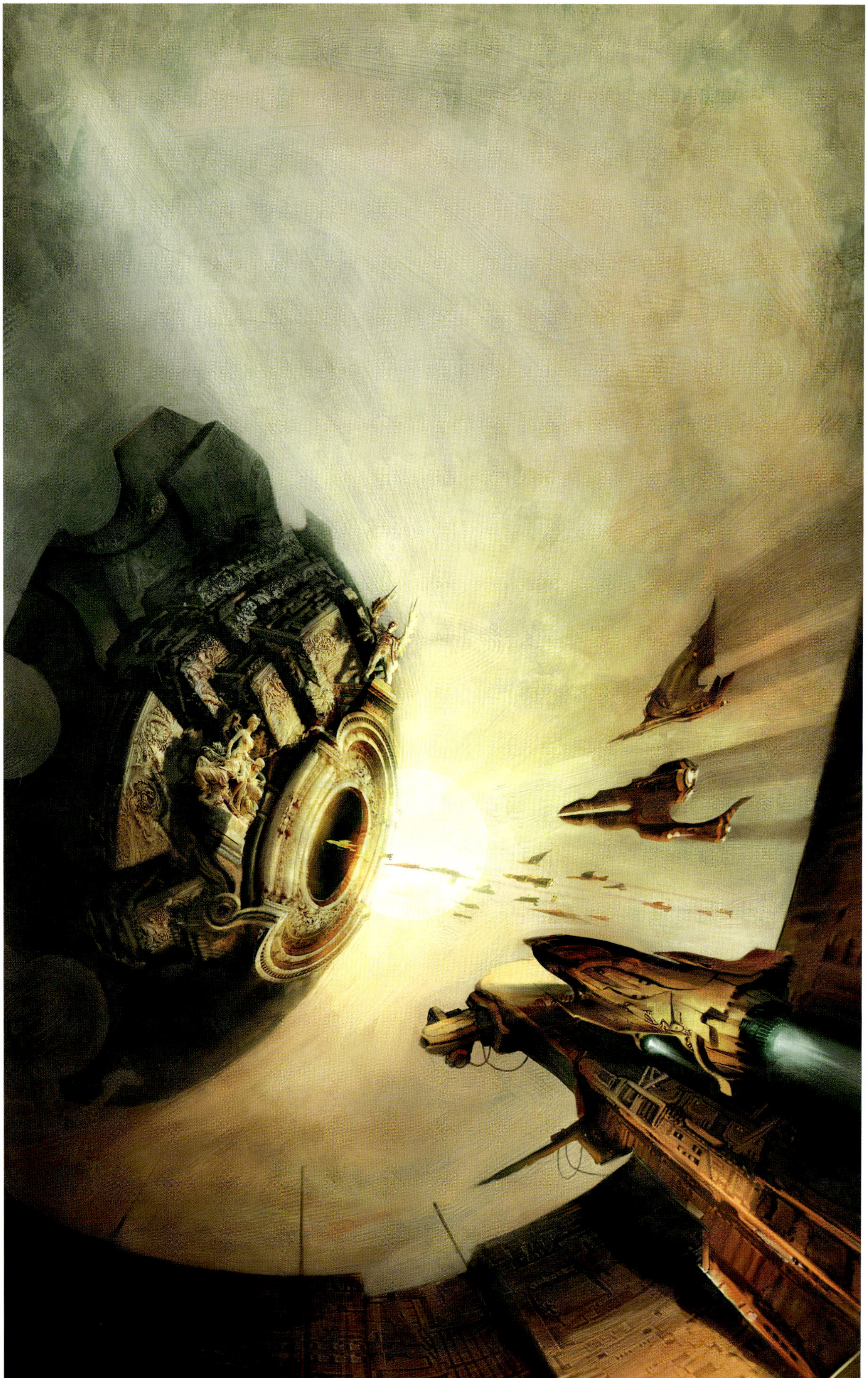

LA CHUTE D'HYPERION 2 | CLIENT : POCKET SF | ART DIRECTOR : BÉNÉDICTE LOMBARDO | 2007

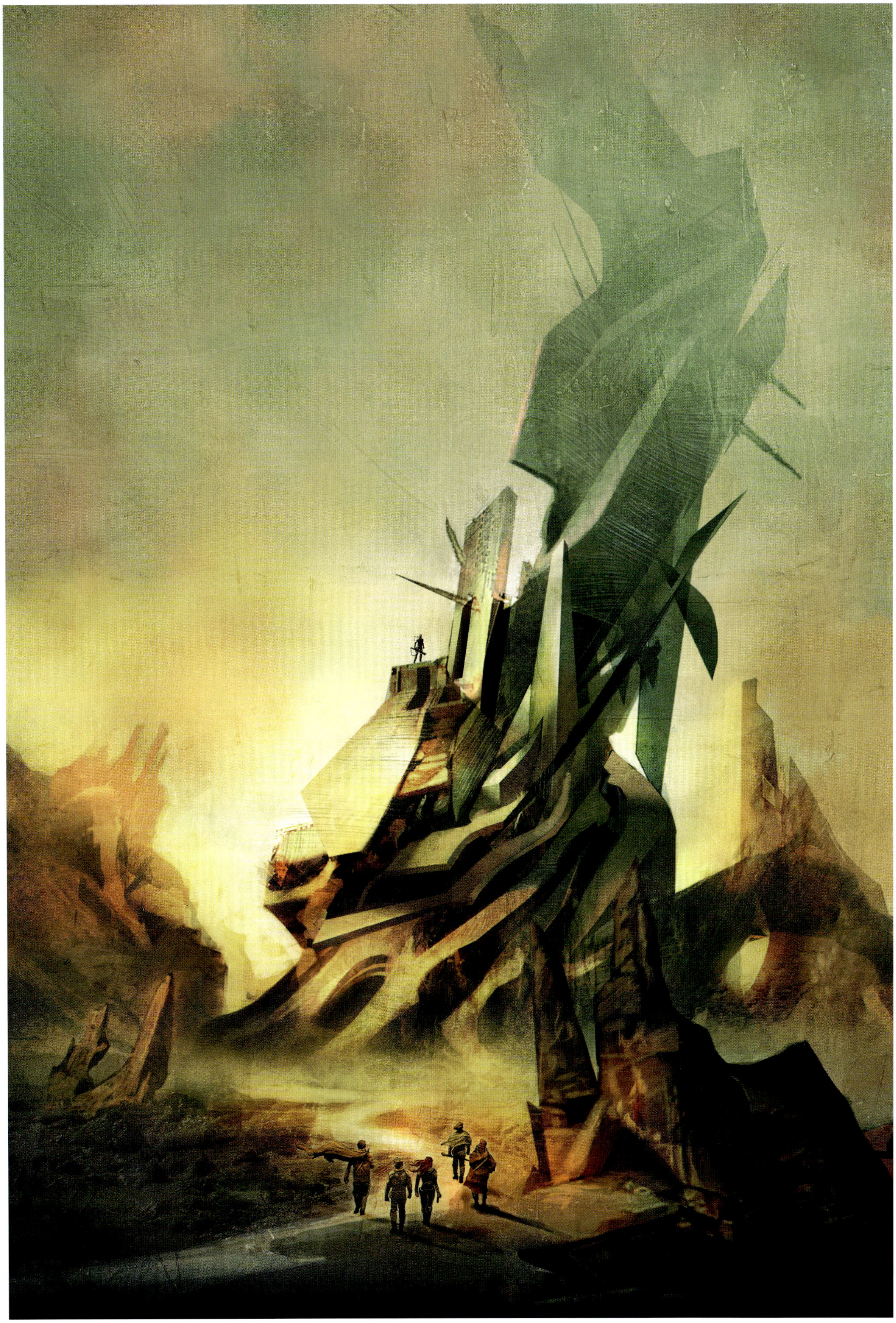

LES TOMBEAUX DU TEMPS | CLIENT : BIFROST | ART DIRECTOR : OLIVIER GIRARD | 2007

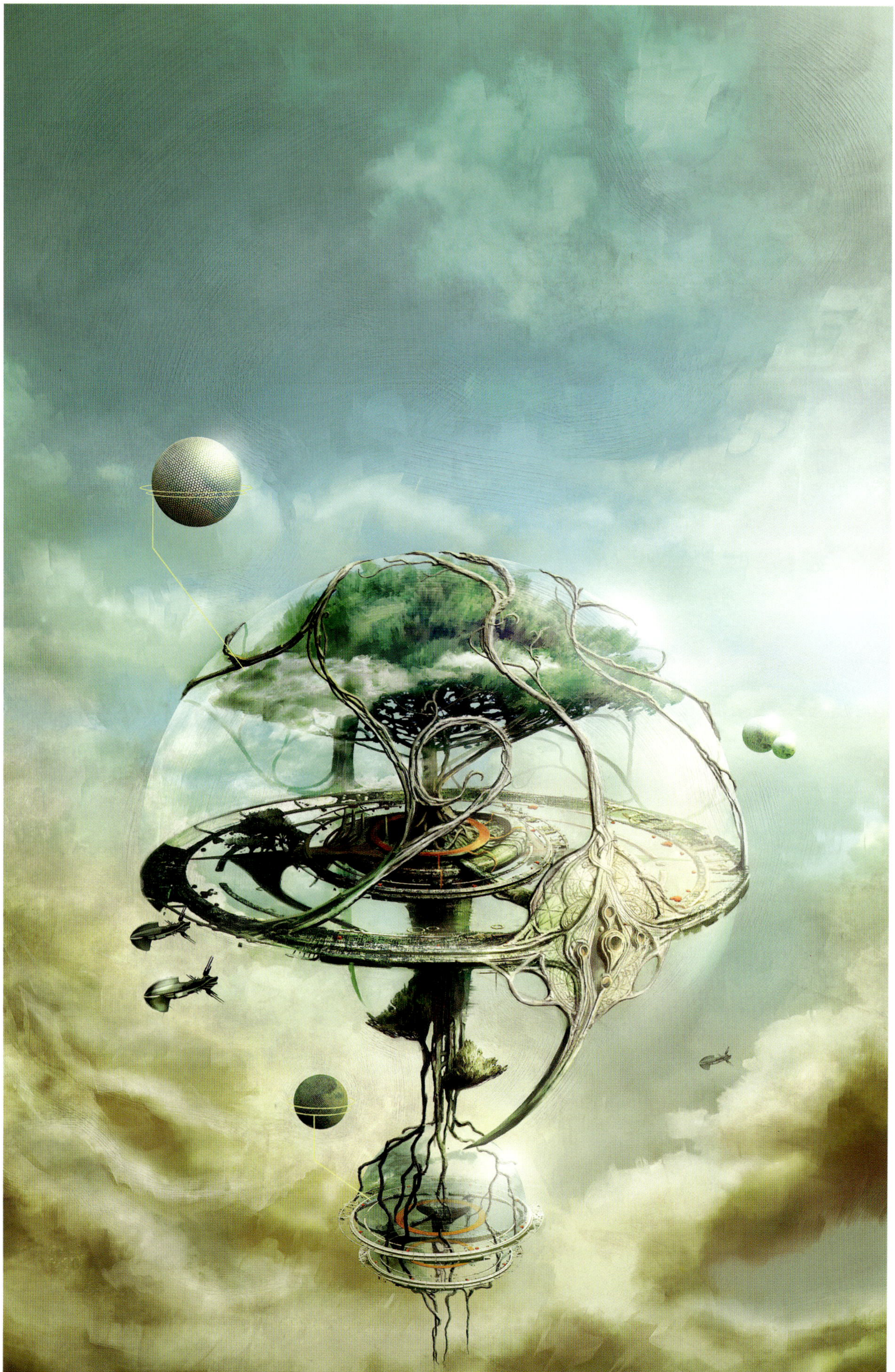

HYPERION | CLIENT : POCKET SF | ART DIRECTOR : BÉNÉDICTE LOMBARDO | 2007

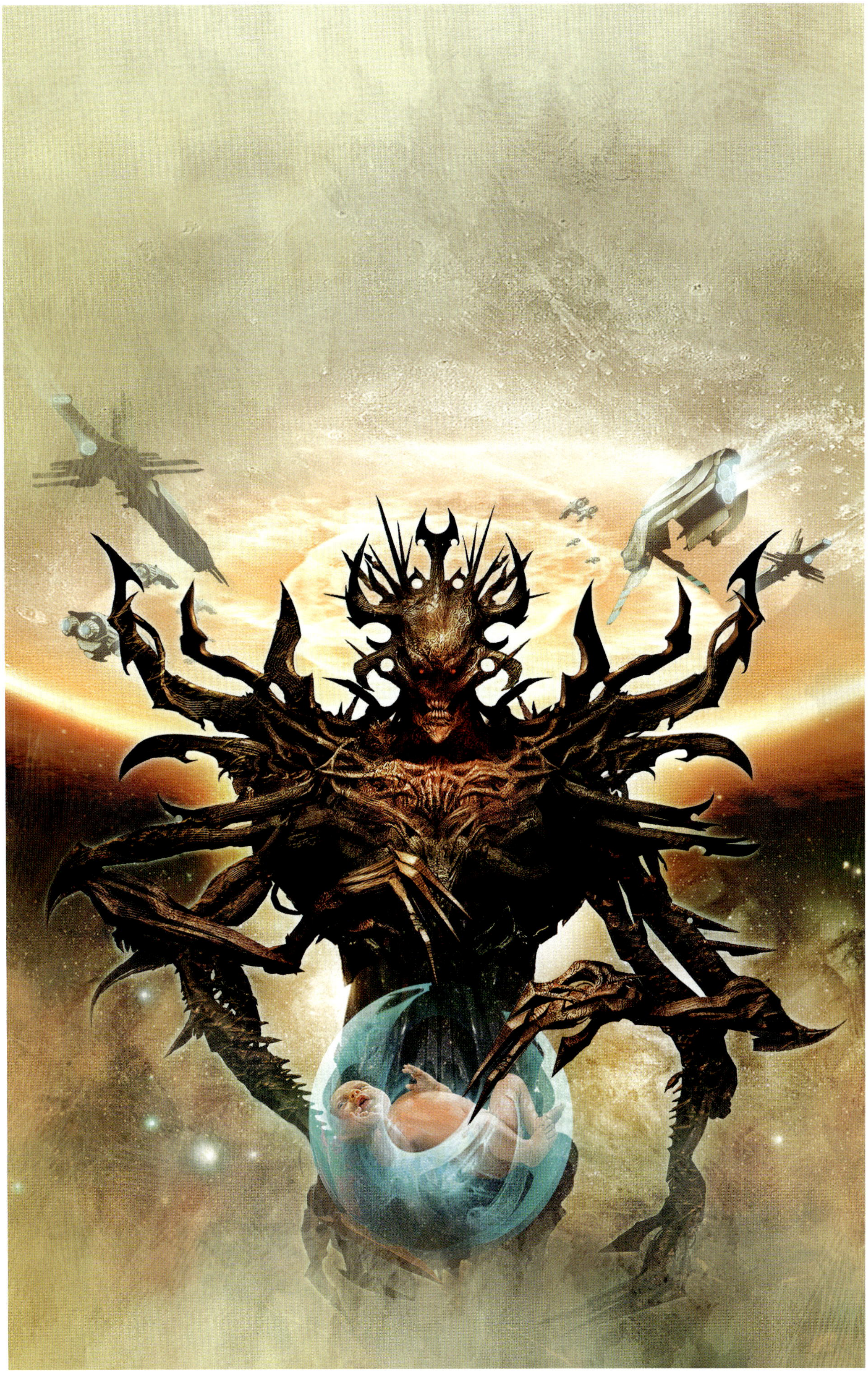

LA CHUTE D'HYPERION | CLIENT : POCKET SF | ART DIRECTOR : BÉNÉDICTE LOMBARDO | 2007

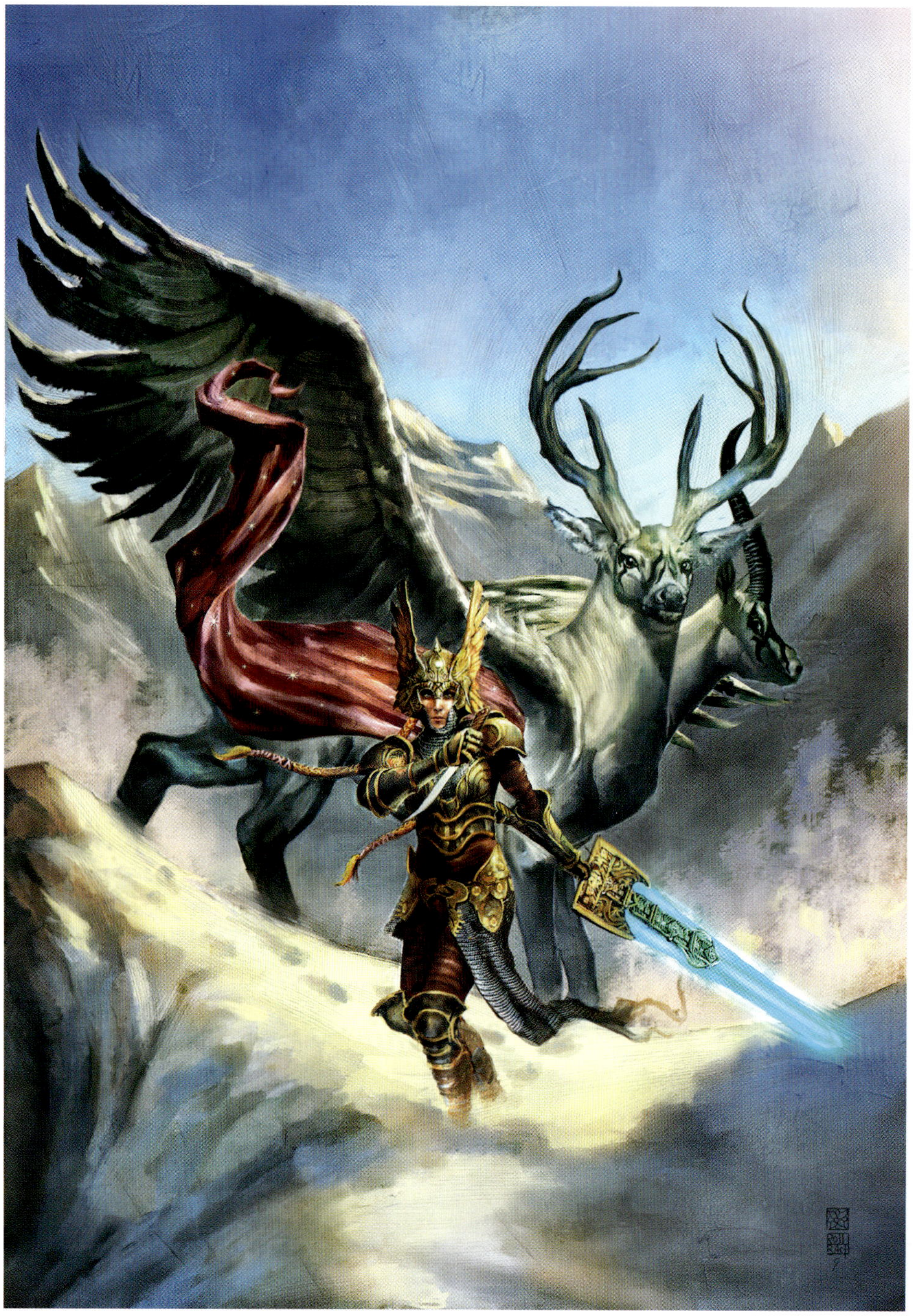

ALL THE WINDWRACKED STARS | CLIENT : TOR BOOKS | ART DIRECTOR : IRENE GALLO | 2008

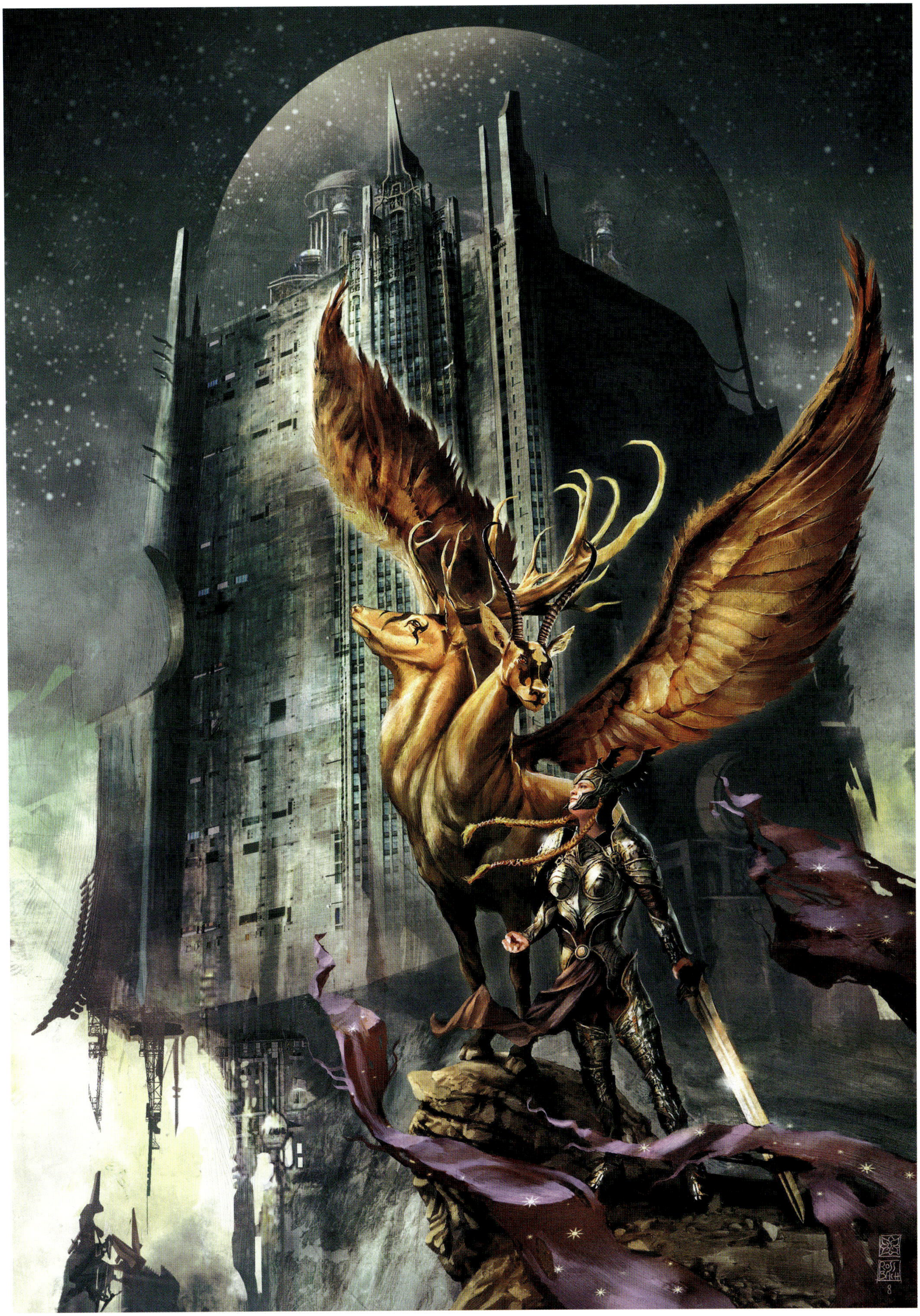

BY THE MOUNTAIN BOUND | CLIENT : TOR BOOKS | ART DIRECTOR : IRENE GALLO | 2009

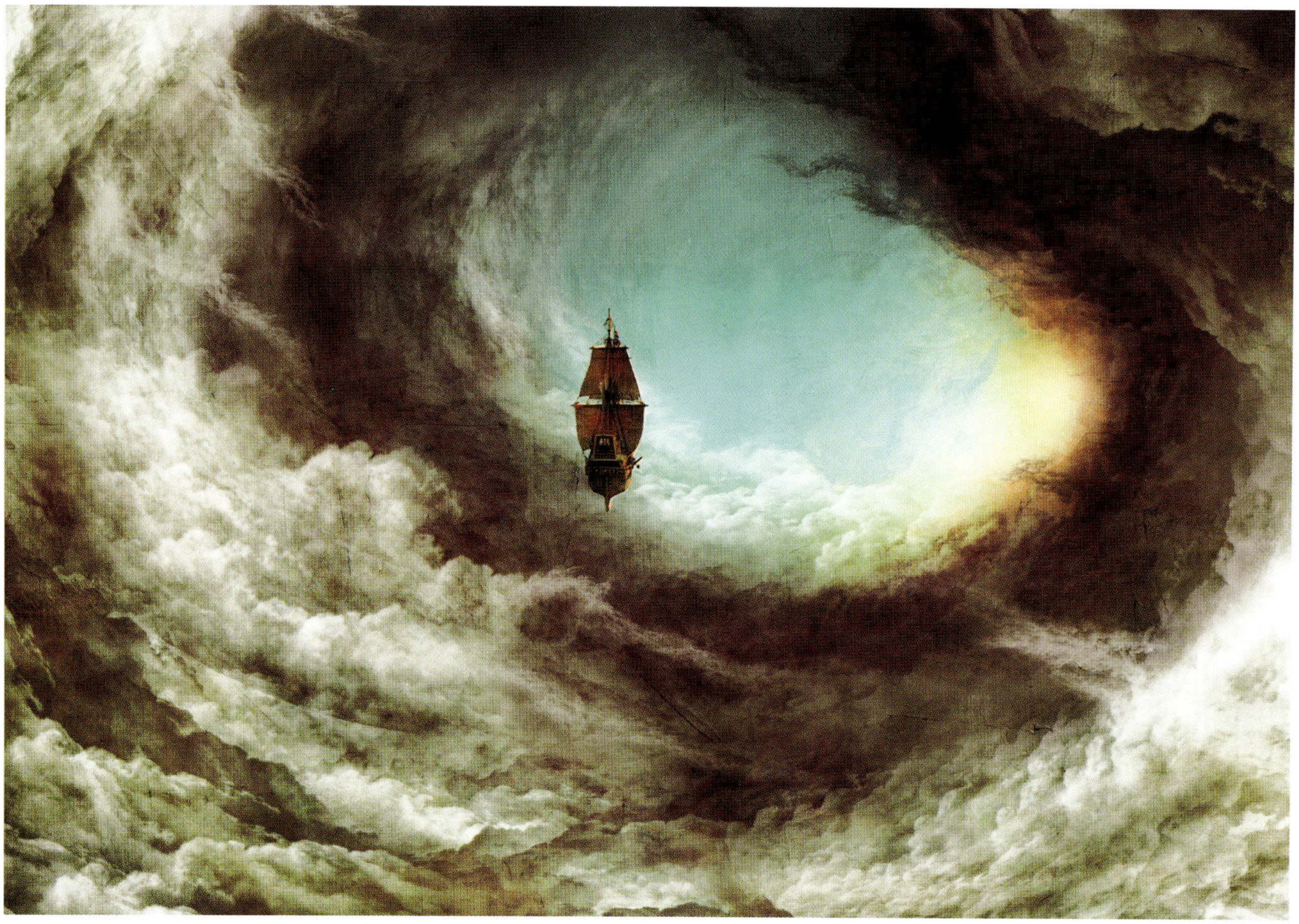

EOLIA | TRAVAIL PERSONNEL | 2010

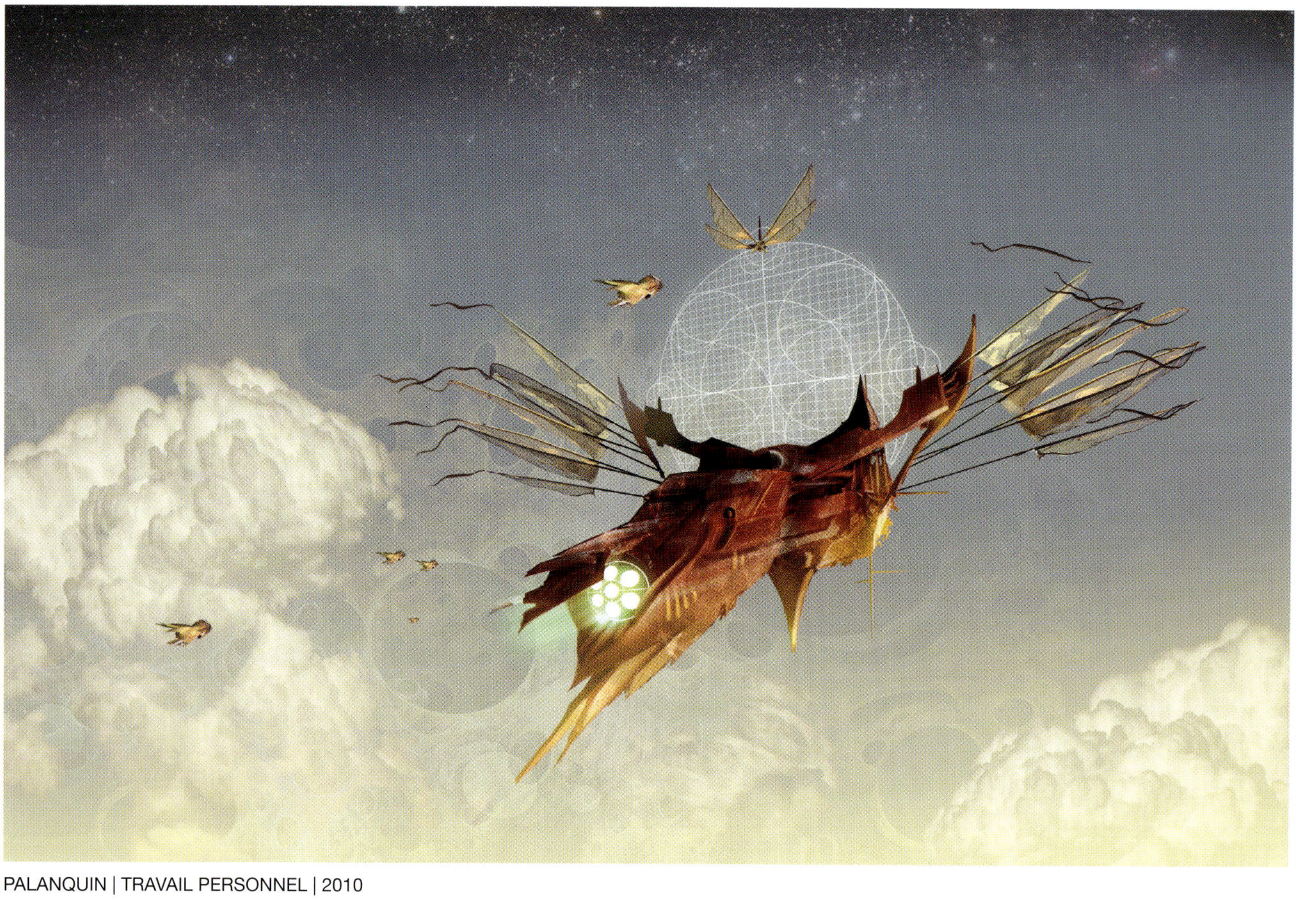

PALANQUIN | TRAVAIL PERSONNEL | 2010

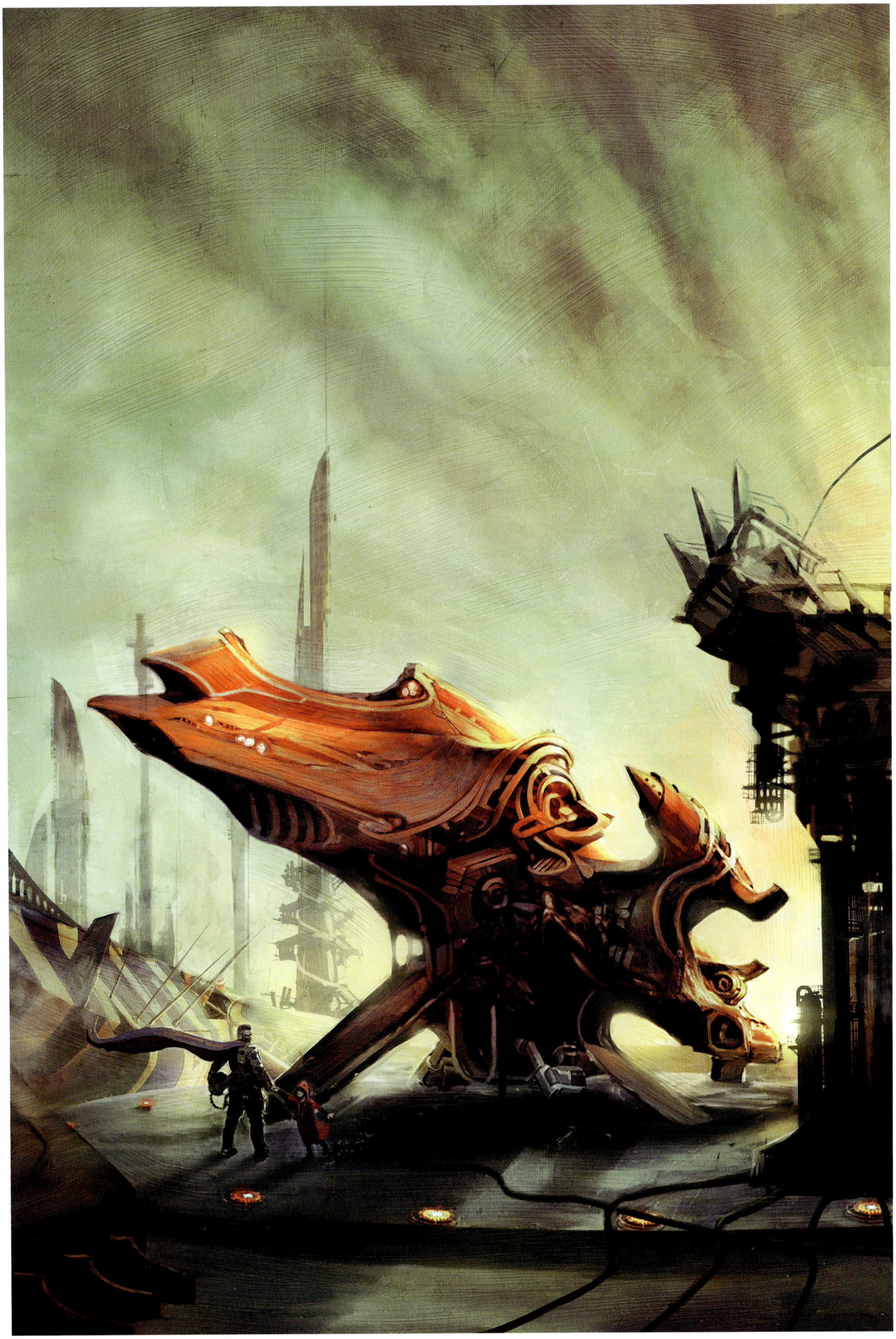

ENDYMION | CLIENT : POCKET SF | ART DIRECTOR : BÉNÉDICTE LOMBARDO | 2007

PROCESSUS
PROCESS

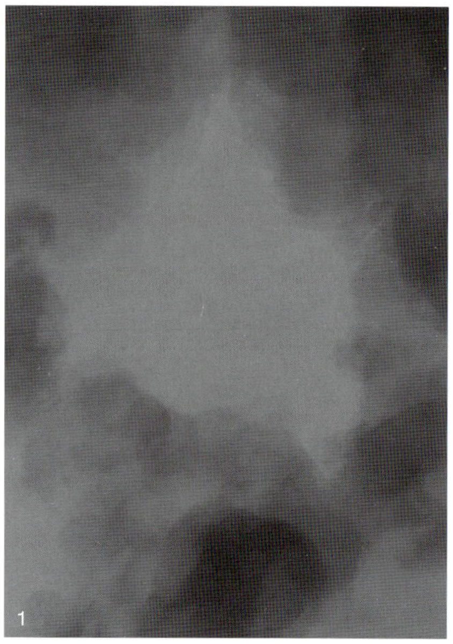

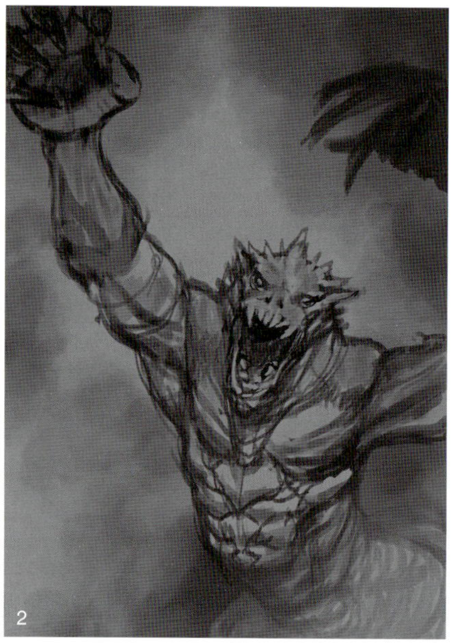

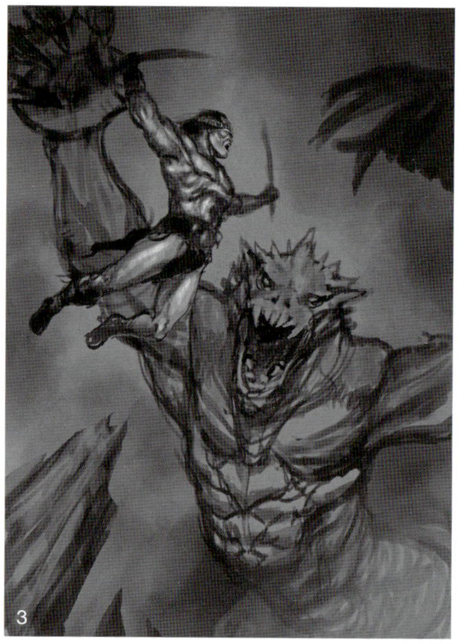

DISTURBING THE BEAST

Bien souvent, les illustrations les plus simples sont les meilleures. Mon but est d'obtenir une "power scene", en l'occurrence ici un barbare courageux se jetant dans les griffes d'un démon bien plus imposant que lui. Dans ce genre de cas, c'est bien souvent l'angle de caméra qui fabrique l'image. J'opte donc pour une vue plongeante cinématographique qui a l'avantage d'être spectaculaire, et qui me permet aussi de focaliser le regard du spectateur sur une zone bien précise de l'image.
Je commence sur fond gris, en sculptant l'espace à l'aide de formes nuageuses. J'ai une idée assez précise du démon que je mets en scène. J'ai vaguement en tête certaines représentations de divinités hindoues et chinoises, que je cherche à faire dialoguer avec mon thème très emblématique de l'heroic fantasy. J'utilise des brosses simples pour construire les anatomies, avec en tête toujours le côté "over the top" de la scène ; mon barbare trouve donc une pose très athlétique. Le démon quant à lui tend son bras vers le spectateur, un effet très utilisé dans les comics.
Le fait de travailler d'abord en teintes de gris permet de bien visualiser les masses et les lumières. Puis, j'apporte doucement de petites touches de couleur pour avoir une première idée du schéma coloré.
À ce stade j'ai un démon très expressif et sanguinolent, mais le design de son visage ne me plaît guère. Je passe un peu plus de temps sur les caractéristiques de sa face pour trouver le bon équilibre qui lui donnera un air dangereux et bestial, mais pas trop neuneu. Il a aussi trop l'air d'un dragon, et je souhaite gommer un peu cet aspect.

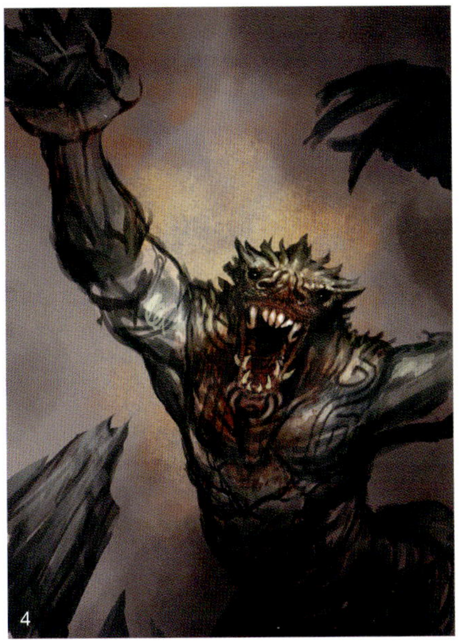
4

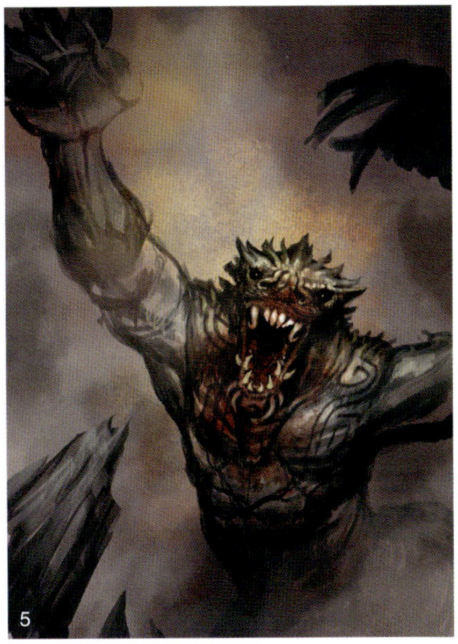
5

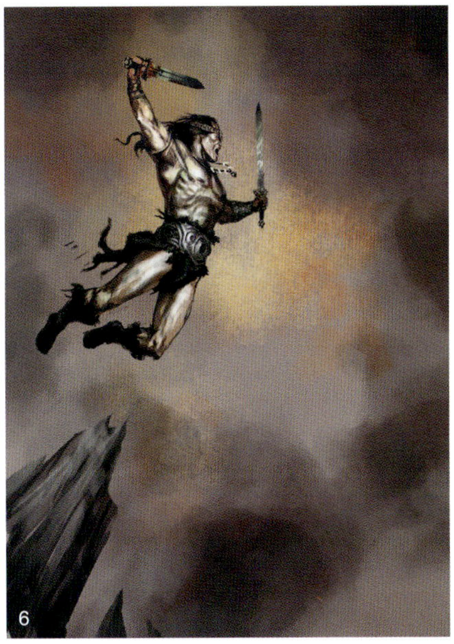
6

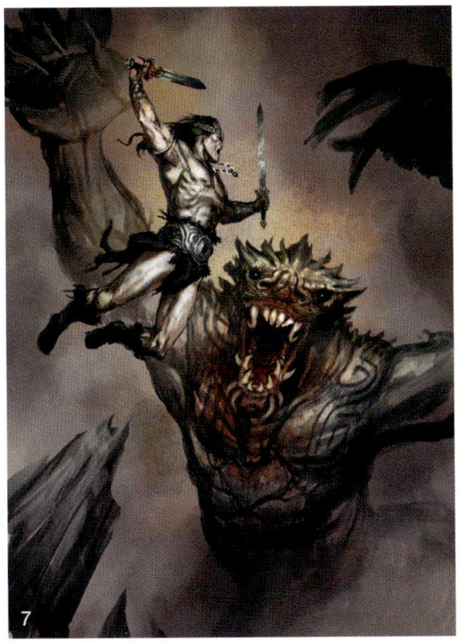
7

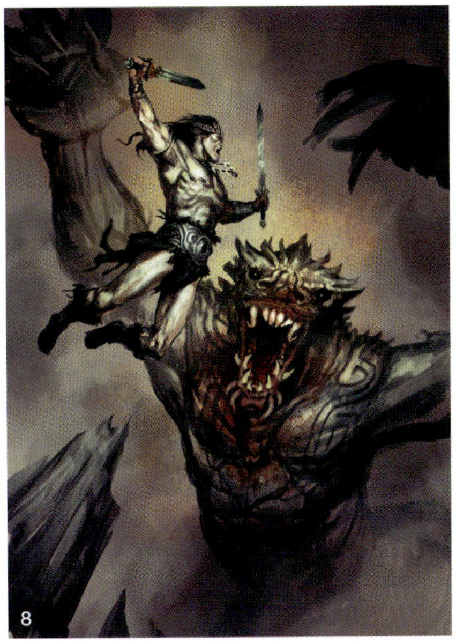
8

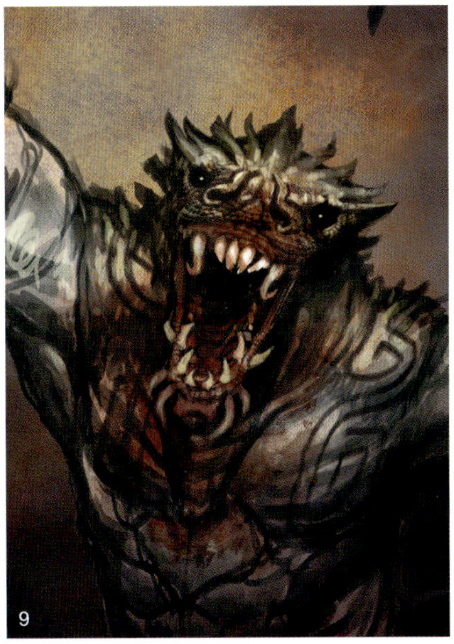
9

DISTURBING THE BEAST

Quite often, the best illustrations are the simplest. My goal is to obtain a "power scene", in this case a brave barbarian throwing himself into the clutches of a demon much larger than him. In this kind of setting, it is usually the camera angle that creates the picture. Therefore, I choose a cinematographic high angle shot that has the advantage of being spectacular, and that allows me to focus the spectator's eyes on a specific part of the image
I start from a grey background, sculpting the space with cloudy shapes. I have a quite precise idea of the demon I am putting on stage. In my head I have some vague representations of Hindu and Chinese deities, which I try to relate with my very emblematic heroic fantasy theme. I use simple brushes to construct anatomies, always keeping the "over the top" character of the scene in mind. Thus my barbarian finds a very athletic pose. Meanwhile, the demon extends its arm towards the spectator, an effect widely used in comic books.
Working in greyscale at first allows one to easily visualize the masses and the lighting. Then, I carefully bring small touches of colour to yield a first visualisation of the coloured sketch. At this point I have a very expressive and bloody demon, but the design of its face isn't quite right in my eyes. I spend a little more time on the characteristics of its face to find the right balance that will give it a dangerous and bestial air, without looking dumb. It also looks too much like a dragon, and I want to tone this aspect down a bit.

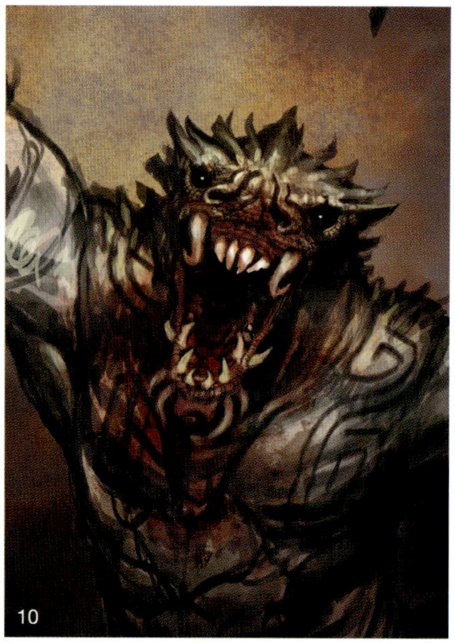

10

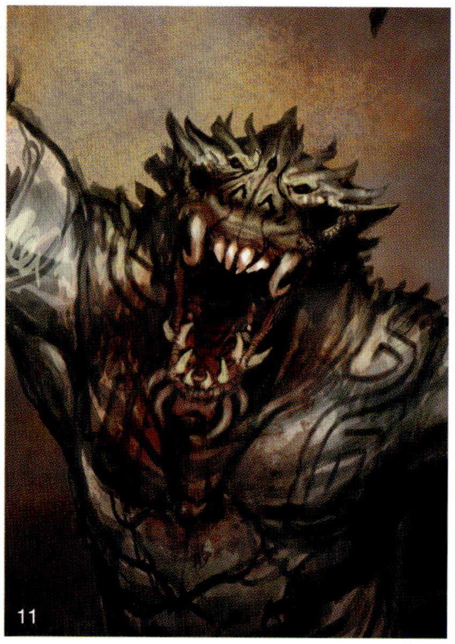

11

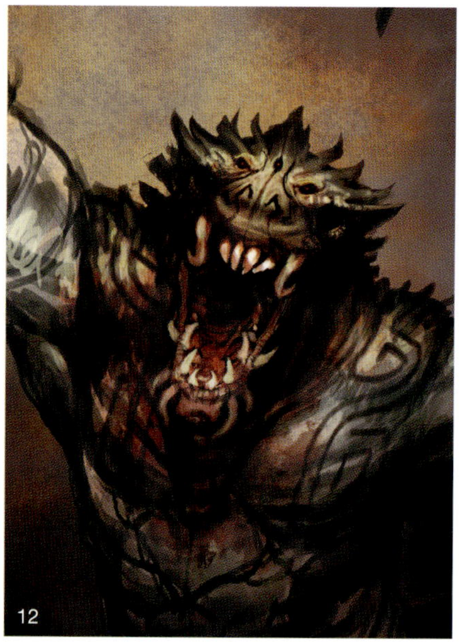

12

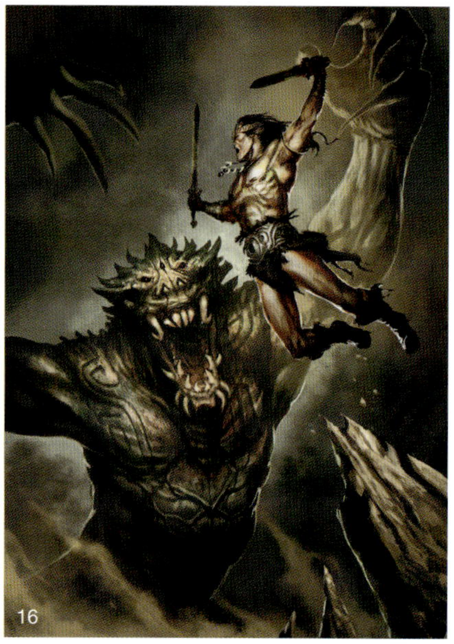

16

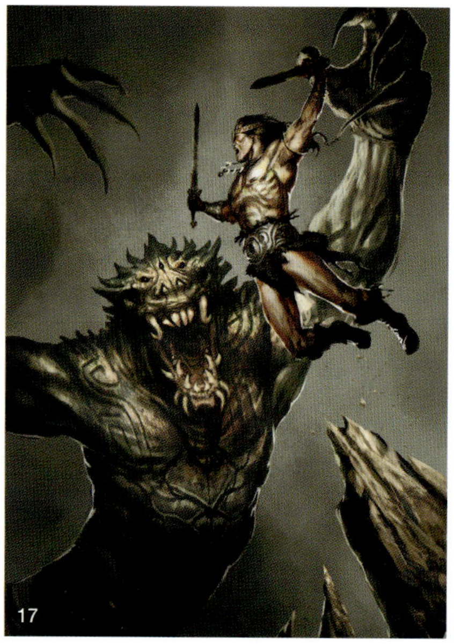

17

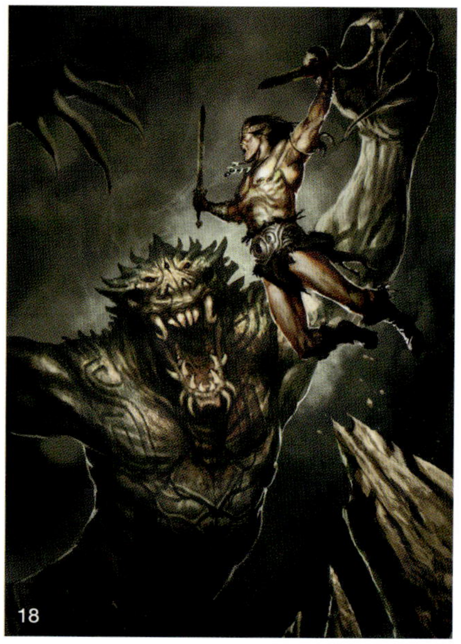

18

Finalement je trouve l'équilibre qui me convient, le placement de mes éléments (démon + barbare + corniche) dans la composition me satisfont ; alors je commence à passer du temps sur mon schéma coloré. Là aussi, la simplicité et la lisibilité priment pour moi. Jusqu'ici je m'étais surtout attaché au monstre et au décor, et je me rends compte que je vais avoir des soucis avec la lecture du barbare. C'est lui le point focal de l'image et il faut qu'il se décroche suffisamment du décor. Or avec sa peau forcément rose orangée, il se fond un peu trop dans le reste de l'image plongé dans la même dominante. Je passe donc le démon et le décor dans la teinte complémentaire à la peau, c'est à dire le bleu vert.
Je vais ensuite veiller à bien détacher tous les plans pour qu'il ne subsiste pas de nœuds graphiques. En ajoutant un écran de fumée entre les deux protagonistes, on règle déjà beaucoup de choses. Une dernière lumière froide venue de derrière le démon focalise encore un peu plus le regard. C'est le moment de peaufiner les détails, ajouter de la texture un peu partout, sur le rocher, la peau de lézard... Je règle les lumières rasantes, je place de petites particules (terre, poussière, sang) ici et là pour donner de la vie et du mouvement. J'ajoute quelques petits FX "fractales" autour des mains du monstres pour signifier qu'on a bien ici affaire à une créature venue d'une dimension qui nous dépasse. Et le tour est joué !

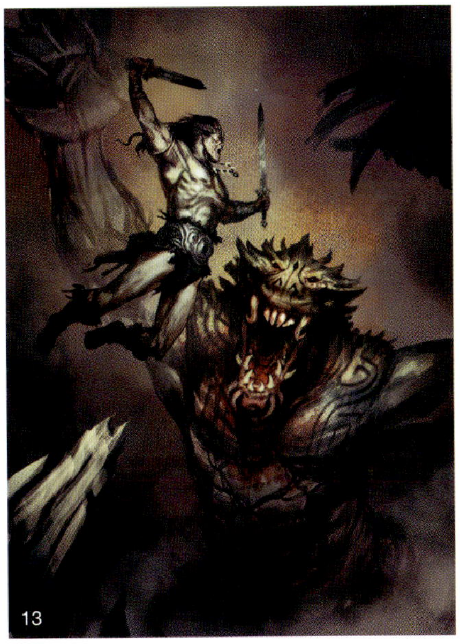

13

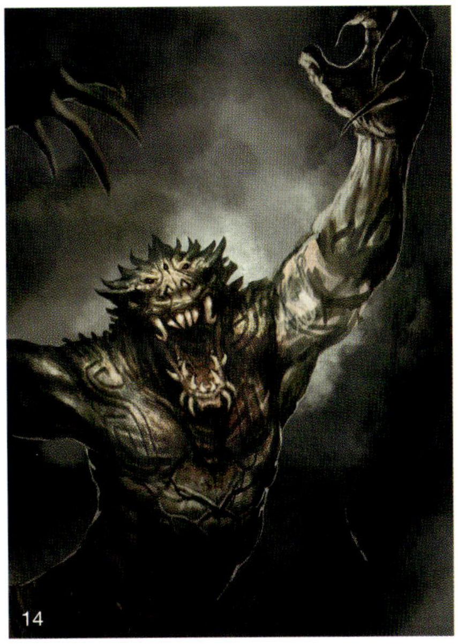

14

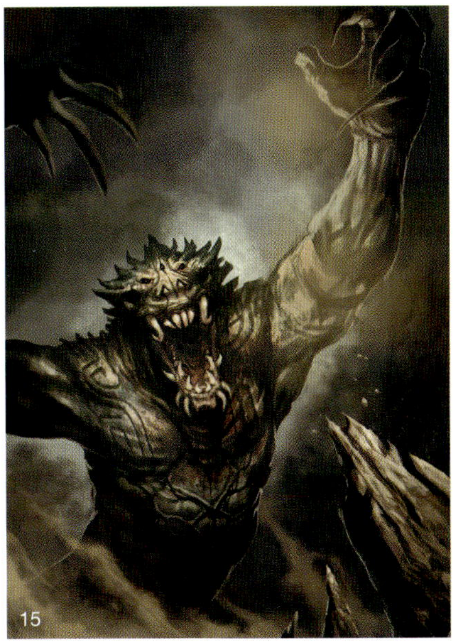

15

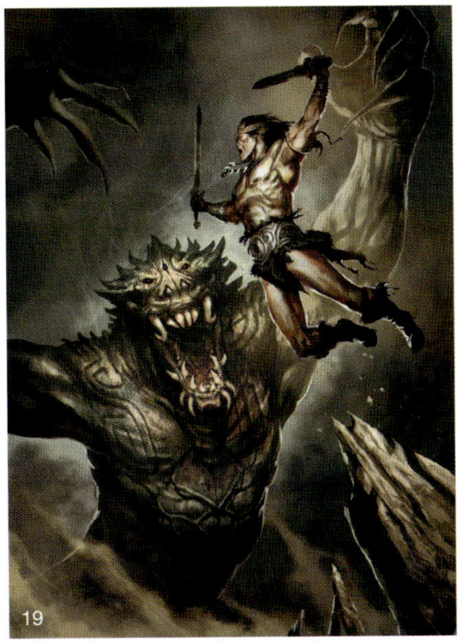

19

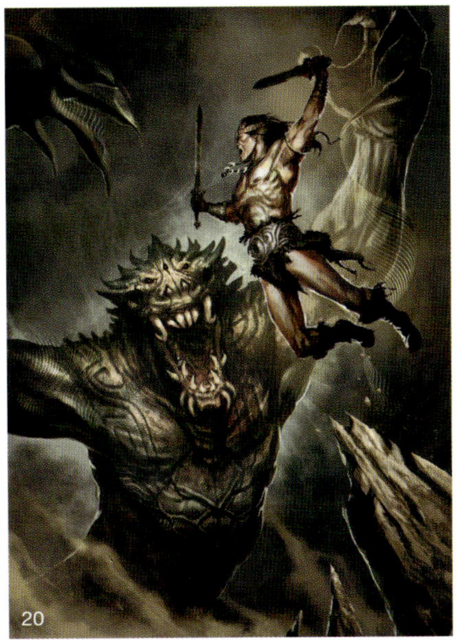

20

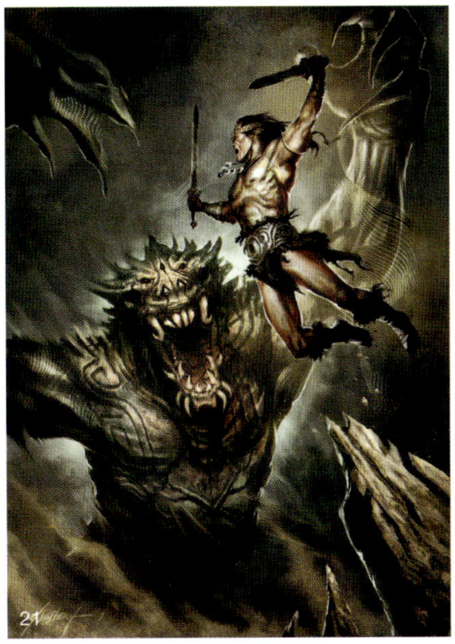

21

In the end I find the correct balance for me. The positioning of the elements (demon+barbarian+ledge) in the composition satisfies me. Then I start spending time on my coloured sketch. Once again, simplicity and legibility are first in my eyes. Up till now I had mostly been concerned with the monster and the scenery, and I realise that I'm going to have issues with the visibility of the barbarian. He is the focal point of the picture and he needs to stand out from the background. Yet, with his mandatory orange-pink skin, he tends to melt into the remainder of the picture, which uses a similar colour scheme. Therefore, I switch the demon and the background to the complementary colour of flesh: blue-green.
I then pay attention to properly detach all the planes from each other so that no tangent subsist. One already fixes many issues by adding a smokescreen between the two protagonists. A last cold light source coming from behind the demon further focuses the viewer's gaze a little more.
It is now time to refine the details, to add some texture in many places, on the rock, on the lizard skin... I adjust the oblique lights. I place small particles (earth, dust and blood) here and there to bring life and movement to the picture. I add a few small "fractal" effects around the monster's hands to show that we are indeed dealing with a creature from a dimension beyond our understanding. And that's all there is to it!

REMERCIEMENTS

Je souhaite remercier très chaleureusement la fine équipe de CFSL Ink avec qui j'ai travaillé main dans la main pour mettre ce livre en forme : Karine Le Logeais pour la boucle bouclée, Carlos Pardo pour sa finesse d'écoute et son talent, Florence Guittard pour son professionnalisme et son coup d'œil de faucon.

Agata Kawa pour m'avoir soutenu, encouragé, supporté, conseillé, aiguillé, corrigé, illuminé, inspiré au jour le jour.

Nicolas "Sparth" Bouvier, mille mercis pour cette préface fraternelle !

Les collaborateurs et amis qui m'ont fait confiance durant ces dix années magiques passées à arpenter des mondes imaginaires (j'en oublierai sans doute, qu'ils me pardonnent) : Olivier Souillé, Daniel Maghen, Pascal HV, Bénédicte Lombardo, Nicole Lhote, David Oghia, Fabrice Borio, Stephane Marsan, François Durkheim, Olivier Girard, Mathieu Saintout, Sylvaine Beck, Arthur Gordon, Virginie Ropars, Claudine Glot, Hervé Glot, Jean-Luc Istin, Aleksi Briclot, Audrey Dauphin, Cécile Chovet, Olivier Demouron, Laurent Rigal, Thierry Ruby, Bastien Lecouffe-Deharme, Amélie Freyia, Tessa Kuragi, Miss Anne Thropy, Carole Jay, Alyz Tale, Pauline Benney, Chuck Wojtkiewicz, Mike Eaton, Jeremy Jarvis, Claire Howlett, Paul Tysall, Jeremy Cranford, Doug A, Gregory, C.B. Cebulski, Sebastian Girner, Tom Brennan , Bill Rosemann, Rachel Pinnelas, Shane Hartley, Irene Gallo, Luke Seagrave, Neil @ eFestivals.

ACKNOWLEDGEMENTS

I would like to very heartily thank the great team at CFSL Ink, with whom I worked hand in hand to bring this book into into being: Karine Le Logeais for closing the loop, Carlos Pardo for his listening skills and his talent, Florence Guittard for her professionalism and her hawk's eye.

Agata Kawa for supporting, encouraging, advising, guiding, correcting, illuminating and inspiring me day by day.

Nicolas "Sparth" Bouvier, many thanks for this brotherly preface!

To the collaborators and friends who have trusted me through these ten fantastic years spent exploring imaginary worlds (I will surely forget about some of them, may they forgive me): Olivier Souillé, Daniel Maghen, Pascal HV, Bénédicte Lombardo, Nicole Lhote, David Oghia, Fabrice Borio, Stephane Marsan, François Durkheim, Olivier Girard, Mathieu Saintout, Sylvaine Beck, Arthur Gordon, Virginie Ropars, Claudine Glot, Hervé Glot, Jean-Luc Istin, Aleksi Briclot, Audrey Dauphin, Cécile Chovet, Olivier Demouron, Laurent Rigal, Thierry Ruby, Bastien Lecouffe-Deharme, Amélie Freyia, Tessa Kuragi, Miss Anne Thropy, Carole Jay, Alyz Tale, Pauline Benney, Chuck Wojtkiewicz, Mike Eaton, Jeremy Jarvis, Claire Howlett, Paul Tysall, Jeremy Cranford, Doug A, Gregory, C.B. Cebulski, Sebastian Girner, Tom Brennan , Bill Rosemann, Rachel Pinnelas, Shane Hartley, Irene Gallo, Luke Seagrave, Neil @ eFestivals.

CRÉDITS

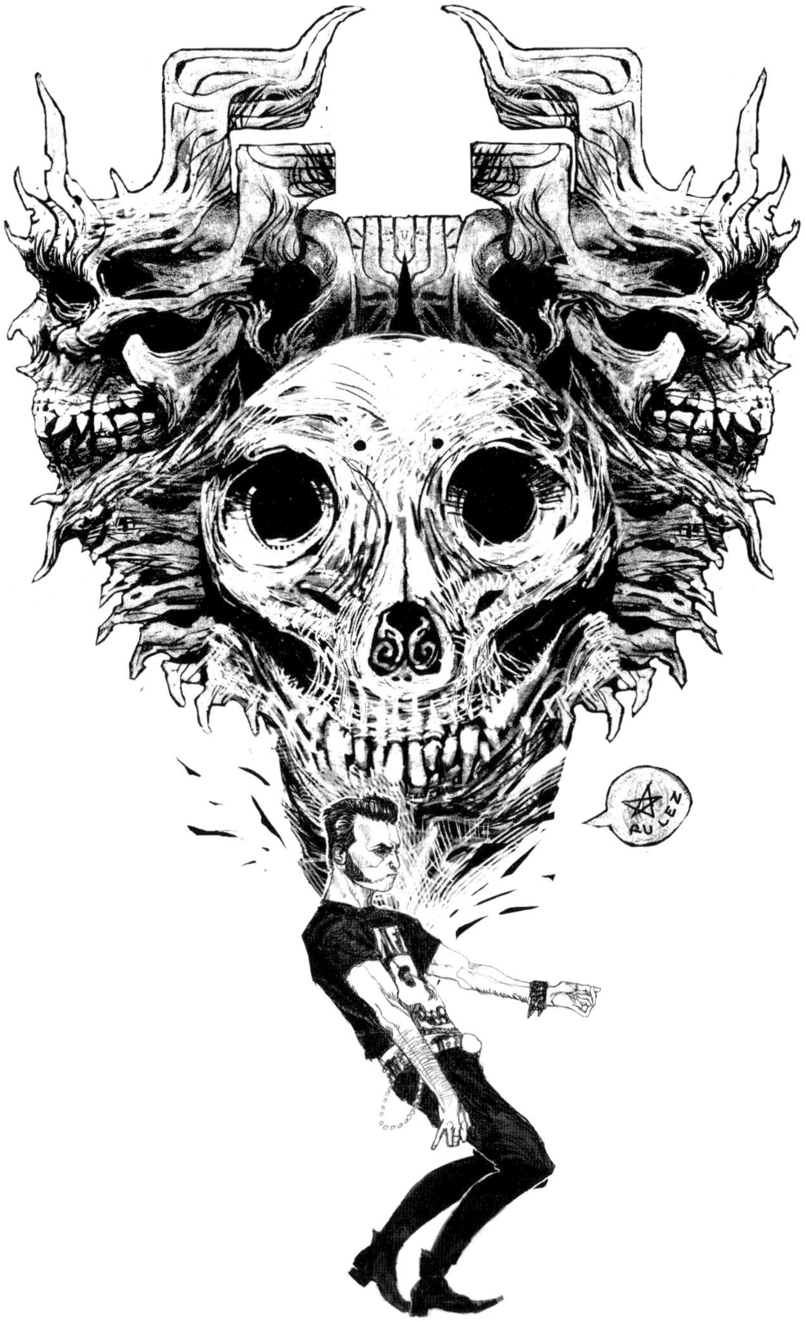
RULEZ

CFSL INK remercie amicalement
Alicia pour sa participation à cet ouvrage.

Traduction : Matthias Percelay

Imprimé par
L.E.G.O. S.p.A. (Italie)

Dépôt légal : Septembre 2012
ISBN : 978-2-35947-032-1

CFSL INK est une filiale d'Ankama Éditions
www.cfsl-ink.com

Les papiers utilisés sont issus de forêts gérées durablement.